山东省自然科学基金青年基金（ZR2020QG019）；青岛市社会科学规划研究项目（QDSKL2001172）；青岛农业大学高层次人才科研基金（1119711）。

# 国有企业治理结构与
# 多任务沟通研究

于文成　刘新民　王垒　著

Research on Governance Structure and
Multitask Communication of State-Owned Enterprises

中国社会科学出版社

# 图书在版编目（CIP）数据

国有企业治理结构与多任务沟通研究／于文成等著．—北京：中国社会科学出版社，2021.6
ISBN 978-7-5203-8659-3

Ⅰ.①国… Ⅱ.①于… Ⅲ.①国有企业—企业管理—研究—中国 Ⅳ.①F279.241

中国版本图书馆 CIP 数据核字（2021）第 117744 号

| 出 版 人 | 赵剑英 |
|---|---|
| 责任编辑 | 王　衡 |
| 责任校对 | 王　森 |
| 责任印制 | 王　超 |

| 出　　版 | 中国社会科学出版社 |
|---|---|
| 社　　址 | 北京鼓楼西大街甲 158 号 |
| 邮　　编 | 100720 |
| 网　　址 | http://www.csspw.cn |
| 发 行 部 | 010-84083685 |
| 门 市 部 | 010-84029450 |
| 经　　销 | 新华书店及其他书店 |
| 印　　刷 | 北京明恒达印务有限公司 |
| 装　　订 | 廊坊市广阳区广增装订厂 |
| 版　　次 | 2021 年 6 月第 1 版 |
| 印　　次 | 2021 年 6 月第 1 次印刷 |
| 开　　本 | 710×1000　1/16 |
| 印　　张 | 17 |
| 插　　页 | 2 |
| 字　　数 | 279 千字 |
| 定　　价 | 96.00 元 |

凡购买中国社会科学出版社图书，如有质量问题请与本社营销中心联系调换
电话：010-84083683
**版权所有　侵权必究**

# 前 言

国有企业作为中国国民经济的重要支柱，是国有经济发挥主导作用的骨干力量，追求经济绩效与社会责任的双重任务明显，这种双重任务需求成了国有企业发展为具有全球竞争力企业的重要背景基础。与此同时，混合所有制改革引入社会资本加快了国有企业从行政型治理到经济型治理的转变。但由于股东的异质性，可能会形成社会股东与国有股东的利益争夺，导致在企业决策、任务选择的偏好以及对董事会、高管团队等业务管理层的干预，影响效率。此外，党的十九大报告提出的深化国有企业改革的根本目标在于建立现代企业制度。虽然多年改革，但国有企业"内部治理外部化"的问题依然存在。因此，如何理顺并有效发挥股东、董事会和管理层等国有企业内部治理结构的关系和作用刻不容缓。

本书基于国有企业多任务异质委托的理论背景，同时结合国有企业改革的现实情境，从核心治理机构中的股权结构、董事会结构和管理层结构入手，分析国有企业混合所有制内部治理结构对于国有企业双重任务的影响，并根据研究结果提出国有企业改革的政策建议。本书的主要研究内容、结论与创新性工作有以下五个方面。

第一，基于股东的异质性，厘清了由国有股东、外资股东、机构股东和个人股东构成的国有企业混合所有制股权结构对双重任务的影响特征。研究发现：国有股东凭借其政府代言人的身份，基本上能够兼顾对企业社会责任与经济绩效的追求；外资股东凭借规范的管理理念能够提升企业社会责任，但其投资的特殊性和利益输出性仍然存在，进而会造成对经济绩效的短期丧失；机构股东和高管股东的"逐利性"和"经济人"特征相对更加突出，表现出对经济绩效的重视和对社会责任的排斥；股权混合程度的增加则主要削弱国有股东的作用，并逐渐体现出

"重经济、轻责任"的作用与干预。该研究结论不仅厘清了四类异质股东对于国有企业双重任务的直接影响，而且探明了每类股东在混合股权结构作用下的变化和偏差，更为全面和准确地解答了国有企业混合所有制股权结构对企业的深层次影响。

第二，基于国有企业董事的特殊经历与背景，一方面从资源视角考察董事社会网络资源对于国有企业双重任务的影响；另一方面从多样性切入判断董事会的不同功能偏好在异质股东与企业双重任务的中介作用。研究发现，政府官员型董事的社会网络更加偏重对社会责任的影响，而企业家型董事的社会网络则纯粹促进企业经济绩效的提升；董事会的运营决策功能偏好相比监督管理功能偏好而言在股东与双重任务之间更能起到中介作用，即偏好运营决策功能的董事会承担有更多的股东代理人戏份。该研究结论将高阶理论、社会类化理论与国有企业现状相结合，明确了国有企业混合所有制董事会结构下的董事资源、功能特征对于企业任务与决策的偏好，为国有企业董事会的选聘与设置提供了思路。

第三，进一步挖掘管理层结构的特征，分析具有不同业务职能类型的高管团队对于国有企业双重任务的作用力度，同时，从经济激励与非经济激励两大类入手，综合判断高管激励方式的效果。研究发现：生产技术型高管团队只重视对经济绩效的实现，而管理服务型高管团队能够更为全面的促进双重任务实施；高管的任期和声誉激励偏好以实现企业社会责任为主，适当兼具对经济绩效的追求，而高管的薪酬和在职消费则基本只注重对经济绩效的实现。该系列结论不仅从业务功能角度给出了高管团队设置安排依据，而且给出了根据企业任务偏好而合理选择高管激励手段的方案。

第四，针对国有企业分类改革的现实需求，同时也为了保证结论的稳健性，本书对主要研究内容在商业竞争类和特殊功能类两类子样本内的再次检验，基本结论一致，但也发现：相比商业竞争类国有企业，由于特殊功能类国有企业中更强的政府控制力和更纯粹的企业任务需求，因此，企业内部治理结构所发挥的作用也集中在促进企业社会责任的提升，结论进一步肯定了在进行国有企业混改的同时坚持国有企业分类改革的必要性。

第五，在国有企业多任务委托—代理模型的基础上，以更加现实的决策人特征入手，构建考虑过度自信与自利行为特征下的多任务委托—代理模型，并据此进行仿真决策分析，拓展多任务委托—代理模型的应用，为后续研究提供理论支撑。

全书由于文成主笔，并主持全书的研究与撰写工作，刘新民教授制定研究框架与纲要，王垒副教授协助参与各章节的整理，孙红华硕士参与第六章的整理。硕士生李守星、王亚茹、刘艳丽、刘方舟、黄新博、刘书芳、张衡、王沼霖、杨凤、冷雨桐、刘畅在资料收集、文字校对、格式编排上做了大量工作，在此一并感谢。在本书的写作过程中，作者参考、引用了大量相关资料，未能一一列出，谨表感谢！

作　者

2021 年 1 月

# 目　　录

## 第一章　绪论 (1)
### 一　研究背景 (1)
（一）国有企业改革助力全球经济摆脱萎靡 (1)
（二）三大攻坚战需求下国有企业责任增加 (2)
（三）全面深化改革中的国有企业治理探索 (4)
### 二　问题提出 (5)
（一）国有企业混合所有制治理结构的确定 (5)
（二）研究问题的综合梳理与提出 (6)
### 三　研究目的与意义 (8)
（一）研究目的 (8)
（二）研究意义 (9)
### 四　国内外研究现状 (9)
（一）企业的绩效：双重任务的研究 (10)
（二）股权结构对企业绩效的影响 (11)
（三）董事会结构对企业绩效的影响 (14)
（四）管理层结构对企业绩效的影响 (16)
（五）研究评述 (19)
### 五　研究内容与方法 (21)
（一）研究内容 (21)
（二）研究方法 (23)
### 六　创新点 (24)

## 第二章  国有企业混合所有制治理结构与双重任务的理论分析 (26)

一  国有企业多任务异质委托情境的形成：基于委托—代理理论 (26)

（一）股东与管理者之间的利益分歧：传统委托—代理问题 (27)

（二）控股股东与中小股东之间的利益冲突：新的委托—代理问题 (28)

（三）终极控股股东与其他股东之间的利益矛盾：新委托—代理问题的深化 (30)

（四）多任务与异质委托：中国国有企业特殊的委托—代理模式 (32)

二  国有企业多主体治理框架的延伸：基于利益相关者理论 (32)

三  混合治理结构下决策者的行为解释：基于心理学理论 (34)

（一）高阶理论 (35)

（二）社会类化理论 (36)

（三）信息决策理论 (37)

四  国有企业混合治理结构与双重任务的关系机理 (38)

五  本章小结 (41)

## 第三章  国有企业混合所有制股权结构与双重任务的实证分析 (43)

一  混合股权结构与双重任务 (44)

（一）理论分析与研究假设 (44)

（二）混合股权结构对双重任务的研究设计 (48)

（三）混合股权结构对双重任务的实证分析 (50)

二  混合主体股权制衡与双重任务 (67)

（一）理论分析与研究假设 (68)

（二）混合主体股权制衡与双重任务的研究设计 (73)

（三）混合主体股权制衡与双重任务的实证分析 …………（77）
　二　股权结构与双重任务的结论与启示 …………………………（87）
　　（一）结论启示 ……………………………………………………（87）
　　（二）优化混合所有制企业股权结构的政策启示 ……………（90）
　四　本章小结 ……………………………………………………（95）

**第四章　国有企业混合所有制董事会结构与双重任务的
　　　　　实证分析** …………………………………………………（97）
　一　董事社会网络特征与双重任务 ……………………………（99）
　　（一）理论分析与研究假设 ……………………………………（99）
　　（二）董事社会网络特征与双重任务的研究设计 …………（103）
　　（三）董事社会网络特征与双重任务的实证分析 …………（105）
　二　董事功能偏好中介下的异质股东与双重任务 …………（122）
　　（一）理论分析与假设提出 ……………………………………（122）
　　（二）董事功能偏好中介下异质股东与双重任务的
　　　　　研究设计 ……………………………………………………（129）
　　（三）董事功能偏好中介下异质股东与双重任务的
　　　　　实证分析 ……………………………………………………（131）
　三　董事会结构与双重任务的结论和启示 …………………（147）
　　（一）结论启示 …………………………………………………（147）
　　（二）完善国有企业董事制度的政策启示 ……………………（150）
　四　本章小结 ……………………………………………………（155）

**第五章　国有企业混合所有制管理层结构与双重任务的
　　　　　实证分析** ………………………………………………（157）
　一　高管团队职能背景与双重任务 …………………………（159）
　　（一）理论分析与假设提出 ……………………………………（159）
　　（二）高管团队职能背景与双重任务的研究设计 …………（161）
　　（三）高管团队职能背景与双重任务的实证分析 …………（163）
　二　高管激励方式与双重任务 ………………………………（174）
　　（一）理论分析与假设提出 ……………………………………（174）

（二）高管激励方式与双重任务的研究设计 …………（179）
　　（三）高管激励方式与双重任务的实证分析 …………（180）
　三　管理层结构与双重任务的结论和启示 ………………（193）
　　（一）结论启示 …………………………………………（193）
　　（二）构建国有企业高管综合激励和约束机制的
　　　　　政策启示 …………………………………………（196）
　四　本章小结 ………………………………………………（201）

## 第六章　有限理性行为假设下的多任务委托—代理模型拓展……（202）
　一　拓展背景与理论基础 …………………………………（202）
　　（一）问题背景 …………………………………………（202）
　　（二）相关文献综述 ……………………………………（203）
　　（三）契约研究的理论基础 ……………………………（209）
　　（四）多任务委托—代理基本模型构建 ………………（214）
　　（五）研究思路 …………………………………………（215）
　二　过度自信条件下的委托—代理模型 …………………（216）
　　（一）契约设计 …………………………………………（216）
　　（二）模型分析 …………………………………………（220）
　　（三）数值模拟 …………………………………………（222）
　　（四）小结 ………………………………………………（224）
　三　代理人自利行为下的委托—代理模型 ………………（224）
　　（一）动态多任务基本模型 ……………………………（225）
　　（二）代理人具有在职消费行为的模型 ………………（227）
　　（三）代理人具有隐藏收益行为的模型 ………………（235）
　　（四）小结 ………………………………………………（242）

## 第七章　研究结论与未来研究展望 …………………………（243）
　一　研究结论 ………………………………………………（243）
　二　研究展望 ………………………………………………（245）

**参考文献** ………………………………………………………（246）

# 第一章 绪论

## 一 研究背景

### (一) 国有企业改革助力全球经济摆脱萎靡

2007年,美国各州被一场突如其来的次贷危机迅速包围,从美国金融领域迅速扩散,仅用一年时间恶化成席卷全球的金融性危机。针对当时的经济状况,全球经济都陷入了萧条、萎靡及复苏乏力的困境,许多有识之士发表了看法,美国前财长萨默斯将这一时期形容为"长期停滞",施蒂格利茨及国际货币基金组织总裁拉加德将其称为全球性的"经济大萎靡""新平庸"。然而,在经过长达十年的"经济大萎靡"之后,全球经济逐步回温,展露晴空,逐渐从经济大危机中复苏并走出阴霾,最终朝着全球经济大规模高速增长稳步迈进。

中国经济在全球经济中处于十分重要地位,是世界经济复苏的重要支撑与保障。《2018年世界经济形势与展望》报告中明确表明,自2011年以来,2017年是全球经济增速最快的一年,经济增长率高达3%,并且,中国作为世界经济体中的大国,对此次全球经济复苏的贡献率高达1/3[1]。2017年10月,世界银行在马来西亚发布了《东亚与太平洋地区经济半年报》,一方面,基于中国当前国有企业改革的进行,报告对中国经济的预期给出了预判,明确指出未来两年中国经济将会保持持续增长,因此这一预判是有现实依据的,与我国国情相匹配[2]。另一方面,报告还表明在过去5年中中国为推进战略决策的落实与部署做

---

[1] 上海社会科学院世界经济研究所宏观分析组、薛安伟:《复苏向好的世界经济:新格局、新风险、新动力——2018年世界经济分析报告》,《世界经济研究》2018年第1期。

[2] The World Bank, East Asia Pacific Economic Update, 2017, http://www.worldbank.org/en/region/eap/publication/east-asia-pacific-economic-update.

出了一系列新战略、新决策,积极有效地促进了国有企业改革,使我国继续以坚定的信念与力度推进国有企业改革。国有企业在国民经济发展中起到了中流砥柱的作用,是国民经济的心腹,在政策落实与推进的过程中,不断迸发出新思路和新想法,不断为丰富国有企业经营模式与经营战略冲锋陷阵。即使在2018年面对由中美贸易摩擦而引发的巨大经济冲击,国有企业仍然冲锋在前,累积实现营业收入13.7万亿元,同比增长10.1%[①]。从前五年的数据来看,我国国有企业改革还有很长的路要走,仍需继续完善与推进,但也取得了很大成效,国有企业改革道路的选择及战略的实施是积极有效并符合我国基本国情的,这在我国经济转型中做出巨大的贡献[②]。

党的十八届三中全会提出了《中共中央关于全面深化改革若干重大问题的决定》,决定对我国国有企业进行新一轮改革,改革的重点便是对国有企业进行混合所有制改革。党的十九大报告要求"深化国有企业改革,发展混合所有制经济,培育具有全球竞争力的世界一流企业"。由此可见中央政府对我国混合所有制改革寄予较高期望并提出了较高要求,同时寄托厚望和关注。据WIND统计,截至2018年2月,中国境内上市公司超过3500家,总市值超过62万亿元。在境内,持有大量的国有控股的混合所有制企业的资产规模都比较庞大,资产规模排名也都十分靠前。不仅如此,不少境外的大型的跨国公司也都是国有控股的混合所有制企业。混合所有制模式下的国有企业是中国经济发展的中坚力量,其地位不论在数量还是资产规模方面都是不可替代的。

**(二) 三大攻坚战需求下国有企业责任增加**

在党的十九大报告中,习近平总书记提出要坚决打好三大攻坚战:防范化解重大风险、精准脱贫、污染防治,使全面建成小康社会得到人民认可、经得起历史检验。

防范化解重大风险是打赢攻坚战的首要之战,其中的重点是防控金融风险。国有企业经过多年的扩张式快速发展,取得了巨大的发展成

---

① 国资委举行新闻发布会 通报2018年上半年中央企业经济运行情况,http://www.sasac.gov.cn/n2588035/n2588330/n2588360/c9237801/content.html

② 朱瑸:《中国经济稳步前行为全球复苏增添动力》,《经济日报》2018年1月20日第3版。

就，与此同时，企业的经营风险也演化的更具多样性，如资产负债率高、劳动生产率低、债务风险大等。根据财政部2018年1月公布的《全国国有及国有控股企业经济运行情况》，2017年国有企业资产负债总额为997157.4亿元，是2017全年全国GDP总额（827122亿元）的121%，资产负债率高达65.73%。由于关系到民众生活的供水、供电、供气等系列重要的民生领域，大多数国有企业都有涉及并积极发展，使得国有企业对于维护国家安全和公众责任发挥着重要的作用，因此，尽可能降低和化解国有企业受到的各类金融经济风险变得十分必要。

2016年9月，中国证监会在《关于发挥资本市场作用服务国家脱贫攻坚战略的意见》中明确提出，最大程度的聚集资本市场，是国家脱贫攻坚战略落实的必要条件，文件还提出上市公司要积极履行社会责任，积极投身到扶贫工作中。国有企业在我国社会主义市场经济发展中充满活力并具高效率，一方面国有企业要充分发挥其主导作用，在我国实体经济领域各方面充分发挥资源配置的功能；另一方面还要履行相应的社会责任，不断促进社会公正公平。根据《中央企业社会责任蓝皮书2017》所得如下数据：参与定点扶贫的中央单位中，中央企业占比接近1/3，此外，全国开展了592个扶贫开发工作重点县，中央企业对此帮扶比占据了42%。此外，打赢污染防治攻坚战，必须做好水污染防治和土壤污染防治，我们必须主动出击，大气污染物的排放标准要严格实施与执行，携手出击打赢蓝天保卫战。国有企业是我国公有制经济的保障性力量，诸如石油石化、煤炭等资源型行业大多由国有企业掌握，近年来，国有企业对于能源的依赖度和对环境的污染程度明显逐步加深，主要是由于前期粗放式的发展方式和国有企业管理者盲目追求政绩观，以及采取的"先发展后治理"的短视决策。对此，中央企业的典型代表们必须有所作为，国有企业冲在前线，我们能看到其节能减排机制与措施都在不断地升级、优化，朝向环境友好型与资源节约型的良好环境稳步迈进，形成绿色资源产业格局。到2017年底，中央企业万元产值综合能耗（可比价）比"十二五"时期下降了约6.6%，已经超过了万元产值综合能耗"十三五"的目标要求。所以，打赢污染防治攻坚战是势在必得，加强国有企业对于污染防治社会责任的能力、水平和主动性已成为必然趋势。

于国有企业而言，履行社会责任是国有企业必须肩负的社会使命，同时国有企业的社会地位受到公众的一致认可，国有企业应履行的社会责任所受到的关注度更高。民调数据表明，民众认为国有企业所承担的社会责任于一般企业而言存在着本质的区别，一般企业纯粹执着于对利益的追求，而国有企业承担的是惠民利民的重任，是社会平稳健康发展的守护神，绝非是纯粹利益的追随者。例如，广州社情民意研究中心曾关于国有企业社会责任进行民调[①]，显示结果：在接受调查采访的90%以上的是公民认为"国有企业借助政府的权利取得其在各行业中的垄断地位，他们就更需要承担相应的社会责任与义务"；而"保障产品服务质量和价格"是公众认为国有企业公共责任最应包含的内容。由此可见，公众认为国有企业掌握着绝对的资源优势，对等而言也应该承担相应程度的"公共责任"。

### （三）全面深化改革中的国有企业治理探索

2017年5月，国务院办公厅发布了《关于进一步完善国有企业法人治理结构的指导意见》（以下简称《指导意见》）明确要求到2017年年底，基本完成我国国有企业公司制改革。

国有企业公司制改革是指将传统的国有企业改组为公司制企业，并要求其与现代企业制度要求、规范相一致。我国自改革开放以来，经济体制已经历了40多年的改革，其成果在全球范围已取得广泛认可，并在世界经济体制中占据重要地位。党的十一届三中全会《决定》指出，"国企改革从扩大企业自主权开始"这将成为国有企业改革的起跑线；党的十四届三中全会提出，我国国有企业中改革的根本目标是要建立起"产权清晰、责权明确、政企分开、管理科学"的现代企业制度；党的十五届四中全会《决定》提出"公司制是现代企业制度的一种有效组织形式。公司法人治理结构是公司制的核心"，由此，拉开了国有企业改革的序幕；"要完善公司法人治理结构"在党的十六届三中全会被提出；党的十六大决定，积极推进国有企业进一步深化改革，将"发展混合所有制"写入执政党的纲领性文件；党的十六届三中全会《决定》提出，"要适应经济市场化不断发展的趋势，进一步增强公有制经济的

---

① 广州社情民意研究中心：《不同人群对垄断国企公共责任承担的评价》，http://www.c-por.org/index.php? c=news&a=baogaodetail&id=436&pid=5。

活力，大力发展国有资本、集体资本和非公有资本等参股的混合所有制经济，实现投资主体多元化，使股份制成为公有制的主要实现形式"；党的十八届三中全会《决定》中对"混合所有制"的措辞由党的十六大的"发展"、党的十六届三中全会的"大力发展"，变为"积极发展"，这使国有企业所有制改革的新思想变得更加清晰明确，彰显了我国对于打破所有制改革僵局的信念与决心。

由此可知，以建立现代企业制度为目标的国有企业改革是我国经济体制改革的核心，通过不断的研究探索问题、不断改革创新，进而发现错误、纠正错误，最终确立了以构建公司法人的治理结构，达成了建立现代企业制度的共识。这一共识的形成在经历了放权让利、企业承包制、经营责任制等多种改革方案的反复探索后得以确立，目前已基本完成了现代企业制度的构建工作。

根据《指导意见》的时间表显示，我国国有企业公司制改革已经进入到攻坚阶段。我们的根本目的是实现真正意义上的现代企业制度，因此必须解决好国有企业公司法人治理结构存在的问题，这是实现改革目标的根本举措；而只有明确划清公司治理与公司管理间的关系、规划企业所有权与经营权之间的界限，才能真正做到保护企业股东、经营者及利益相关者的合法权益，才能进一步提升我国国有企业的经济效益，进而提升我国国民经济的效率，最终实现全方位推进我国国有企业改革，实现股权多元化改革、混合所有制改革的目标。因此，研究并匹配一条符合国有企业改革需求的国有企业治理之路意义重大。

## 二 问题提出

### （一）国有企业混合所有制治理结构的确定

从理论层面而言，国有企业治理的骨架构成离不开结构治理，主要包括"三会一层"与"党的角色与作用"，即股东会、董事会、监事会、经理层、党组织。同时，在国有企业治理过程中职工代表大会及职工董事、职工监事也发挥着重要的作用并具有一定分量。

然而，党的十八届三中全会《中共中央关于全面深化改革若干重大问题的决定》是以国有企业混合所有制改革为核心内容，明确提出国有企业的核心点要落在混合所有制改革上。但是，在改革的实际实施过程中面临许多挑战和问题，混合所有制与国资监管体系难以兼容由此导致我国国有企业改革进程的完成度相比预期差距较大。推行政企分离实现国有企业所有权和经营权的分离是与我国建立健全国资监管体系的根本目的相匹配的，但推行成效却与实际情况相反。基于现有的国资监管体系，公司治理和公司经营都受到其巨大的冲击，基于"去监管、行股权、降比重"的改革方向，全面推进混合所有制改革，加快建立起真正的现代企业制度。混合所有制改革，是将股权所有权进行重新分配的过程，把从国有企业外部引入股权的所有者进行重分配，全面改善企业的控制权和索取权，使其更加合理完善，于企业而言，纯粹的股权投资者的进入，使企业管理者的目标转移，使所有者的约束能力更强，新参与进来的所有者必然会有灵活的进入退出机制，董事会和经理层面的行为受此熏陶也会得以提升，国有企业建立的灵活的进入退出机制也是受此影响。在这之中，核心内容始终围绕公司治理，混合所有制改革使公司治理得到了质的提升，从现实层面来讲，混合所有制改革就是强化国有控股地位的同时实现多元化股权结构，并通过股东对董事会和经理层行为的影响，使公司理念和制度加速落实，从而推进公司治理。

综合来说，治理结构的变化是由国有企业混合所有制改革引发的，因混合股权结构由异质股东组成，并以此为根本切入点，借由股东对董事会和经理层的直接委托—代理关系而影响董事会结构和管理层结构。因此，本书基于委托—代理框架，以股权结构为核心，主要内容为董事会结构和管理层结构，从三方综合治理结构角度对国有企业混合所有制治理的进行了研究。需要特别说明的是，国有企业治理结构还包括监事会和党委会，但由于监事会的外部性与党委会的政治领导性，因此在本书基于股权混合改革为指导思想，在此框架下，限定所涉及的混合所有制治理结构主要为股权结构，以及受到股权直接影响同时处于企业日常业务层面的董事会结构和管理层结构。

**（二）研究问题的综合梳理与提出**

从理论上分析，国有企业处于一种更为复杂的委托—代理情境之中，结合以上现实背景，也说明了国有企业改革与治理面临着来自多方面的需求与压力，当前模式下的企业内部治理结构配置也尚需考验和优化。

一方面，我国的基本国情处于不断变化中，经济新常态，动态的经济环境对我国的国有企业的发展提出了更多的新要求，国有企业不仅要做到对国有资产的保增值及经济的对外输出，同时也肩负着相应的企业社会责任，例如保护利益相关者的权益，企业承担着不可避免的双重任务。在2015年中国国资委等部门联合发布的《关于国有企业功能界定与分类的指导意见》中首次明确提出了关于国有企业的双重任务特征[①]。

另一方面，"混合所有制"改革进程持续推进，越来越多的非国有企业的资本如民资、外资等受其影响参与到国有企业的改革中，并且与国有股东混合共同持股。非国有企业的股东不仅为社会增添了活力，更为国有企业注入了循环不断的社会资金，但是在治理理念方面，国有与非国有企业股东之间存在差异性，并且追求企业双重任务的目标也存在不同。此外，面对双重任务的艰巨要求，股东会将强加于董事会或高管团队，并且，对于不同股东的不同要求将会逐步成为董事会及经理层的多任务要求，企业的双重任务实施的成效也将成为董事会及经理高层的直接考核标准。对此，企业所有制混合不仅会构成异质股东参股的股权结构，也会由于异质股东的任务追求偏好而针对企业董事会功能以及高管团队职能等内部治理特征来选择符合企业任务需求的董事会与高管团队。由此认为，董事会及经理高层团队的异质委托与多任务，使我国国有企业形成了特有的委托—代理关系[②]。

所以，国有企业混合所有制下的股权结构、董事会结构和管理层结构等企业核心内部治理结构的功能与特征不仅成为国有企业改革的重要研究对象[③]，更极大地影响了国有企业绩效实施效果和效率，因此与企业双重任务一齐进入研究视野。

目前在我国国有企业改革的要求与背景下，混合所有制改革究竟为国有企业带来了怎样的内部治理结构，而且这些内部治理结构如何影响

---

① Porter, M. and Kramer, M. R., "Creating Shared Value: How to Reinvent Capitalism and Unleash a Wave of Innovation and Growth", *Harvard Business Review*, 2011, 89 (1-2): 62-77.

② 王垒、刘新民、丁黎黎：《委托代理理论在国有企业的拓展：从单边道德风险到三边道德风险》，《商业研究》2015年第12期。

③ Adams, R., Hermalin, B. E. and Weisbach, M. S., "The Role of Boards of Directors in Corporate Governance: A Conceptual Framework and Survey", *Journal of Economic Literature*, 2010, 48 (1): 58-107.

双重任务实施？在股权结构层面，国有与社会股东的多样性、深入性、混合度与制衡度等特征对于国有企业双重任务的影响差异如何？在董事会结构层面，董事功能的差异性将如何处理异质股东委托与国有企业双重任务的关系，而且国有企业董事"亦官亦商"，其所掌握的社会网络等资源是否有利于国有企业双重任务的实施？在管理层结构方面，高管团队内部受职能的多样性和差异性影响如何选择与实施国有企业双重任务，同时在国有企业双重任务面前，经济与非经济激励手段对于高管能否产生预想的激励效果？另外，这些结构、关系与角色对双重任务的作用是否随着企业功能定位的变化而改变？以上一系列问题都需要深入探讨研究。

因此，本书将中央企业控股的上市公司作为研究对象，利用其代表性，将国有企业混合所有制治理结构与双重任务的关系进行对比分析，从股东会、董事会和高管团队这一企业核心入手，以委托—代理中的多任务多委托角度为支撑，对股权结构的作用展开深层次的研究。同时，基于高层梯队理论与社会类化理论中表述的董事与高管异质性的董事会结构与管理层结构特征，分别对三种治理结构的作用关系进行研究，并对企业双重任务的影响途径进行了更深层次的探索，在经济新常态的背景下，国有企业混合所有制改革如火如荼地开展，为企业能够根据功能任务的需求而合理设置企业产权结构、董事会建设、高管选聘与激励提供指导。

## 三 研究目的与意义

### （一）研究目的

经济绩效与社会责任的双重任务需求会随着国有企业改革的深化逐步明确，国有企业的经济与社会综合体特征也随之愈发明朗。随着混合所有制改革的进行，国有企业逐渐展露了目标各异的股东、董事会和管理层，与此同时，全新的治理结构地出现在企业治理方面也带来了新的机遇与挑战。综上所述，国有企业中复杂的多任务异质委托模式随之形成。本书基于国有企业混合所有制治理结构的背景，对国有企业双重任务实施路径选择与优化问题进行了研究与分析，揭示应该在不同的企业任务需求下如何合理配置股权结构、董事会结构和管理层结构等企业核心内部治理结构，最终以期为国有企业改革提供更为全面而现实的政策建议。

### （二）研究意义

本研究是基于国有企业改革中的多任务特征、混合所有制改革以及委托—代理理论发展的多重需要而产生，具有重要的理论意义和现实意义。

1. 理论意义

本书从异质性委托人多任务视角，分析国有企业治理结构与企业任务的选择及匹配问题。一方面，从多任务视角构建分析框架，基于对政府股东和社会股东目标的多元化的考虑，扩展了现有国有企业中单一委托—代理分析框架。另一方面，突破现有研究的探讨，打破了基本围绕传统的委托—代理关系和单一企业治理结构的传统研究思路，构建混合所有制下的股权结构、董事会结构、管理层结构，对股东、董事和高管的异质性进行了深层次的考虑，并结合高阶理论和社会类化理论对其支撑，连通委托—代理理论与包括高阶理论等在内的决策者心理学理论，全方位的分析国有企业混合治理结构对企业双重任务的影响与偏好，进一步丰富委托—代理理论的多任务异质情境。

2. 现实意义

我国改革开放进程中的核心和始终难以突破的难点便是国有企业改革，在长达40多年探索的奠基后，如何进行改革等依然是理论界、政府和人民所共同关心的问题。尤其在新一轮国有企业改革序幕拉开之后，提出了一系列方针政策，如国有企业混改、分类改革、法人治理结构优化等，但这些政策对国有企业产生了怎样的应用效果尚待明确。本书不仅从股东、董事会和高管团队三个微观业务层面理清企业核心内部治理结构对双重任务的现实作用差异，而且研究成果与结论对于进一步推动我国国有企业混合所有制改革深化、经营效率提升和企业社会责任承担意义非凡，同时，在相关政策下如何构建与优化企业内部治理结构都具有重要的现实指导意义。

## 四　国内外研究现状

本书在混合所有制的治理结构下，对股权结构、董事会结构以及管理层结构引起的企业经济绩效和社会责任的综合影响度进行了研究，并以我国国有企业异质性委托与多任务关系的现实特征作为研究背景。国内外研究综述主要从企业双重任务，股权结构、董事会结构和管理层结构对双重任务四方面进行综述和评析，明确现在的研究现状、脉络和进展，确定后续研究的研究方向及理论依据。

### （一）企业的绩效：双重任务的研究

提升企业经济绩效的影响因素研究在企业的发展中尤为重要，因为处于企业的生存和发展中核心地位的是企业经济绩效，在国内外的研究中企业的绩效在理论与实践方面都深受重视。如果一个企业的董事会结构比例比较合理，薪酬福利政策也比较完善等等，那它的经济绩效也必然高于同类别行业的平均水平，因为公司治理政策的好坏与企业经济绩效环境呈显著正相关关系[1]。而且企业战略变革能促进企业经济绩效[2]。此外，技术、信息技术、市场等战略能力也都会推动经济绩效增长[3]。一个企业的战略核心便是企业的社会责任，企业的社会责任可以解决企业利益相关者之间的冲突[4]，但社会责任是企业生存的另一个"绩效"，其立场要远高于企业利益。自然而然与企业经济绩效如公司所有权、董事会结构、高管团队组成等密切联系[5]。关于企业社会责任与经济绩效之间的关系主要存在两方面的论述。一方面，学者们认为企业社会责任与企业经济绩效无关，通过对具有社会责任的企业与不具有社会责任的企业的财务绩效进行对照，得出两者之间没有显著差异得出的结论[6]；另一方面，学者们则认为企业社会责任与企业经济绩效存在相关关系，

---

[1] Ueng, C. J., "The Analysis of Corporate Governance Policy and Corporate Financial Performance", *Journal of Economics and Finance*, 2016, 40 (3): 514 – 523.

[2] Zhang, Y. and Rajagopalan, N., "Once an Outsider, Always an Outsider? CEO Origin, Strategic Change, and Firm Performance", *Strategic Management Journal*, 2010, 31 (3): 334 – 346.

[3] Hao, S. and Song, M., "Technology-driven Strategy and Firm Performance: Are Strategic Capabilities Missing Links?" *Journal of Business Research*, 2016, 69 (2): 751 – 759.

[4] Becchetti, L., Ciciretti, R., and Hasan, I., "Corporate Social Responsibility and Shareholder's Value", *Journal of Business Research*, 2012, 65 (11): 1628 – 1635.

[5] Lau, C. M., Lu, Y., and Liang, Q., "Corporate Social Responsibility in China: A Corporate Governance Approach", *Journal of Business Ethics*, 2016, 136 (1): 73 – 87.

[6] Nolleta, J., Filisb, G., and Mitrokostasc, E., "Corporate Social Responsibility and Financial Performance: A Non-linear and Disaggregated Approach", *Economic Modelling*, 2016, 52: 400 – 407.

尤其是企业社会责任对经济绩效的影响①。虽然企业的投资会随着社会责任的增大的而增加，可能会导致企业失去一定的经济效益，从而导致企业社会责任与企业经济绩效呈负相关关系，但是企业最终收益的经济效益是高于投入的②。此外，根据对国有企业依赖性和资源配置效率的有关研究表明，地方国有企业依赖的资源越多，现有的非国有企业对资源的可获得性就越难，继而难以利用资源扩大自身生产规模，并且新企业的准入门槛越高，效率低的国有企业退出市场就越困难③，这可以解释为，政府强制要求国有企业发挥社会责任功能，使得国有企业的地方依赖性增强。因此，国有企业的垄断愈演愈烈，这离不开社会责任在内的这些强制，这不利于市场的整体发展。此外，投资者还将偏好基于企业社会责任等公共利益水平的差异化行为决策。

例如，基于理性选择理论，研究不同公益项目的不同特征发现，公益捐赠者更加关注慈善组织的扶贫程度，个体捐赠者更加关注社会福利的程度，而机构捐赠者则更加关注他们社会价值的提升程度④。因此，研究表明，未来的企业治理应当向为需要识别企业、政府、社会组织和社会公众等利益相关方的全面的社会责任的绿色治理模式转变⑤。

## （二）股权结构对企业绩效的影响

股东是控制整个企业战略政策以及运行发展的关键，而股东这一群体在企业发展中对企业的社会责任和经济绩效发挥着强大的助推力，因

---

① Saeidiab, S. P., Sofianab, S., Saeidiab, P., Saeidia, S. P., Saaeidic, S. A., "How does Corporate Social Responsibility Contribute to Firm Financial Performance? The Mediating Role of Competitive Advantage, Reputation, and Customer Satisfaction", *Journal of Business Research*, 2015, 68 (2): 341 – 350; Servaes, H. and Tamayo, A., "The Impact of Corporate Social Responsibility on Firm Value: The Role of Customer Awareness", *Management Science*, 2013, 59 (5): 1045 – 1061.

② Ali, F., Iraj, F., and Hassan, T., "Valuation Effects of Corporate Social Responsibility", *Journal of Banking & Finance*, 2015, (59): 182 – 192; Barnett, M. L. and Salomon, R. M., "Does It Pay to be Really Good? Addressing the Shape of the Relationship between Social and Financial Performance", *Strategic Management Journal*, 2012, 33 (11): 1304 – 1320.

③ 李艳、杨汝岱：《地方国企依赖、资源配置效率改善与供给侧改革》，《经济研究》2018 年第 2 期。

④ 李维安、姜广省、卢建词：《捐赠者会在意慈善组织的公益项目吗——基于理性选择理论的实证研究》，《南开管理评论》2017 年第 4 期。

⑤ 李维安、徐建、姜广省：《绿色治理准则：实现人与自然的包容性发展》，《南开管理评论》2017 年第 5 期。

为企业内部的治理因素往往会对企业的经济绩效和社会责任产生重要的影响,因而国内外学者基于股东和股权特征对企业使命和责任的影响进行了广泛的关注。

在我国国有企业改革的过程中产生了一个重要转折点便是我国混合所有制经济的发展。但是,现实与理论产生了一定的误差,混合所有制在实际情况中"遇冷",其进程明显慢于预期要求。根本原因是我国现有的国有资产监管制度与混合所有制融合度过低。因此,为实现建立真正的现代企业制度的目标,要彻底实行混合所有制改革,对国有资产监管体制进行根本性改革,其改革方向是"去监管、行股权、降比重"[①]。相关研究表明,"混合所有制"股权结构对公司的经济绩效有显著的积极影响,但纯国有资本之间的股权多元化对公司业绩并没有产生积极的影响,这就间接表明了对非国有资本的认可。民营股权参与增强了国有企业管理层薪酬和离职对绩效的敏感性,市场化程度越低,异质股权股东对绩效的影响就越大。结果表明,在我国转型经济中,"混合所有制"弥补了我国市场化进程中的不足,而异质股东的"互补"性使企业的所有权资本优势个性发挥,但需要注意在改革中引入新的不公平及低效率等一系列问题[②]。

从整体上说,中国的混合所有制改革无论对企业的所有者类型或企业的经济绩效都有普遍的影响,且成效显著,而国有、民营和外资企业的所有权对企业绩效的影响具有较大的差异性[③]。例如,企业业绩受到的私人资本嵌入的影响反应程度十分显著,其中影响程度最深的便是控制权的嵌入,其次影响较大是所有权的嵌入,影响效果最浅显的是管理权的嵌入;从业务绩效层面而言,所有权、控制权及管理权权威的配置也会起到相应的积极影响,在这些影响中,影响程度最大的是国有权威,其次是外部权威,略低于国有权威的正向影响度;管理层持股对经营业绩的影响是不同的,影响程度从低到高依次为监事会持股、高管持

---

① 张文魁:《国资监管体制改革策略选择:由混合所有制的介入观察》,《改革》2017年第1期。
② 郝阳、龚六堂:《国有、民营混合参股与公司绩效改进》,《经济研究》2017年第3期。
③ Xia, F. and Walker, G., "How Much does Owner Type Matter for Firm Performance? Manufacturing Firms in China 1998–2007", *Strategic Management Journal*, 2015, 36 (4): 576–585.

股、董事会持股，且利益分享对经营业绩的积极正向影响是十分显著的①。社会责任与现金流权及控制权相关性相反，其与股东控制权呈现正相关关系，却与股东现金流权负相关②。特别是少数企业股东的社会参与度会直接受该企业社会责任水平高低的影响，且企业社会责任水平还密切关系到少数企业股东的个人利益③。在目前股权结构方面的研究中，大部分国内外学者对股权制衡对企业双重任务有正向影响的观点持支持态度④，他们表明，企业第一大股东对企业的绝对控制将对企业绩效的增长非常不利⑤，相反，如果企业第一大股东持股比例越低，其股权制衡度就越高，企业绩效的增速及企业价值提升也越快⑥。研究结果表明，企业的慈善捐赠水平与应计盈余管理程度存在负相关关系，与真实盈余管理程度的相关互动关系也存在相反的现象，与应急盈余管理呈正相关关系，但与真实盈余管理呈负相关关系。随后对产权性质和所有权集中程度进行了分组，根据不同分组检验后得到的结果为：我国国有企业捐赠的私利性比较低，相反民企捐赠的私利性较高，股权集中企业较股权分散企业私利性也更低⑦。但是仍有小部分学者对此持反对态度，他们研究发现多股东的权力制衡与企业双重任务间并未存在积极影响⑧，相反，他

---

① 周志强、徐新宇、成鹏飞：《民资嵌入国有混企权威配置与经营绩效关系》，《系统工程》2018年第3期。

② Sul, W., Choi, H. M., and Quan, R. S., "Shareholder Conflict as a Determinant of Corporate Social Responsibility Commitment for Shared Growth", *Emerging Markets Finance and Trade*, 2014, 50 (5): 97 – 110.

③ Kong, D., "Does Corporate Social Responsibility Affect the Participation of Minority Shareholders in Corporate Governance?" *Journal of Business Economics and Management*, 2013, 14 (Supp 1): 168 – 187.

④ 陈德萍、陈永圣：《股权集中度、股权制衡度与公司绩效关系研究——2007—2009年中小企业板块的实证检验》，《会计研究》2011年第1期；Grove, H., Patelli, L., and Victoravich, L. M., "Corporate Governance and Performance in the Wake of the Financial Crisis: Evidence from US Commercial Banks", *Corporate Governance: An International Review*, 2011, 19 (5): 418 – 436。

⑤ 王晓巍、陈逢博：《创业板上市公司股权结构与企业价值》，《管理科学》2014年第6期。

⑥ 张良、王平、毛道维：《股权集中度、股权制衡度对企业绩效的影响》，《统计与决策》2010年第7期。

⑦ 张晨、傅丽茹、郑宝红：《上市公司慈善捐赠动机：利他还是利己——基于中国上市公司盈余管理的经验证据》，《审计与经济研究》2018年第2期。

⑧ 赵景文、于增彪：《股权制衡与公司经营业绩》，《会计研究》2005年第12期；张光荣、曾勇：《股权制衡可以改善公司治理吗——基于公平与效率视角的实证检验》，《系统工程》2008年第8期。

们认为公司治理与企业价提升离不开少数股东的参与，适当的大股东的集中控股也会一定程度上提升公司的治理[①]。

### （三）董事会结构对企业绩效的影响

股东参与企业的日常管理及运营工作的自我决定性不高，股东对企业的管理通常要求董事会作为其代理人，因此，应充分考虑公司经济绩效和社会责任因素对董事会结构和特征的影响。虽然目前对这一问题的研究存在不同的观点，但许多研究指出，女性董事、非执行董事、控制董事、董事会独立性、独立董事、董事规模、董事任期、董事多样性等与公司经济绩效和社会责任密切相关[②]。例如，对基于多样性的董事会断裂带与公司创新战略决策之间关系的研究指出，公司创新战略决策与董事会认知能力断裂带呈反向相关性，与社会类别断裂带也是负相关。同时，与董事会认知能力断裂带有正相关的关系，但董事会社会类别断裂带引发了企业创新战略决策过程中的许多负面影响[③]。如果对董事会双重任务的研究涉及董事会背景、资源和职能的多样性，就成为高层次理论研究的热点问题。

---

[①] Kong, D., "Does Corporate Social Responsibility Affect the Participation of Minority Shareholders in Corporate Governance?", *Journal of Business Economics and Management*, 2013, 14 (Supp 1): 168 – 187.

[②] Post, C. and Byron, K., "Women on Boards and Firm Financial Performance: A Meta-analysis", *Academy of Management Journal*, 2014, 58 (5): 1546 – 1571; Jameson, M., Prevost, A., and Puthenpurackal, J., "Controlling Shareholders, Board Structure, and Firm Performance: Evidence from India", *Journal of Corporate Finance*, 2014, 27 (341): 1 – 20; Fernández-Gago, R., Cabeza-García, L., and Nieto, M., "Corporate Social Responsibility, Board of Directors, and Firm Performance: An Analysis of Their Relationships", *Review of Managerial Science*, 2016, 10 (1): 85 – 104; Liu, Y., Miletkov, M. K., and Wei, Z., "Board Independence and Firm Performance in China", *Journal of Corporate Finance*, 2015, 30: 223 – 244; Gaur, S. S., Bathula, H., and Singh, D., "Ownership Concentration, Board Characteristics and Firm Performance: A Contingency Framework", *Management Decision*, 2015, 53 (5): 911 – 931; Isidro, H. and Sobral, M., "The Effects of Women on Corporate Boards on Firm Value, Financial Performance, and Ethical and Social Compliance", *Journal of Business Ethics*, 2015, 132 (1): 1 – 19; Kim, K. H. and Rasheed, A. A., "Board Heterogeneity, Corporate Diversification and Firm Performance", *Journal of Management Research*, 2014, 14 (2): 121 – 139; Harjoto, M., Laksmana, I., and Lee, R., "Board Diversity and Corporate Social Responsibility", *Journal of Business Ethics*, 2015, 132 (4): 641 – 660.

[③] 马连福、张燕、高瑔：《董事会断裂带与公司创新战略决策——基于技术密集型上市公司的经验数据》，《预测》2018 年第 2 期。

公司治理的灵魂和核心便是董事会的独立性，在现有研究的推动下，董事会独立性已成为一种独立形式，并且像董事会成员与其他董事、CEO等一些非正式关系被学者所忽略了，包括之间的人口统计特征之间的匹配程度也未被重视，此外还有许多对董事会职能存在影响的社会因素都未被挖掘。基于社会网络和社会认同理论的一些研究从董事会监督职能有效性的角度构建了董事会社会独立性的认知测度和关系测度，研究发现董事会独立性与CEO离职存在正相关关系，因为董事会成员与CEO的关系往往更为密切，根据人口统计学特征，董事会不能客观、公正地评价和监督CEO的工作能力和绩效。此外，在民营企业和业绩不佳的公司中，董事会的社会独立性发挥了非常明显的调节作用，这也证实了董事会的社会独立效应与上市公司的所有权性质和业绩是有关联的[1]。

基于委托—代理理论中的经济人假设，学者开展了许多关于传统的公司治理研究，而社会网络由于治理主体和客体的嵌入对公司决策产生的影响也是不同的。与以经济属性为中心的代理理论相比，社会网络理论是以行为者的社会属性为核心的，这就为公司结构治理开辟了新的研究方向[2]。这就可以说，董事会掌握了众多社会网络资源，使得在大量董事特征因素中对企业发展占据着重要地位[3]。一方面，经济绩效的提高与董事持有的社会网络资本的提高呈正相关，尤其是独立董事的作用更为明显[4]。原因在于，社交网络中的高层团队共同努力，以减少信息不对称问题对企业业绩的影响[5]，研究证明，中等程度的网络密度对企

---

[1] 李维安、李晓琳、张耀伟：《董事会社会独立性与CEO变更——基于违规上市公司的研究》，《管理科学》2017年第2期。

[2] 李维安、齐鲁骏：《公司治理中的社会网络研究——基于科学计量学的中外文献比较》，《外国经济与管理》2017年第1期。

[3] Peng, M. W. and Heath, P. S., "The Growth of the Firm in Planned Economies in Transition: Institutions, Organizations, and Strategic Choice", *Academy of Management Review*, 1996, 21 (2): 492–528.

[4] Shaw, T. S., Cordeiro, J. J., and Saravanan, P., "Director Network Resources and Firm Performance: Evidence from Indian Corporate Governance Reforms", *Asian Business & Management*, 2016, 15 (3): 1–36.

[5] Charas, S., "Improving Corporate Performance by Enhancing Team Dynamics at the Board Level", *International Journal of Disclosure and Governance*, 2015, 12 (2): 107–131.

业绩效的提升更加明显①。说明了董事网络资源对企业经济绩效的积极影响。另一方面,企业的战略成本也会受到董事社会网络的有效监督和把控②,并限制大股东的隧道行为③,因而对提升企业的社会价值方面起到了非常积极的作用。可以理解的是,通过社会网络中的沟通和学习,投资者可以获得更有效参与公司治理所需的关键信息资源,监督公司的运营,为公司的经营投资决策提供建议。而网络中心化程度与信息资源管理投资效率呈正相关,其高效率的投资也提升了公司的长期价值④。

### (四) 管理层结构对企业绩效的影响

学者不仅研究了董事会结构对公司绩效的影响,而且将研究视角扩展到了包括集团高层管理者在内的管理结构领域,从该研究的角度,本书进一步分析了"人"对公司经济绩效和社会责任的影响,除了探讨中高层管理者协会的分配方式对公司经营水平的影响外,还将讨论延伸到了个人的整体意识层面。在个人层面上,不同公司最高行政人如何做战略选择对企业的经济效益具有明显的影响⑤,比如公司最高行政人提高企业社会责任绩效的手段主要是通过直接获得关于社会责任的工资待遇激励⑥,公司最高行政人的自恋程度较高程度影响企业的经济效益⑦,与此同时,联合执行官的权力差距与企业绩效之间是存在关系的,且普

---

① Peng, M. W., Mutlu, C. C., Sauerwald, S., Au, K. Y., Wang, D. Y. L., "Board Interlocks and Corporate Performance Among Firms Listed Abroad", *Journal of Management History*, 2015, 21 (2): 257–282.

② Wincent, J., Thorgren, S., and Anokhin, S., "Entrepreneurial Orientation and Network Board Diversity in Network Organizations", *Journal of Business Venturing*, 2014, 29 (2): 327–344.

③ Chen, Y., Wang, Y., and Lin, L., "Independent Directors' Board Networks and Controlling Shareholders' Tunneling Behavior", *China Journal of Accounting Research*, 2014, 7 (2): 101–118.

④ 李维安、齐鲁骏、丁振松:《兼听则明,偏信则暗——基金网络对公司投资效率的信息效应》,《经济管理》2017 年第 10 期。

⑤ Nadkarni, S. and Herrmann, P., "CEO Personality, Strategic Flexibility, and Firm Performance: The Case of the Indian Business Process Outsourcing Industry", *Academy of Management Journal*, 2010, 53 (5): 1050–1073.

⑥ Hong, B., Li, Z., and Minor, D., "Corporate Governance and Executive Compensation for Corporate Social Responsibility", *Journal of Business Ethics*, 2016, 136 (1): 199–213.

⑦ Petrenko, O. V., Aime, F., and Ridge, J., "Corporate Social Responsibility or CEO Narcissism? CSR Motivations and Organizational Performance", *Strategic Management Journal*, 2016, 37 (2): 262–279.

遍呈现出正相关关系①。当然，一些高层管理团队（如年轻的首席执行官、女性首席执行官、外国经理人和有党派背景的经理人）似乎在选择和做出企业社会责任决策方面做得更好，他们可以通过一种更成熟、更理性的管理哲学来推动企业社会责任的实现②。大家也越来越重视高级管理人的背景随着高层梯队理论的普遍应用③。基于信息决策理论，大部分学者认为高管职能异质性可以为企业带来更多的有价值的信息和资源，帮助企业做出科学有效的高质量决策，解决企业发展遇到的困境，提高企业业绩④。从集体层面讲，高管团队成员的多样化也从不同程度影响企业绩效。比如管理团队中成员不同的国籍、不同的性别总的来说都是有利于提升企业总体绩效⑤，管理团队成员任期时间越长对企业的总体绩效越有良好的作用，企业国家化程度越高，越有企业经济效益的提高，企业所处环境良好在企业高管团队中具有更显著作用⑥，如果说在一个管理团队中，如果是当地的管理人员的比例较外地的管理人员多的情况，能提高团队管理人员的多样化，从而对企业绩效起到正向影响⑦。此外，也有相关研究股权结构理论、高管团队断裂带并以此来分析混合股权结构作为调节效应时高管团队任务断裂带与创新绩效间的关系。经过研究调查发现：在国有企业和非国有企业的股东中，股权制衡程度的大小是不一样的，高管团队任务断裂带强度对创新绩效起着不一

---

① Krause, R., Priem, R., and Love, L., "Who's in Charge Here? Co-CEOs, Power Gaps, and Girm Performance", *Strategic Management Journal*, 2015, 36 (13): 2099–2110.

② Borghesi, R., Houston, J. F., and Naranjo, A,. "Corporate Socially Responsible Investments: CEO Altruism, Reputation, and Shareholder Interests", *Journal of Corporate Finance*, 2014, 26 (2): 164–181.

③ Buyl, T., Boone, C., Hendriks, W., Matthyssens, P., "Top Management Team Functional Diversity and Firm Performance: The Moderating Role of CEO Characteristics", *Journal of Management Studies*, 2011, 48 (1): 151–177.

④ 孟晓华、曾赛星、张振波：《高管团队特征与企业环境责任——基于制造业上市公司的实证研究》，《系统管理学报》2012 年第 6 期。

⑤ Perryman, A. A., Fernando, G. D., and Tripathy, A., "Do Gender Differences Persist? An Examination of Gender Diversity on Firm Performance, Risk, and Executive Compensation", *Journal of Business Research*, 2016, 69 (2): 579–586.

⑥ Bo, B. N. and Nielsen, S., "Top Management Team Nationality Diversity and Firm Performance: A Multilevel Study", *Strategic Management Journal*, 2013, 34 (3): 373–382.

⑦ Jr, A. A. C. and Lee, H. U., "Top Management Team Functional Background Diversity and Firm Performance: Examining The Roles of Team Member Colocation and Environmental Uncertainty", *Academy of Management Journal*, 2008, 51 (4): 768–784.

样的作用，在国有企业与非国有企业中，当大股东的股权制衡程度都高的情况下，高层管理团队的任务差距强度对创新绩效的影响则相反，但当国有和非国有股东之间的差距不大时，高层管理团队的任务差距强度对创新绩效的影响并不明显，机构投资者所占比例越大，任务断裂带对创新绩效的影响就越活跃[1]。

在国有企业和非国有企业的股东中，股权对企业的制衡程度大小是不一样的，包括高管团队任务断裂带强度对创新绩效。

抛开管理层自身的个性特征来看，怎样才能最大程度激励企业管理层的相关问题也一直是学术界研究的热点。现在，大多数情况下通过经济的和非经济的激励形式来促进企业管理者提高自己的业绩，给他们经济性激励是通过提高工资水平和给他们相应的股权作为等。因为国有企业整个行业还有它的经营模式具有极强的特殊性，所以需要全面提升企业经营绩效、提升在整个行业的竞争力。单独以盈利为目的的业绩考核方式难以达到提高企业利润的目的。当下国有企业正在实施一种关注长期利润，把短期绩效考核、年终绩效考核结合起来的绩效评估模式，实行这种模式主要是想刺激国有企业增加对于如何提高经营水平以及如何提高经营效率的关注度。这种短期绩效考核、年终绩效考核结合起来的绩效评估模式绩效评估模型到底能在多大程度上提高经营水平呢？目前还没有具体的相关理论来支撑。由关于高管的晋升快慢、任期的业绩提高与否与研究年度业绩增减之间的相关关系，得知企业利润的增长能够积极促进企业高管的晋升[2]。从理论方面可以得知，经济激励契约解决了经营者与股东之间的委托—代理问题，改变和影响高层管理者对风险的看法[3]。与此同时，股东和管理者之间的信息不对称程度对经济性激

---

[1] 林明、戚海峰、鞠芳辉：《国企高管团队任务断裂带、混合股权结构与创新绩效》，《科研管理》2018年第8期。

[2] 丁肇启、萧鸣政：《年度业绩、任期业绩与国企高管晋升——基于央企控股公司样本的研究》，《南开管理评论》2018年第3期。

[3] Ding, S., Jia, C., and Qu, B., "Corporate Risk-taking: Exploring the Effects of Government Affiliation and Executives' Incentives", *Journal of Business Research*, 2015, 68 (6): 1196 - 1204; Park, H. and Vrettos, D., "The Moderating Effect of Relative Performance Evaluation on the Risk Incentive Properties of Executives' Equity Portfolios", *Journal of Accounting Research*, 2015, 53 (5): 11 - 18.

励合约具有促进作用①。所以，近几年来学者增加了对非经济性激励措施，即声誉声望激励的关注②。但从长期利益来看，为了实现企业绩效，即使在非生产性经济激励合同的情况下，给予经理人声誉激励也会鼓励他们依靠自己的努力提高自己在经理市场的声誉，从而达到长期管理者的道德标准，促进整个企业的长期稳定③。也有不少学者从"行为激励"切入研究，国有企业高管的防御激励在企业自主创新活动中的作用？调查结果表明，在现行的国有企业高层管理人员评价体系下，创新投入和创新产出与管理防御指数成反比，即国有企业高层管理人员在创新投入上表现为"作为"，在创新产出绩效上表现为"不作为"。这一消极现象可以靠政治晋升激励来缓解，减少企业高管在产出层面表现出的"不作为"，从而改善国有企业的高管人员仅凭指标服务的行为模式④。另外，研究关于企业过度投资与国有企业高管政治晋升间的关系，结果表明政治晋升是会造成国有企业的过度投资现象，这种现象普遍存在于地方国有企业中，而没有普遍存在于中央企业，就是说没有对中央企业造成显著影响。深入研究表明，地方国有企业高级管理人员的年龄和任期也会对过度投资产生影响，高级管理人员年龄越小，过度投资程度越高，高级管理人员年龄越大，过度投资程度越低，任期越短，对政治晋升越敏感，过度投资程度越高⑤。

### （五）研究评述

目前，对企业绩效的相关研究中，主要从分析影响企业经济绩效以及影响社会责任出发，从股权结构、管理层结构、董事会结构三个方面

---

① Bebchuk, L. A. and Fried, J. M., "Executive Compensation as an Agency Problem", *Journal of Economic Perspectives*, 2003, 17 (3): 71-92.

② 马连福、刘丽颖：《高管声誉激励对企业绩效的影响机制》，《系统工程》2013 年第 5 期。

③ Yermack, D., "Remuneration, Retention, and Reputation Incentives for outside Directors", *The Journal of Finance*, 2004, 59 (5): 2281-2308; Park, B. J., "Client Importance and Earnings Quality: An Analysis of the Moderating Effect of Managerial Incentives for Target Beating Versus Auditors' Incentives to Avoid Reputational Losses and Litigation", *Spanish Journal of Finance & Accounting*, 2015, 44 (4): 427-457.

④ 李莉、于嘉懿、赵梅、顾春霞：《管理防御视角下的国企创新——基于国企高管"作为""不作为"的探讨》，《科学学与科学技术管理》2018 年第 3 期。

⑤ 李莉、顾春霞、于嘉懿：《国企高管政治晋升、背景特征与过度投资》，《预测》2018 年第 1 期。

进行研究，仍有许多需要改进的方面，现归纳总结如下。

第一，缺乏对国有企业任务双重特点全面的认识和研究。大量研究往往忽视了企业是经济贡献与社会服务的复合体。相反仅仅把社会责任和经济绩效是建立在股东至上理论和利益相关者理论的无可调和的"单选题"理论基础上，同时，受到传统的股东至上理论对企业社会责任履行的负面态度，大多数的研究局限在单一任务上，因此导致如何在平衡企业现状的情况下实现双重任务兼容引起学者们的思考。实际上，企业经济绩效和企业社会责任也成为企业的根本任务之一，在我国国有企业中普遍存在。国有资产监督管理委员会、财政部、国家发展和改革委员会联合发布了《关于国有企业职能的界定和分类》，肯定了国有企业的双重任务特征。因此，要实现国有企业的双重任务，探索改革政策下的国有企业内部治理结构还有很长的路要走。

第二，股权结构在公司治理中起着重要作用，但股东的混合所有权和非同质性对其他公司治理结构的干预却被忽视。从根本上说，不同类型的股东影响了企业社会责任投资的所有权结构，但当前大多数研究几乎没有对背景不同的股东的研究，关于股东的研究都是根据股权持股数量排名的股东之间的差异。在我国混合所有制改革中，国有股东与非国有股东共同持股，一方面，异质股东通过企业的定位和战略选择直接影响企业的双重使命；另一方面，同质股东可以促进利益共同体的构成，与其他非同质股东争夺公司治理权，董事会结构和治理结构的控制权和偏好将对公司任务的选择和执行带来不同的影响。因此，有必要以国有企业异质性股东为出发点，探讨混合所有制结构对双重授权和董事、经理等核心公司治理结构的影响和干预。

第三，多数研究普遍关注到董事会成员团队整体中的相同特征对公司业绩的影响，然而个体差异对不同董事群体决策偏好的影响却很少被关注。一方面，基于梯队理论和团队效能理论，外部利益相关者和内部异质成员共同影响董事会的治理绩效，而目前研究忽视了董事背景对执行管理角色的影响，对董事会职能偏好的研究很少，这种偏好主要受董事背景特征差异的影响。换句话说，董事职业背景的异质性导致了他们不同的领导风格和职能偏好，这对他们作为股东代理人的决策、战略决策、企业的监管职能等都有着深远的影响。因此，利用董事的丰富履历背景和"官商"的多重身份，提高国有企业的绩效是十分必要的。在研究董事的社会网络时，目前大多数研究普遍忽略了社会网络也可能会"因人而异"，一般都是只分析董事会或者只分析连锁董事的社会网络资源对企业绩效的影响。基于社会网络观和社会分类化理论中的相关理论分析，董事处理公司事务的行为受到社会关系网络影响。一方面来说是跟随自己的意见的；另一方面来说也是"嵌入"在互动网络中。他在决策过程中包含着丰富的感情变化，同时保留了自己本身的一些意愿，他通过自己所学的专业背景所获得的知识等做出偏好选择，并且，随着委托人的干预，这种理性与偏好会发生变化。在当下，国有企业董事对社会网络的把握得如此丰富和复杂，更有必要理清在社会网络的视角下董事对企业绩效到底存在如何的影响。

第四，过往研究高度重视了通过激励策略和高管团队的配置来实现企业业绩的提升，但是对于高管的激励手段是如何提高企业业绩的研究大都是片面的且并没有很强的针对性，对团队配置中管理职能偏好的分析和研究不够深入，对管理结构的研究，大多数集中在高层管理者的各种统计特征对其决策、战略和绩效的影响，很少有探讨整个高管团队内部成员的多样性、异质性对企业治理效果的影响，更忽略了因高管团队内部特征不同造成的管理层结构的整体性功能差异，即普遍注重个体之间的差异，而忽视了集体共性的偏好。此外，有关高管的激励问题，过往较多的分析了工资薪酬等经济性激励的作用，忽视了声誉激励等非经济性激励手段的影响，而要做好对企业高管的激励，只靠经济性激励手段是不可取的，只靠非经济手段也是不可取的，必须要根据企业的类型、企业的现状、高管的类型及企业发展阶段做出合理的分配，利用好经济手段和非经济手段的结合。

## 五 研究内容与方法

### （一）研究内容

1. 国有企业混合所有制治理与双重任务的关系框架

基于国有企业混合所有制改革的现实背景，以及在国有企业混合所有制下承担企业双重任务的现实需求，将传统的委托—代理框架延伸到多任务异质委托情况，结合委托—代理理论、利害关系人理论、高层次理论、社会化理论和信息决策理论，构建并分析了国有企业核心治理结构和混合所有制双重任务的综合关系框架，为详细分析国有企业双重任务的影响路径提供了理论依据。

2. 股权结构特点对国有企业双重任务的作用

本研究以国有企业混合所有制改革中的异质股东为基础，一方面，基于异质股东的多样性、深入性、混合度等结构特征与国有企业双重任务的选择偏好相结合，明确不同股东与股权结构下国有企业双重任务综合选择的作用机理，为理论模型的构建提供标准的理论指导。另一方面，从股权制衡角度，详细探究外资股东、机构股东和高管股东分别与国有股东的股权制衡度对国有企业双重任务到底有什么样的影响，同时，考查企业社会方面责任与经济绩效的关系以及企业社会责任的动态中介效应。

3. 董事会结构组成对国有企业双重任务的影响

从董事社会网络特征、董事会功能偏好的角度，一方面分析异质董事手中掌握有不同的社会网络资源水平对其行为决策的影响；另一方面判断因职能背景不同的董事在股东与企业任务间的中介作用，进而综合分析在国有企业混合股权结构以及异质股东委托干预下的董事及董事会的资源作用和决策偏好，并探究股权—董事会—企业任务三方的综合作用路径，充分发掘在国有企业双重任务面前，董事会所扮演的角色及定位。

4. 管理层结构特征对国有企业双重任务的偏好

管理者对双重任务的偏好和执行程度不仅受到管理团队个性的影响，而且还取决于激励的方式和程度。因此，本书基于高层理论和绩效反馈理论，一方面根据高层管理团队的职能背景，分析了高层管理团队对国有企业双重任务的作用路径；另一方面分析了面对双重任务时经济激励和非经济激励对经营者的影响，为国有企业改革过程中选择最合适的激励提供指导。

5. 有限理性假设下的多任务委托—代理模型拓展

在国有企业多任务委托—代理模型的基础上，以更加现实的决策人特征入手，构建考虑过度自信与自利行为特征下的多任务委托—代理模型，并据此进行仿真决策分析，拓展多任务委托—代理模型的应用，为未来研究提供理论支撑。

6. 国有企业双重任务与企业混合所有制治理结构的匹配提升建议

结合研究结论，进一步肯定了在发展国有企业混合所有制改革的过程中，要同步实行分类改革和优化法人结构配置等相关措施，同时从优化股权结构、完善董事制度、健全高管约束三方面提出了混合所有制结构下的国有企业双重任务实施与发展建议。

### （二）研究方法

本书以我国国有企业混合所有制改革和分类改革为背景，从利益相关者的角度，运用文献研究和实证研究分析的方法，对我国国有上市公司混合所有制治理结构在不同公司任务要求下的公司治理效果和模式进行了全面的理论论证和实证检验。

1. 文献研究法

本书在综合了以前学者的研究成果的基础之上，采用了文献研究法比较分析了关于国有企业在进行改革的过程中其内部治理结构的发展演变的研究现状，一方面分析理清了该领域的研究进展情况与该领域的研究热点；另一方面以公司治理理论为理论基础，从企业内部关乎利益的相关者的角度出发，把其他学者的研究结论综合起来进行比较分析，归纳其中的共同点和非共同点。从混合所有制的股权结构、董事会结构和管理层结构出发，分析研究国有上市公司混合所有制核心治理结构对双重任务的治理影响，并提出治理结构的综合影响机理。此外，通过文献研究法构建了本研究的理论假设。

2. 回归分析法

首先，利用我国中央企业控股上市公司的相关信息和数据进行实证总结和分析，然后，通过构建双重任务治理结构的实证模型，并利用企业数据对上述模型进行回归实证检验，对最终的实证结果进行综合分析和解释。本书主要利用2010—2017年沪深两市中央企业控股上市公司的面板数据，采用 Stata 14.0 对数据进行分析。其中，采用描述性统计分析方法对数据进行分析，考察了各研究变量的分布情况，并运用多回归分析分析方法进一步分析了解释变量与被解释变量之间的关系以及调节变量的调节作用，以便逐一检验本书提出的假设，并充分利用其他相关方法检验研究结论的稳健性。

## 六　创新点

基于异质性委托和多任务的视角，分析了国有企业混合所有制治理结构与双重任务治理结构之间的关系，以及如何对企业内部治理结构进行最佳配置和优化。本书的特点和创新点如下。

第一，从股东性质切入，构建了异质性委托的多任务理论分析框架，基于多样性、深度、混合性和均衡性，分析了国有企业在双重任务下混合所有制结构的差异，扩展了以股数为基础研究股权结构的局限性。本书突破现有研究，在单一委托—代理制框架下分析国有企业治理问题，考虑异质股东目标的多样性，构建了异质性国有企业委托—代理和多代理任务的分析框架，通过引入和扩展国有企业改革的理论模型，提出了国有企业改革的理论框架，扩展了现有国有企业单一委托—代理任务的理论框架，明确了四类股东——国有股东、外国股东、机构股东和高级管理层股东，对企业经济绩效和社会责任的偏好程度和影响程度。反过来揭示了混合所有制企业中各类股东角色的实际变化，即混合所有制削弱了国有股东的作用，使企业增强了对经济绩效的偏好，但这种作用更难以体现在特殊的职能企业中。这一结论为实现和融合国有企业混合所有制改革和任务分类提供了一个起点。

第二，从社会网络资源视角审视了国有企业特有的"亦官亦商"身份的董事对企业绩效的影响作用，并研究了在异质股东委托干预和双重任务需求的综合框架下，不同背景的董事对行使董事会运营决策和监督管理两类功能的偏好差异。研究结论融合社会资源理论、高层梯队理论等来关注董事会结构特点，不仅分析了在国有企业双重任务面前不同董事资源对企业发展的促进作用，也重视并研究了因成员差异而造成的董事会功能与行为差异。此外，基于社会网络资源特征明确了企业家型董事对于企业经济绩效和政府官员型董事对社会责任的偏好影响，而且发现了混合所有制下运营决策和管理监督两类功能的董事会在异质股东和企业任务之间的中介作用和差异，进而明确了国有企业在特有的异质委托及多任务背景下的董事会功能特性。

第三，从职能背景的角度，不仅明确了两类高级管理团队对国有企业任务的有效性差异，而且全面分析和阐明了在股东干预和企业分类条件下，经济激励和非经济激励模式对国有企业双重任务的实际激励效应。以分众分类法理论为基础，进一步挖掘管理结构的特点，一方面全面分析和阐明了两类高级管理团队的职能背景对企业双重任务及其偏好的影响——生产技术团队对企业任务具有更全面的促进作用；另一方面基于国有企业双重任务的需求，在存在股东干预和企业职能不同的条件和样本情况下，通过对经济激励和非经济激励方法的比较，找出适合相应企业任务的激励方法，为高层管理人员的选拔和激励提供更全面的参考。

  第四，拓展有限理性下的多任务委托—代理模型。一方面，本书在已往研究的基础上，构建非对称过度自信条件下多任务委托—代理模型，研究委托人和代理人过度自信水平非对称情形下的最优合同和次优合同的设计，深入分析委托人和代理人不同过度自信水平对多任务委托—代理模型中业绩薪酬系数和努力水平的影响，并沿用了较新颖的过度自信的度量方法。另一方面，结合多任务、多阶段以及代理人的自利特征进行了激励契约的设计，扩展了代理人行为假设，研究视角不仅与企业家管理实践一致，而且推进了非理性或心理因素在委托—代理研究领域的应用。

# 第二章　国有企业混合所有制治理结构与双重任务的理论分析

## 一　国有企业多任务异质委托情境的形成：基于委托—代理理论

自企业的所有权与经营权相分离这一理念被提出之后，委托—代理理论就成为公司治理这一领域的一项重要理论依据与基础。委托—代理理论（Principal-agent Theory），最早由伯利和米恩斯①提出，随后由梅克林和詹森②对该理论进行了深入论述和研究。目前委托—代理这一理论已经成为公司实务治理研究和学术研究的重要理论依据与基础，特别是对研究我国的国有企业综合治理结构重起着要理论基础作用。相比较单一委托人和代理人与单一任务关系的传统委托—代理理论而言，在当今企业改革政策制度和复杂多变的经营背景之下更需要委托—代理理论改变传统的模式，愈加的需要"接地气"。我国作为在世界的第二大经济体，特别是在我国的公有制经济特征的情景之下，我国的国有企业的改革对我国经济乃至世界经济都有"牵一发而动全身"的推动作用，使委托—代理这一理论在我国的实践和应用受到各国多方位的瞩目。

在当今社会存在一种企业理论认为：企业就是代表了一种"委托—代理"的经济关系。而在"委托—代理"这一关系下，委托人和代理人两者之间通常会存在一种或显性或隐性的约定，这一显性或者隐性的约定一般就是决定委托人和代理人两者之间的权利与义务的因

---

① Berle, Adolf A. and Means Gardiner C., *The Modern Corporation and Private Property*, New Brunswick and London: Transaction Publishers, 1932.

② Jensen. M. C., and Heckling, W. H., "Theory of the Firm: Managerial Behavior, Agency Costs and Ownership Structure", *Journal of Financial Economics*, 1976, 3（4）: 305-360.

素。就委托—代理理论而言，其能够成立的重要前提就是对于委托人与代理人的两个基本的假设：假设一，委托人的目标与代理人的目标不一定完全一致甚至一定程度上存在较大的分歧；假设二，委托人与代理人之间存在部分程度上的信息不对称性，代理人的行为并不是全部的按照委托人意愿进行的。委托人和代理人之间普遍存在的目标不一致的情形，主要为委托人追求的是希望通过代理人来最大程度实现及达到自身财富收入的最大值，而对代理人而言则是自己能够有充足的休息时间和获取尽可能多的报酬和财富。在这种情况下，由于这两个目标之间的冲突可能导致代理成本的增加，最终可能导致委托人自身利益的损害，这个问题通常被称为一类委托—代理问题。至于股权结构比较集中的情况，可以说公司实质上是由公司的大股东控制，从而形成了大股东与小股东之间的这种委托—代理关系，而大股东和中小股东追求目标的不一致性则导致了代理成本的出现和产生，这一问题通常被统称为第二类委托—代理问题。Faccio 等对第二类委托—代理问题进行了深化研究，他们通过对上市公司的产权控制链条这一问题进行了调查和研究，其研究的结果表明大多数上市公司不是完全的受其第一大股东控制而是被其终极控股股东控制，因此在公司治理过程中，中小股东与控股股东之间存在的目标冲突成为迫切要解决的问题，特别是在股权相对集中、控制权结构相对复杂时[1]。下面针对我国国有企业的一些特点，现将委托—代理冲突的演变以及国有企业异质性信任状况的形成总结如下。

### （一）股东与管理者之间的利益分歧：传统委托—代理问题

在当今经济背景下，我国规模经营的国有企业中最主要的特征就是资本所有权与经营权的分离，针对该特征所带来的有关的公司治理问题，大量的学者进行了相应的研究，并取得了相对一致的看法。在最开始的时候，学者主要集中在股东与经理人之间代理关系这一问题的研究，出现此类问题最主要的原因就是因公司的股权高度分散而造

---

[1] Faccio, M. and Lang, L. H. P. , "The Ultimate Ownership of Western European Corporations", *Journal of Financial Economics*, 2002, 65 (3): 365 – 395.

成。Berle 和 Meaus① 在 1932 年共同发表了一篇文章《现代企业与私有产权》，文章指出，公司的所有权地方分权可能会损害股东的价值，该观点标志着公司治理理念研究开始。他们认为所有权的分散会导致企业的管理权会由公司的管理者掌控而不是股东，然而股东的目标与管理者的目标不一定完全一致甚至一定程度上存在较大的分歧，导致管理者在使用公司资源的时候往往考虑自身的个人利益而不是将股东价值最大化。

上述所提出的观点得到国内外很多学者的支持与认同，很多的学者认为公司治理中的主要的矛盾就是股东和管理者之间的代理冲突，同样我国国有企业也存在这样的问题。因此，学者们就针对上述问题展开了公司治理路径的研究以及公司机制设计。Jensen 和 Meckling② 通过对委托—代理理论、信息不对称理论和金融市场理等理论知识的利用，对股东与管理者之间的代理冲突这一问题进行了系统的论证和研究。研究结果显示，因为股权的过度分散，股东对公司管理者的监督缺乏足够的动力而只想"搭便车"，这一行为使公司的真正控制权则由公司的管理者掌控，公司管理者可以利用和发挥其自身的优势，例如盲目地过多的一些投资等不合理的资本配置行为来谋取自身的利益而造成了股东利益的损失，追求其自身财富收入的最大化而忽略控股股东的利益最大化，上述研究对于委托—代理理论的发展起到了重要的贡献作用。Grossman 和 Oliver③ 在 Meckling 的研究基础上提出，适当地让公司管理者持有更多的公司股票，使管理者自身利益与股东利益更加一致，来解决上述公司管理者与股东之间存在利益冲突时这一问题的基本方法。

### （二）控股股东与中小股东之间的利益冲突：新的委托—代理问题

一直以来，在传统代理问题的研究领域中，学者们普遍假设股东同

---

① Berle, Adolf A. and Means Gardiner C., The Modern Corporation and Private Property, New Brunswick and London: Transaction Publishers, 1932.

② Jensen. M. C., and Heckling, W. H., "Theory of the Firm: Managerial Behavior, Agency Costs and Ownership Structure", *Journal of Financial Economics*, 1976, 3 (4): 305–360.

③ Grossman, S. J., and Oliver D. H., "Takeover Bids, The Free-Rider Problem, and the Theory of the Corporation", *The Bell Journal of Economics*, 1980, 11 (1): 42–64.

质化。起初因美国的企业股权分散特征比较明显，所以传统代理问题的研究对象大多以美国的企业为主。自20世纪80年代以来，随着全球经济化进程的加快，学者们就把研究对象扩大到全球更多的国家，尤其是把目光放在了中国等发展中国家的大型国有上市公司。学者们发现，发展中国家经济体制的不完善导致投资者保护不足，从而导致控股股东与其他中小股东之间的摩擦和冲突，这一问题已成为公司治理领域的一个重大新课题[①]。

大股东掌握控制权会带来"激励效应"和"侵害效应"。所谓的"激励效应"是指当大股东对公司管理者的监督能力得到提升以及动力得到加强时，存在一定的可能性促使公司效益得到提高；"侵害效应"指在中小投资者面临法律保护较弱的情况下，当和其他股东控股股东在利益方面出现不一致而大股东又缺乏有效的监督和控制时，大股东有可能只会考虑到自身的利益而导致其他中小股东的利益受到损害。在我国国有企业的所有权相对的较为集中，在国有企业中其现金流权和控制权是相互分开的，这就导致了各股东之间现金流收益虽然能实现共享，但是大股东因其特有权利往往会获得额外的高于其所持股权比例的收益，即私人控制权利益。而关于控股股东的发现则是因为 La Porta 等[②]建立的单一投资侵占模型，提出了企业的现金流权与企业所在国的法律制度的完善程度存在负相关关系。Claessens 等[③]以东亚地区的八家上市的营业数据做了深入研究，并在其发表的文章中指出，上市公司由于控股股东的存在而对其公司的市场价值有明显的负面影响。因此，他们认为控股股东侵占中小股东利益是东亚上市公司的代理问题。冯根福[④]对存在控股股东情况下的双重委托—代理关系进行了总结，他认为该情形下存

---

[①] Young, M. N., Peng, M. W., Ahlstrom, D., Bruton, G. D., Jiang, Y., "Corporate Governance in Emerging Economies: A Review of the Principal-Principal Perspective", *Journal of Management Studies*, 2008, 45 (1): 0022 - 2380.

[②] La Porta, R., Lopez-De-Silanes, F., Shleifer, A., Vishny, R., "Investor Protection and Corporate Valuation", *The Journal of Finance*, 2002, 57 (3): 1147 - 1170.

[③] Claessens, S., Djankov, S., Fan, J. P. H., Lang, L. H. P., "Disentangling the Incentive and Entrenchment Effects of Large Shareholdings", *The Journal of Finance*, 2002, 57 (6): 2741 - 2771.

[④] 冯根福：《双重委托代理理论：上市公司治理的另一种分析框架——兼论进一步完善中国上市公司治理的新思路》，《经济研究》2004年第12期。

在的最主要问题就是各股东之间的利益不一致导致的冲突,并提出解决这问题的办法就是要完善独立董事制度并制定合理的法律来维护中小股东的利益。

国有企业的控股股东可以通过各种形式以及手段来侵害公司的中小股东的利益。Johnson等[1]这种行为可以用"隧道效应"来解释。主要通过以下手段侵害中小股东的利益:通过提高经理工资的方式控制股东,将公司资产出售给本身拥有较高现金收入权的公司,为其提供银行贷款担保服务,这部分投资对于上市公司而言是没有利润和收益的,但是对控股股东而言却有助于其自身的利益和发展。"隧道效应"对上市公司的负面影响可以归纳为:一是对公司的经营业绩产生不良影响使公司的经营利润下降;二是由于企业的经营资源一定程度上被侵占,从而使企业本来的正常经营减少。因此,除了股东与经理人之间的利益冲突外,控股股东与其他小股东之间的利益冲突也成为公司治理中的一个重要问题。

### (三) 终极控股股东与其他股东之间的利益矛盾:新委托—代理问题的深化

后来,Faccio等[2]发现,很多国家的国有大型上市公司其实不是由公司的大股东控制的,而对公司有实际控制权的是公司的终极控股股东。终极控股股东利用交叉持股、金字塔股权结构以及优先表决权的一股多票等多种方式,把公司的所有权与实际的控制权进行分离。终极股东可以将公司所有权和控制权分离,并利用自身加强的控制权能更容易的攫取自身私有利益,从而损害了中小股东的利益。另外,终极控股人也会利用关联交易、资金占用以及贷款担保等手段方式来"掏空"上市公司,这种只为自身私人利益的行为不仅损害了其他中小股东的利益,而且可能会降低公司的绩效,最终产生代理问题。因而,在股权相对集中的情况下,终极控股股东与其他中小股东之间的利益冲突成也是迫切需要解决的代理问题之一。

---

[1] Johnson, S., La Porta, R., Lopez-de-Silanes, F., Shleifer, A., "Tunneling", *American Economic Review*, 2000, 90 (2): 22 – 27.

[2] Faccio, M. and Lang, L. H. P., "The Ultimate Ownership of Western European Corporations", *Journal of Financial Economics*, 2002, 65 (3): 365 – 395.

近年来，学者们发现，控制股东与其他股东之间的利益分歧已经成为公司治理的主要问题。那么，对于我国的上市公司而言是否也存在上述问题呢？研究结果表明，我国很多的上市公司其实不是由公司的第一大股东控制的，而对公司有控制权的是公司的终极控股股东，该现象在国有企业中更为普遍。终极控股股东利用交叉持股、金字塔股权结构以及优先表决权的一股多票等多种方式，把公司的所有权与实际的控制权进行分离。根据已有的文献可知，交叉持股在东亚地区的很多国有企业中普遍存在，包括我国国有企业也存在这一现象，而双重股权结构与金字塔股权结构则被东欧及北美的很多国家的上市公司通常采用[1]。目前，绝大多数国有公司相对集中，实际上由终极控股股东控制，平均有25.75%的上市公司采用金字塔形股权结构，3.15%的上市公司采用交叉持股方式，终极控股股东的控制权大于现金流控制权[2]。终极股东因其特殊性，公司所有权与控制权的分离导致了中小股东与最终控制股东之间不可避免的利益冲突，从而导致了较高的代理成本。因此，其他股东与终极控制股东之间的利益冲突成为国有企业治理中需要解决的另一个问题[3]。

---

[1] Jiang, G., Lee, C., and Yue, H., "Tunneling Through Intercorporate Loans: The China Experience", *Journal of Financial Economics*, 2010, 98 (1): 1 – 20; Liu, Q. and Tian, G., "Controlling Shareholder, Expropriations and Firm's Leverage Decision: Evidence from Chinese Non – tradable Share Reform", *Journal of Corporate Finance*, 2012, 18 (4): 782 – 803; Jiang, G., Rao, P., and Yue, H., "Tunneling Through Non-Operational Fund Occupancy: An Investigation Based on Officially Identified Activities", *Journal of Corporate Finance*, 2015, 32 (0): 295 – 311.

[2] Cheung, Y. L., Jing, L., Lu, T., Rau, P. R., Stouraitis, A., "Tunneling and Propping Up: An Analysis of Related Party Transactions by Chinese Listed Companies", *Pacific-Basin Finance Journal*, 2009, 17 (3): 372 – 393; Peng, W. Q., Wei, K. C., and Yang, Z., "Tunneling or Propping: Evidence from Connected Transactions in China", *Journal of Corporate Finance*, 2011, 17 (2): 306 – 325.

[3] Chen, D., Jian, M., and Xu, M., "Dividends for Tunneling in a Regulated Economy: The Case of China", *Pacific-Basin Finance Journal*, 2009, 17 (2): 209 – 223; Lv, H., Li, W., and Gao, S., "Dividend Tunneling and Joint Expropriation: Empirical Evidence from China's Capital Market", *European Journal of Finance*, 2012, 18 (3 – 4): 369 – 392; Berkman, H., Cole, R. A., and Fu, L. J., "Expropriation Through Loan Guarantees to Related Parties: Evidence from China", *Journal of Banking & Finance*, 2009, 33 (1): 141 – 156; Wang, K. and Xiao, X., "Controlling Shareholders' Tunneling and Executive Compensation: Evidence from China", *Journal of Accounting and Public Policy*, 2011, 30 (1): 89 – 100.

### (四) 多任务与异质委托:中国国有企业特殊的委托—代理模式

中国国有企业存在特殊的委托—代理关系——多任务、异质委托—代理,所以我国国有企业复杂的委托—代理关系不能完全用单任务双边委托—代理模型来分析。高度分散、外部相对健全的市场的研究结果分析,即使是大股东在股权高度分散导致的经营权与所有权的分离的情况下也很难完全控制公司,而单目标条件下的双边委托—代理关系是指把财务完成指标看作衡量公司绩效完成情况的重要指标,并且只关注实现公司的经济目标。然而,绝大多数国有企业在企业改制过程中最终股东通过金字塔结构实现对国有企业的绝对控制形式。大股东和小股东不仅追求最高的经济利益,而且国有企业由于政府广泛的行政干预,往往有着共同的政治目标,如促进区域经济总体水平的提高、保护社会和谐稳定、收入公平以及减少社会贫穷现状以及促进就业。再就是,国有企业拥有多样化的经营目标的情况下还承担着部分的政治任务,这大大减弱了企业预算受到的约束,人们不能通过财务指标看到经营者的努力程度,如何评判代理人的努力程度会对企业的绩效产生影响也是令人深思,这也就是说激励信号失真。最后,国有企业管理者通常具有两种身份:企业家和政府官员。究其原因在于国有企业管理人员的选拔通常以政府聘任制度为主导,所以他们同时面临着在追求政治进步和增加工资之间的选择,意味着他们可以灵活地追求政治进步和工资增加以最大化地给予他们自己的回报。不难看出,当前我国国有企业的公司治理不仅需要处理单任务双边委托—代理关系,而且还面临着异质多重委托、单一代理结构的复杂多任务情形。随着客户和他的目标从一个走向多个,客户之间的竞争和合作日益加剧,代理人努力的方向和程度的选择,不同目标之间的冲突,以及各方追求个人利益而产生的多边道德风险,这些问题将导致客户激励机制的设计增加难度。基于委托—代理理论的发展基础上,形成了适用于中国国有企业的异质委托—代理模型。

## 二 国有企业多主体治理框架的延伸:基于利益相关者理论

利益相关者这一概念由斯坦福研究所于 20 世纪 60 年代首次提出。

他们认为：组织离开利益相关者这一团体的支持便无法生存。Freeman[①]认为利益相关者与组织目标的实现是相互影响的关系，Donaldson[②]则将利益相关者的界定标准定义为由于公司行为而对自身实际或预期获得的利益和遭受的损耗产生影响的人。国内的杨瑞龙和魏梦[③]认为，在企业的生产经营过程中，能够对其造成影响或者受其影响的全部个人或团体都可以称作企业的利益相关者，包括企业所雇员工、相关联的金融机构、股东以及管理人士等。现代企业应该结合社会公平和经济效率，将实现各个利益相关者的最大利益作为追求目标。

传统的企业常常采用"资本雇佣劳动"型的管理结构，是因为传统的企业理论观点是将实现股东财富的最大化作为最终目标，该种结构中的股东大部分会拥有企业全部的剩余索取权和完全控制权。但是对于现代国有企业来说，顶着"国有"的名号意味着它们承担着保障国家公有制经济的重要作用，同时证券化和资本社会化的程度还在不断提高，人力资本的专用性不断增强，以及企业间的战略合作关系不断加深，这都导原本的"股东利益之上"观念不断受到冲击。

从企业利益相关者的角度出发，要求国有企业不仅要追求股东的利益最大化，而是要对包括股东在内的全体利益相关者负责。在我国，国有企业是组成公有制经济的一部分，它不可能独立于公有制经济体系之外存在。利益相关者理论认为，企业的风险是由股东和管理层以及雇员等共同承担的，区别在于股东投入的是物资资本，而管理层和雇员投入的是人力资本。随着资本市场的不断发展和我国国有企业混合所有制改革的不断推进，股东企业更加容易通过在资本市场上不负责任的"用脚投资"来转移风险，使自己承担的责任日益减少；与之相反，企业利益相关者与国有企业的联系日加密切，在很大程度上国有企业的利益直接决定着企业利益相关者的利益，例如由于企业经营不善导致企业倒闭，那么人力资本也会相应损失，同时产生社会不稳定因素，也就是说，企

---

[①] Freeman R. Edward, *Strategic Management: A Stakeholder Approach*, New York: Cambridge University Press, 1984.

[②] Donaldson, T., and Preston, L. E., "The Stakeholder Theory of the Corporation: Concepts, Evidence, and Implications", *The Academy of Management Review*, 1995, 20 (1): 65-91.

[③] 杨瑞龙、魏梦：《公司的利益相关者与公司股利政策》，《上海经济研究》2000年第4期。

业的利益相关者与企业的发展是密切相关的。从这个角度来看，公司治理在常规协调管理层与股东之间的关系时，也不能忽视利益相关者之间的关系。

进一步分析表明，混合所有制国有企业是由多要素所有者组成的经济组织，其间存在着各种经济利益和交易，即混合所有制国有企业是包含多种经济利益的集合体。因此，集合多方利益的国有企业自身就存在众多的博弈与交锋，只有明确一定的利益界定，且各参与方都自觉遵守，才能保障该组织的正常运营。利益界定要以实现国有企业各治理主体的利益均衡为目标，一般需要构建公司治理结构及设计公司治理机制。

由此可见，在混合所有制改革的国有企业中，股东、债权人、管理层、职工乃至政府都代表着不同的利益，都分享着企业剩余收益的索取权。当然，混合所有制国有企业的国有股属于全民所有，其公共性不容忽视。从这个角度来看，企业的管理者和员工也是国有物资资本的一些要素的所有者，他们也应该是间接股东。因此，如图 2.1 所示，股东、管理层、雇员和债权人等参与者都是混合所有制国有企业的利益相关者。这就要求新时期国有企业改革要遵循多主体协同治理结构，全面考虑各主体企业的需求。

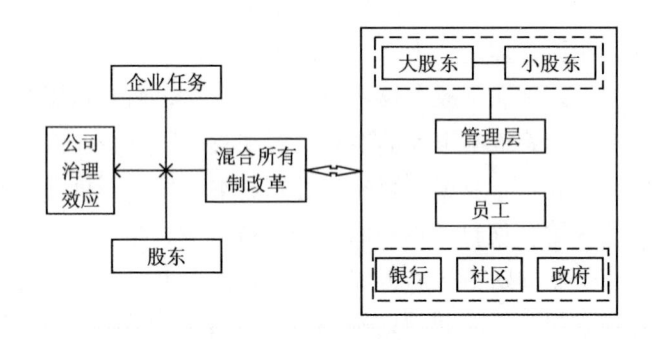

图 2.1　利益相关者关系

## 三　混合治理结构下决策者的行为解释：基于心理学理论

企业的健康发展需要一个科学的管理系统，而建立治理结构是为了提供这样的系统，决策者在其中发挥关键作用。随着经济全球化的深化和国有企业复杂多变的市场环境，企业面临着越来越激烈的市场竞争。国有企业的管理者和决策者需要提高自己的应对能力和决策能力，以确保国有企业在激烈的市场竞争中占据一席之地。不同个体的价值观不一，认知基础不同，洞察力水平也参差不齐，就会导致个体在面对同一任务时做出不同的判断。不可否认存在少数极为优秀的个体管理者可以凭借一己之力推动国有企业持续不断发展，但在面对企业与市场的未来趋势与发展动态时，也很难总是做出准确的判断，相应也很难采取适当的应对措施。那么，在动态不确定环境下，相对于单一个体，企业管理团队群策群力的模式可以尽力避免决策的任意性，从而做出更有利于国有企业发展的决策。对国有企业核心治理结构中董事会和高层管理团队的决策行为进行精确判断，可以借鉴高阶理论、信息决策理论和社会范畴理论三种重要理论，从不同的角度来分析战略决策的过程，有助于找到最适合的决策团队，对正确的战略决策起着重要作用。

### （一）高阶理论

高阶理论，又被称为"高层梯队理论"，由 Hambrick 于 1984 年首次提出。该理论涉及客观变量和主观变量两个主要变量，其中客观变量比较容易观察到并获得相应的变量值，如高级管理人员的年龄、性别、职业、职业等主观变量往往难以直接观察到，难以获得相应的变量值，如心理、认知、概念信息等被视为主观变量。企业的最终决策会受到主客观变量的影响，进而影响企业的绩效。企业在同时受到内、外部环境的双重影响时，企业管理团队成员的可观测客观特征和不可直接观测的主观特征也会受到影响，导致该企业的战略选择可能发生改变，这些影响和改变最终都会体现在企业绩效上。高阶理论认为企业的管理层在企业的经营和绩效中发挥着重要的作用，而企业的客观环境也同时影响着管理层的主客观特征，那么管理团队成员的不可观察的主观特征也受到可观察的客观特征的影响，即不可观察的主观特征受到可观察的客观特征的影响。当然，企业的主客观特征在影响企业战略决策的程度上并不一致，可观察到的客观特征比不可观察的主观特征对企业战略决策的影响更为重要。

在高阶理论的支撑下，大量学者研究分析了大型企业高管团队成员的

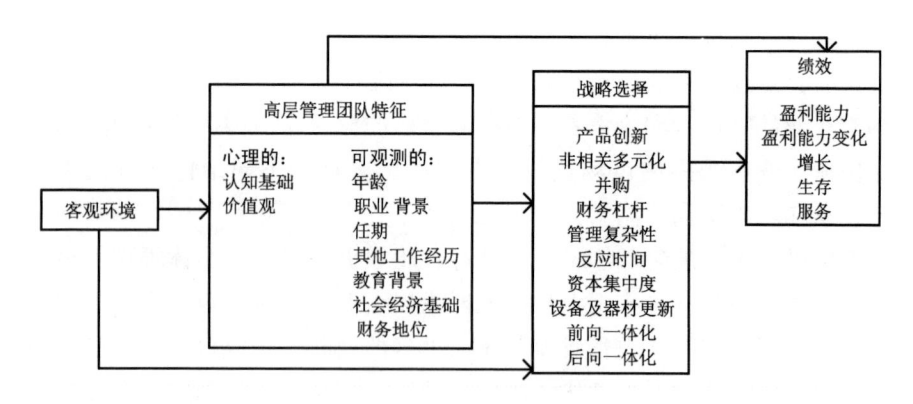

图 2.2　高阶理论模型

主客观特征，他们希望可以发现高管团队成员的主客观因素与企业绩效之间的相关关系，即高管团队成员的主客观因素对企业绩效影响的作用机理。然而就目前国内学者的研究水平来看，在该问题上的研究深度和广度都落后于西方发达国家，且大部分研究仍建立在国外已有研究的基础之上。但不可否认的是，国内学者奋起直追，不断创新，也取得了一定的研究进展和成果。这些研究主要探究以下两大问题：首先，可观察的管理团队成员的客观特征如何影响企业的决策；其次，在引入中间变量的情况下，管理团队的客观特征如何影响企业的绩效。与第二个问题相比，基于观察到的管理团队成员人口特征的研究更为普遍，对我国国有企业的健康发展更具有指导意义。近年来，对管理团队成员的年龄、性别等客观特征的研究并不局限于分析和论证，在管理团队异质性方面也取得了一定的进展。本书建立在前人对于客观可观测特征异质性的研究基础上，借鉴已有的研究成果，并结合成员职能、资源等的异质性和国有企业的双重任务，希望能够更好地理解国有企业董事会、高管团队对企业发展的作用，从而适当、合理的构建董事会与高管团队以促进企业发展。

### （二）社会类化理论

社会范畴化理论以社会心理学为基础，结合了心理学和管理学的主要观点。这个理论认为，有归属感和身份认同感的人更有可能找到自己的位置。首先，个体通过与他人的比较来寻找自己的位置和归属。人们经常在与他人比较的过程中发现自己的相似点和不同点，然后将周围的个体划分为不同的类别。其次，个人会根据自己的情况对自己进行分类，甚至改变自己的一些特点，以更加符合群体的要求。最后，个人会逐渐认同自己群体的价值观，并逐渐融入这个群体。当个体与他人互动时，他们更有可能对那些与自己属于同一群体的人做出积极的评价，同时也更容易对他们产生信任；相反，当个体面对那些与自己分属不同群体的人时就很难产生信任，也就难以对其提出的观点产生认同感。通常，国有企业管理团队的人员结构多元且复杂，根据社会类化理论，团队中的每一个个体都会对其他个体进行定位，多元化的人员结构自然也会导致观点和价值观念的多元化，而这种多元化就可能为加深团队成员间的分歧埋下诱因，从而降低成员间的凝聚力，损害成员间的配合。

社会范畴化理论的发展得到了许多其他研究的有力支持。例如，相似吸引力理论发现，大多数团队在某些方面是相似的。根据这个理论，拥有相似观点和价值观的人更有可能在他们的日常交往和工作环境中相处融洽。如果他们的观点得到他人的认同，他们更有可能得到个人的正面反馈，而且团队成员更有可能在正常的互动和工作过程中彼此认同和联系，双方可以同时获得物质和心理上的满足。相反，当个人遇到与自己的观点和价值观背道而驰的人时，相比较追求求同存异，他们会更先感受到一种强烈的错位感。要想纠正这种先入为主的印象会面临较大的困难，而且会带来彼此的负面情绪。故而，社会类化度小的团队比社会类化度高的团队的工作质量和效率都相对较高。

### （三）信息决策理论

与高阶理论和社会类化理论更加侧重于人不同，信息决策理论以信息为核心。根据信息决策理论，获取有效信息是进行合理决策的前提。正确的决策需要真实有效的信息，而人是连接信息和决策的中介。由于一个群体的成员在年龄、资源、经验和职业上有所不同，因此这个群体具有拥有属性的多样性，这反过来又导致了专业知识、观念和价值观的多样性，同时也形成了一个更加全面的图景。团队拥有的信息越全面，团队因个人偏见而做出错误决策的可能性就越小，决策就越科学，从而为高质量的战略决策做出贡献。同样，在信息决策理论的指导下，国有企业逐渐形成了双重任务均衡思维。国有企业的管理团队能否做出正确的决策，决定着企业使命的选择，这通常取决于管理团队的成员，他们是否具有各种资格、职业、经验等。多样性群体中的成员通常会拥有更独特的思维、更专业的知识和信息资源，这毫无疑问会对团队成员创新观点的形成有帮助。同时，国有企业氛围的作用也不容小觑，多元化的企业氛围能为企业提供创新思维，还有助于帮助企业发现决策中的问题从而完善决策，为企业的持续发展提供动力，帮助国有企业在市场竞争中赢得一席之地。

显然，如果群体成员做出战略决策时拥有多样化的信息，就可以帮助国有企业获得更大的发展。但是，多样化信息有时也会阻碍正确决策的诞生，当一个团队中的成员无法有效地分享，同时，如果由于信息共享而产生的不同观点不能求同存异，就会产生消极影响。成员之间因持有不同观点而产生的分歧，一旦不能有效地解决分歧，就会导致或加剧彼此之间的矛盾。这一群体的盲目产生和发展，最终将使国有企业的决策效率大大降低，进而对国有企业的绩效产生负面影响。

## 四 国有企业混合治理结构与双重任务的关系机理

目前国有企业混合所有制改革已经取得了一定的进展，很大一部分的国有上市公司借此分散了股权，引入了外资、机构和个人等各类资本，但改革仍需深化，尽快进行下一步的发展，急需降低国有企业中国有股权的比例，进一步优化股权结构，根据"所有者身份"选择适合国有企业发展的股东。在我国国有企业的混合所有制改革过程中，是否具有股权多元化的特征是改革程度深浅的重要判定标准，但就实际改革来看，无论是国有控股上市公司还是非上市混合所有制企业，国有资本仍然占公司所有权结构的绝大部分，因此，所有权结构不合理，企业形式的混合所有制企业没有真正实现。在《中华人民共和国公司法》（以下简称《公司法》）的基础上，虽然一些国有企业的股东大会、董事会和经理人也建立了治理结构，但是股东大会和董事会并没有真正发挥应有的作用，因为国有大股东仍然掌控他们本该拥有的职能，也就是说，混合治理目前只是在形式上有所实现。通过分析上述情况，我们不难发现当前的股权结构亟待优化，进一步降低国有股占全部股份的比例是当务之急。只有完成这一步骤，才能实现不同所有制的交叉所有和整合，最终完成混合所有制的改革。在当今社会经济运行过程中，无论是国有资本还是社会资本，它们共同追求的最终目标都是发挥资本的最大效率。两种资本具有同等地位，法律保护各自的合法权益，但都需要遵守市场法和《公司法》的规定规范运作。与此同时，企业混合所有制规模越扩大，股权的分散程度越高，以及经营的复杂性越大，股东对经理人等管理者进行有效监督和评估的难度越大，如何解决这一问题也是当前需要迫切研究的。股东和经理人之间还存在着信息不对称的问题，上市公司的披露机制对此也只做到了部分解决，一些股东还存在"搭便车"的情况，即便有些股东真心想要监督也往往伴随着高额的监督成本，所以导致个别股东的监控并没有完全起到真实有效的作用，对经理人设置的奖惩机制也未能完全激发积极性，因此，混合所有制企业没有达到最有效的经营水平。从这个角度来看，要确保国有企业的经理人能够以股东的方式行使自由裁量权，并且使各管理者都能得到有效监督是国有企业混合所有制改革中的重点和难点，这在公司的内部治理过程中，也是需要着力解决的问题。股东的有效监管使得董事会代理问题的传统方案顺势产生。在国有混合所有制的改革过程中，关键是要进行公司内部治理，中小股东也可以通过明细委托—代理关系、设置合理的董事会以及实施科学的高管选聘与激励制度等措施来保障自己的合法权益，同时这也为混合所有制国有企业的治理打下了坚实的基础。

根据上述理论，我们可以梳理出国有企业治理结构特征的变化过程，如图 2.3 所示。具体来说，基于委托—代理关系的内部治理结构是

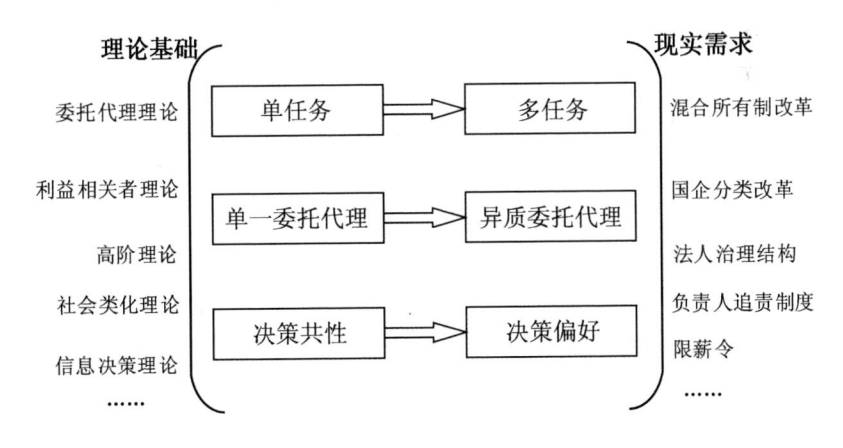

图 2.3　国有企业治理结构特征的变化

国有企业最基本的组成部分，这种内部治理结构是指企业所有权的委托人与企业经营权的代理人之间的关系。我国国有企业由于其在经济和社会中的特殊地位，需要对政府、社会、人民和其他相关主体承担一定的责任。随着利益相关者的出现，他们将依靠国有企业混合所有制改革、分类改革等切实可行的政策来逐步反映他们在企业中的地位，国有企业将受到一定的干预和影响。尤其在出现了不同身份、不同性质、不同追求和企业决策的异质股东、异质高管和异质董事等管理者之后，不同的利益主体会相互间进行博弈与竞争，这种争夺无疑会对企业决策造成干预，并进而影响对于企业经济和社会责任双重任务的取舍。因而形成了对于决策偏好的关注。

当前我国国有企业的股权相对集中，具体表现在国有股东除了依据法律除掌握企业所有权外，还在一定程度时影响了企业的决策权。一方面，国有股东和社会股东存在利益上的冲突；另一方面，异质股东会干预企业的管理者，尤其是国有股东和政府的干预更加明显，因为国有股东和政府享有人事任命的权力，因此董事会结构和管理层结构也存在"内部人"和"外部人"之分，即异质性。以董事会结构为例，现代公司治理要求董事会作为混合所有制公司的核心领导层拥有最高的决策权，董事会的决策比全体股东直接参与下的决策更有效率和效力。但是，一些国有企业的董事或高管往往是拥有行政职务的政府官员，他们的董事会并不完全独立于管理层和股东，也就是说，国有资本拥有所有权和控制权，导致对企业内部治理结构产生综合影响。

据此得到，在混合所有制改革的背景下，作为企业内部治理结构核心的异质股东、董事和高管逐渐相互影响，这种关系最终影响到国有企业双重角色的选择和实施，如图2.4所示。其一，当非国有股东持股比例逐渐增加时，他们在企业中的话语权将继续增加，最终与国有股东，即"政府发言人"和"企业投资者"两种身份股东对于国有企业发展的不同理念和追求合作与竞争。因此，在目前国有企业混合所有制结构的现阶段，主要任务是研究和分析异质性股东及其制衡程度。其中，对异质股东混合程度的研究有助于弄清国有企业混合改制的初步效果和股东的实际作用，对制衡程度的分析为国有企业合理配置和实施企业任务提供了优化策略参考。其二，股东受限于企业的日常经营管理，不光要直接影响企业的决策与任务，一般还会借助委托—代理关系选择和干预董事会和高管团队等企业的日常管理层。公司董事和高管的选择和聘任权力也掌控在股东手中,例如国有企业的董事会与管理层和股东并没有严格的区分,很多具有行政头衔的政府官员同时担任企业的经理人和董事,国有资本拥有所有权和控制权,国有企业董事和高管的多重身份和异质性也会企业内部治理结构产生综合的影响。异质性股东在利用委托—代理关系选拔和聘用企业管理人员时,往往偏向于满足自身需求的股东,同时又削弱和干扰了不同于自身管理理念和现有管理人员角色的管理人员的聘用。因此,在内部治理结构中,有必要探讨混合所有制结构在董事会结构和管理结构中的作用,以明确三种核心治理结构之间的关系。其三,由于人员的多样性,董事会和高级管理团队的不同成员具有不同的背景和资源,他们在企业的使命中扮演着不同的角色,另外,需要根据企业的任务对人员的选拔和激励进行合理的优化和配置。同时,委托人的偏好在这一系列的作用中也不可忽视,最终形成一个复杂而隐晦的决策选择过程。

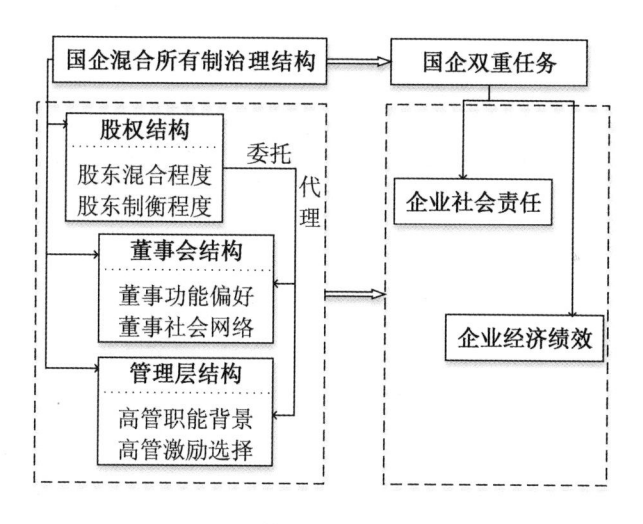

图 2.4 国有企业内部治理结构与双重任务

## 五 本章小结

本章借助相关理论,对国有企业混合所有制治理对双重任务的作用过程进行分析,并对国有企业内部的治理结构和双重任务的关系框架进行了建构。结合委托—代理理论、利益相关者理论、高阶理论、社会类化理论和信息决策理论等，从理论上对因混合所有制改革而形成的国有企业特殊的异质多任务委托情境进行深入的剖析，并理清在性质、职能、背景等属性上存在异质性的股东、董事会和高管的可能的行为偏好。同时对国有企业的股权结构、董事会结构和管理层结构三类内部治理结构进行综合性拓展，从理论上为接下来的实证研究打造好了框架。

# 第三章　国有企业混合所有制股权结构与双重任务的实证分析

国有企业在进行混合所有制改革之后，鼓励员工持股，并引入了民间资本和外资，企业内部国有和社会股东共同参股，最终形成了国有、社会股东混合治理的结构。社会股东主要是外资和机构投资者，以企业的经济绩效为追求目标；而国有股东则主要指当地政府，除了兼具社会股东的责任外，还要承担社会责任。在企业的任务选择和内部的治理结构中，这两类股东委托人都产生了直接或间接的影响。两者之间是合作与竞争并存的关系，因为两者注重的利益有着根本的不同，社会股东出于保证自身利益的出发点，会更加注重国有企业所创造的经济利益；而政府股东则更加在意自身政治效益的实现，侧重点往往会落在国有企业的政治利益上。

因此，本章将立足于异质委托视角，目的是对国有企业混合所有制结构对双重角色的影响进行较为全面的分析，研究架构如图 3.1 所示。主要研究两个问题，一是准确划分外资股东、机构股东和高级管理层股东，然后从混合、深度和多样性三个角度分析混合所有权对企业双重使命的不同影响。分析不同类型股东在公司绩效和社会责任中的作用是否受到相互作用的影响，并与在其单独影响下作对照，准确回答在两种影响下的对企业绩效和社会责任的作用的差异是否符合预期。二是要对股权结构中的股东关系进行进一步的细化，考察异质股东之间的博弈和竞争关系，并探究外资股东、机构股东和高管股东与国有股东的股权制衡度对企业双重任务的作用，还要对两类企业任务在股权制衡之下的动态关系进行动态的考察，准确判断企业社会责任与经济绩效之间的关系是"非此即彼"还是"从此到此"。

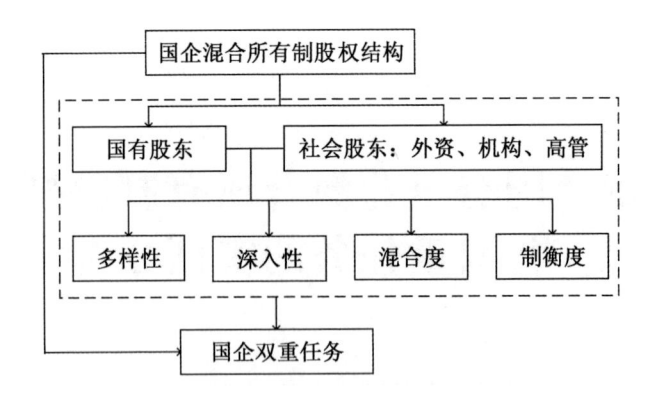

图 3.1 混合股权结构与双重任务的研究框架

## 一 混合股权结构与双重任务

### (一) 理论分析与研究假设

1. 混合主体多样性与双重任务

国有股东对于国有企业混合所有制改革的贡献可以通过减持股份和引入非国有资本共同治理企业来实现。目前国内对于该问题已经有的研究表明，企业中的第一大股东所拥有的绝对控制权会对企业的价值产生负向的影响[1]，而适当的大股东集中兼具少数股东参与的模式反而对企业的治理和绩效提升有正向的影响[2]，如果同一企业共同存在多个大股东而不是"一家独大"，也能对企业的绩效产生正向影响[3]。

因此，要提高企业的绩效和核心竞争力，就必须合理建立社会股东的参与机制，使不同类型的资本相互补充、相互配合，最大限度地激发企业活力[4]。研究同时表明，如果多个大股东共同存在的公司具备非控

---

[1] 王晓巍、陈逢博：《创业板上市公司股权结构与企业价值》，《管理科学》2014 年第 6 期。

[2] Kong, D., "Does Corporate Social Responsibility Affect the Participation of Minority Shareholders in Corporate Governance?", *Journal of Business Economics and Management*, 2013, 14 (1): 168–187.

[3] Romano, G. and Guerrini, A., "The Effects of Ownership, Board Size and Board Composition on the Performance of Italian Water Utilities", *Utilities Policy*, 2014, 31 (31): 18–28; 叶勇、蓝辉旋、李明：《多个大股东股权结构与公司业绩研究》，《预测》2013 年第 2 期。

[4] 马连福、王丽丽、张琦：《混合所有制的优序选择：市场的逻辑》，《中国工业经济》2015 年第 7 期。

股股东的性质，那对于企业的治理和绩效优化提升也有非常重要的作用①。

但要注意，在进行混合所有制改革的过程中，不能完全剥夺国有股东的持股，要保证国有股东仍持有一定的股份以便于它们对公司进行有效的监督，这项举措还能同时达到减少内部人控制的效果，使综合利益得到保障②。与社会股东相比，国有股东不光要承担企业经济绩效的任务，还肩负着社会责任，同时外资股东作为社会股东的一个重要组成部分，当社会股东更多地参与国有企业的控股时，国有股东对于该企业的控制力度可能会有所削弱③，为了实现各自对于企业的价值追求，不可排除他们之间会争夺董事会的控制权④，社会股东将经济回报看作投资回报的第一追求，这是它们的本质特性，因此它们常常不愿意牺牲小部分的企业利益来换取相应社会责任的承担⑤。

H3.1：企业经济绩效受混合主体多样性的正向影响，企业社会责任受混合主体多样性的负向影响。

2. 混合主体深入性与双重任务

"提倡员工持股，鼓励外资、机构等社会资本参股"政策指导着国有企业的混改过程，但股东的类型才最终决定股东对企业社会责任投资、企业经济绩效等的影响⑥，因此，我们应该讨论异质股东的作用。目前，国有股东代表的是相应的政府部门。它们不能简单地追求企业利

---

① Cheng, M., Lin, B., and Wei, M., "How Does the Relationship Between Multiple Large Shareholders Affect Corporate Valuations? Evidence from China", *Journal of Economics & Business*, 2013, 70（C）: 43 - 70.

② 李涛：《混合所有制公司中的国有股权——论国有股减持的理论基础》，《经济研究》2002 年第 8 期。

③ 武常岐、吕振艳：《民营化、外资股东和入性：来自中国的证据》，《经济管理》2011 年第 3 期。

④ Choi, H. M., "Foreign Board Membership and Firm Value in Korea", *Management Decision*, 2012, 50（2）: 207 - 233.

⑤ Borghesi, R., Houston, J. F., and Naranjo, A., "Corporate Socially Responsible Investments: CEO Altruism, Reputation, and Shareholder Interests", *Journal of Corporate Finance*, 2014, 26（2）: 164 - 181.

⑥ 郝云宏、汪茜：《混合所有制企业股权制衡机制研究——基于"鄂武商控制权之争"的案例解析》，《中国工业经济》2015 年第 3 期；Nakamura, E., "The Impact of Shareholders' Types on Corporate Social Responsibility: Evidence from Japanese Firms", *Journal of Global Responsibility*, 2013, 4（1）: 113 - 130.

益的最大化，还必须兼顾企业社会利益的追求。其根本原因在于国有股股东仍处于相对控制地位，政府部门不是合格的股东①。企业承担一定的政治目标对其自身的作用也具有两重性，一方面能够为其自身带来一些便利条件，如政治寻租等；另一方面这些便利也有可能会损害其经济绩效②。

研究具体的企业实践可以发现，当非国有股东进入企业后，会非常积极地行使自身的权利，因为它们想尽可能快地收回股权投资成本的利益，所以要在最大程度上削减国有股东在治理企业时采取的非效率措施，这对提升企业的绩效有重要的作用。但由于社会股东具有明显的"经纪人"特征，它们会更关注短期利益。以往的研究表明，外资所有权、机构所有权和家族所有权与企业绩效呈正相关③。但是，股东也有"不完全理性"的特点，当它们追求经济利益时有过度的风险，这不可避免会对其他的股东甚至是企业的整体利益造成不利的影响④，同时也会对企业价值行为，如企业社会责任，带来不利的影响⑤。因此，非国有股东会将经济效益作为第一追求而忽略社会责任。

H3.2：企业社会责任受国有股东股权深入性的负向影响，企业经济绩效受国有股东股权深入性的正向影响。

H3.3：企业社会责任受外资股东股权深入性的负向影响，企业经济绩效受外资股东股权深入性的正向影响。

H3.4：企业社会责任机构受股东股权深入性的负向影响，企业经济绩效受股东股权深入性的正向影响。

---

① Shleifer, A. and Vishny, R. W., "Politicians and Firms", *Quarterly Journal of Economics*, 1994, 109 (4): 995 – 1025.

② 林毅夫、李志赟：《政策性负担、道德风险与预算软约束》，《经济研究》2004 年第 2 期。

③ Arouri, H., Hossain, M., and Muttakin, M. B., "Effects of Board and Ownership Structure on Corporate Performance: Evidence from GCC Countries", *Journal of Accounting in Emerging Economies*, 2014, 4 (1): 117 – 130.

④ 黄速建、余菁：《企业员工持股的制度性质及其中国实践》，《经济管理》2015 年第 4 期。

⑤ Khan, A., Muttakin, M. B., and Siddiqui, J., "Corporate Governance and Corporate Social Responsibility Disclosures: Evidence from an Emerging Economy", *Journal of Business Ethics*, 2013, 114 (2): 207 – 223.

H3.5：企业社会责任受高管股东股权深入性的负向影响，企业经济绩效受高管股东股权深入性的正向影响。

3. 股权混合程度与双重任务

分散的股权结构对企业绩效的提高具有积极的作用。一方面可以抑制其他股东过高的监督成本；另一方面有利于大股东之间形成相互制衡，减少控制权的私人收益①。融合不同性质的股权并相应地构建适度集中的股权结构，设置制衡股东，最终使企业绩效得到提升②。但要注意，股权的混合程度过高也会存在一定的问题，超过一定的界限，企业的"市场化"特征将会越来越明显。

H3.6：企业社会责任受股权混合程度的负向影响，企业经济绩效受股权混合程度的正向影响。

4. 主体深入性与股权混合程度的交互作用与双重任务

不同类型的股东在承担相应的公司任务时会表现出不同的偏好，不同的股权结构会产生不同的监督或绩效促进效应，但所有权是内生的，这一特征将使不同类型的股东为了同一目的和利益结成股东联盟，最终增强对企业的控制。在分析公司任务偏好时，应注意不同类型股东的深度，并详细分析不同类型股东和所有权混合程度对公司任务偏好的影响。一般来说，当一家公司的国有股东占据主导地位时，公司会更加关注公司社会使命实现的程度。也就是说，国有股东对企业使命的追求会受到所有权组合程度的影响。当外资股东、机构股东和高管股东在企业中占据主导地位时，由于它们的共同特点，三类股东比例的增加和混合股权程度的加深将提高非国有股东的效用，非国有股东联盟的权利保护和环境保障将更加稳定。

H3.7：企业双重的任务受股权混合程度与混合主体深入性交互的影响。

本书的模型如图3.2所示。

---

① 郝云宏、汪茜：《混合所有制企业股权制衡机制研究——基于"鄂武商控制权之争"的案例解析》，《中国工业经济》2015年第3期。
② 马连福、王丽丽、张琦：《混合所有制的优序选择：市场的逻辑》，《中国工业经济》2015年第7期。

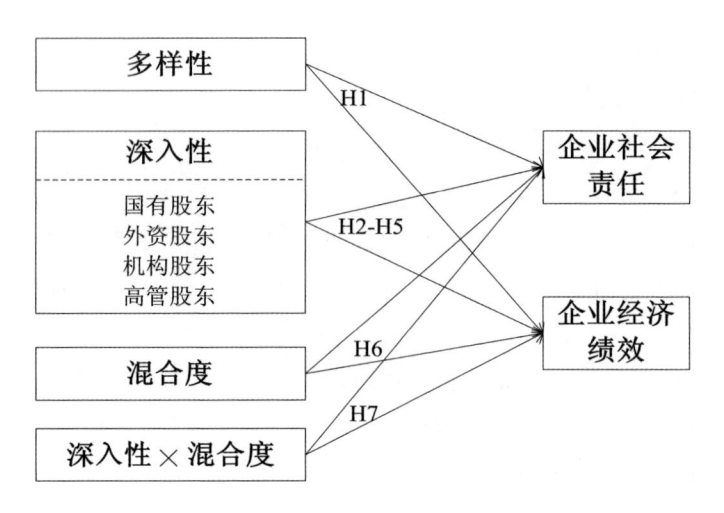

图 3.2 混合股权结构与双重任务的假设关系

### (二) 混合股权结构对双重任务的研究设计

1. 样本

此次研究对象选择 2010—2017 年在中国上海证券交易中心和深圳证券交易中心上市的央属上市公司。数据来自中国国泰安数据库、中国和讯网 (http：//www.hexun.com/)。筛除 ST、PT 以及部分数据缺失的样本后，最终得到 1760 个观测值。为避免异常值的影响，对主要变量在 1% 水平上进行了 Winsorize 缩尾处理。

2. 方法

基于面板数据，本次研究主要采取固定效应进行回归检验。

3. 变量

(1) 混合主体多样性 (Diversity, $X_1$)

首先要确定股东的性质，数据库中并没有直接体现不同类型股东的持股情况，因此，我们选择 2010—2017 年样本公司中的前十大股东，并就此参考包括网站和公司年报在内的各种信息，对股东性质逐一判断，最终划分为国有股东、外资股东、机构股东和高管股东四类。样本企业中四类股东的数量被定义为股权的混合多样性。例如，多样性值为 1 意味着公司只有一种股东，多样性值为 2 意味着公司有两种股东，依此类推。值得注意的是，国有企业，即使在混合所有制改革之后，但最基本的股东仍然是国有股东，所以当只有一种股东时，就是国有股东。

这一特点也有助于解释随着多样性的增加，异质股东的混合情况。

（2）混合主体深入性（Depth，$X_2$）

将前十大股东中的国有股东定为 $X_{21}$，并分别将外资股东、机构股东和高管股东定为 $X_{22}$、$X_{23}$ 和 $X_{24}$，并据此计算出各类股东的持股比例，将其作为各类股东参与股权混合的深入性，持股比例越高，表明深入性越高。

（3）股权混合程度（Mix，$X_3$）

以主体深入性为前提，引入赫芬达尔指数，令股权混合程度 $Mix = 1 - HHI = 1 - \sum_{i=1}^{4} S_i^2$，其中 $S_i$ 为四类股东各自的持股比例。数值与股权混合程度呈正相关。

（4）企业社会责任（CSR，$Y_1$）与企业经济绩效（CEP，$Y_2$）

选择较多应用的和讯网社会责任指标来度量企业的社会责任，这项指标涵盖股东、员工、供应商、客户和消费者、环境责任和社会责任五个方面，并分别设置二、三级的指标，旨在让考察尽可能地周全。在1—100的分值区间内，分值与企业的社会责任水平也呈正相关。

利用托宾Q值来衡量企业经济绩效，计算方式为企业市值与总资产的比值。

（5）控制变量

以往的研究①通常选择独立董事比例 Independent director $K_1$（独立董事人数占董事会总人数的比例）、主营收入增长率 Growth $K_2$（本年主营业务收入与本年初主营业务收入的差值同本年年初主营业务收入的比值）、资产负债率 Asset liability $K_3$（期末总负债与总资产的比值）、管理费用率 Management expense $K_4$（管理费用与营业收入的比值）、净资产收益率 Net assets income $K_5$（净利润与总资产的比值）、资产报酬率 Asset return $K_6$（利润总额与资产总额的比值）、公司成立天数 Day $K_7$（公司成立日到2017年12月31日的差值取对数）和公司规模 Size $K_8$（将公司员工数取对数）。除此之外，本书还设置了行业虚拟变量 Industry $K_9$ 和年份虚拟变量 Year $K_{10}$ 作为控制变量。

---

① 叶勇、蓝辉旋、李明：《多个大股东股权结构与公司业绩研究》，《预测》2013年第2期；Choi, H. M., "Foreign Board Membership and Firm Value in Korea", *Management Decision*, 2012, 50 (2): 207 – 233.

## (三) 混合股权结构对双重任务的实证分析

### 1. 描述性分析

本书的描述性统计分析结果如表 3.1 所示。混合主体多样性均值为 2.79，标准差为 2.213。股权混合程度均值 0.715，方差 0.149。股权混合的三大类指标说明企业中的混改初见成效，企业已经基本建立了混合持股模式，但非国有股东的参股程度仍然有限，国有股东仍在企业中起主要作用。企业经济绩效均值 2.441，标准差值 2.213，根据托宾 Q 的定义，说明样本中的企业都基本处于盈利状态。企业社会责任均值 34.639，标准差值 23.260。

表 3.1　　　　　　　　　　描述性结果

| Variable | Mean | S. D. | Max | Min |
|---|---|---|---|---|
| $Y_1$ | 34.639 | 23.260 | 88.35 | -10.75 |
| $Y_2$ | 2.441 | 2.213 | 15.526 | 0.842 |
| $X_1$ | 2.790 | 0.627 | 4 | 1 |
| $X_{21}$ | 49.435 | 15.625 | 50.79 | 0 |
| $X_{22}$ | 4.744 | 10.681 | 49.96 | 0 |
| $X_{23}$ | 5.673 | 6.214 | 47.65 | 0 |
| $X_{24}$ | 1.116 | 11.303 | 39.21 | 0 |
| $X_3$ | 0.715 | 0.149 | 1 | 0.176 |

表 3.2　　　　　　　　　　相关性分析

| Variable | 1. $Y_1$ | 2. $Y_2$ | 3. $X_1$ | 4. $X_2$ | 5. $X_{22}$ | 6. $X_{23}$ | 7. $X_{24}$ | 8. $X_3$ |
|---|---|---|---|---|---|---|---|---|
| 1. $Y_1$ | 1.000 | | | | | | | |
| 2. $Y_2$ | -0.099*** | 1.000 | | | | | | |
| 3. $X_1$ | -0.010 | 0.019 | 1.000 | | | | | |
| 4. $X_{21}$ | 0.123*** | -0.159*** | -0.091*** | 1.000 | | | | |
| 5. $X_{22}$ | 0.208*** | -0.009 | 0.322*** | -0.089** | 1.000 | | | |
| 6. $X_{23}$ | -0.068** | 0.142*** | -0.124*** | -0.184*** | -0.141*** | 1.000 | | |
| 7. $X_{24}$ | -0.225*** | 0.116*** | 0.244*** | -0.306*** | -0.224*** | -0.131*** | 1.000 | |
| 8. $X_3$ | 0.171*** | 0.152*** | 0.049* | -0.929*** | -0.127*** | 0.164*** | 0.338*** | 1.000 |

注：***、**和 * 分别表示在 10%、5%和 1%水平下显著。

第三章 国有企业混合所有制股权结构与双重任务的实证分析 / 51

从表 3.2 可以看出，变量之间具有显著的相关性，可以对假设进行进一步的分析。经济表现与社会责任之间存在显著的负相关关系，因为企业社会责任是一项回报率低的长期投资，而且对社会负责的公司确实失去了一些经济利益。同时，两者之间的负相关关系也为企业功能的分类和股东选择偏好的区分提供了依据。

为了使混合所有制改革的过程更加清晰，我们绘制了混合所有制改革主体的多样性、深度和混合性的趋势图，并对整个样本、商业竞争样本和特殊功能样本进行了比较分析，如图 3.3 所示。研究发现：第一，

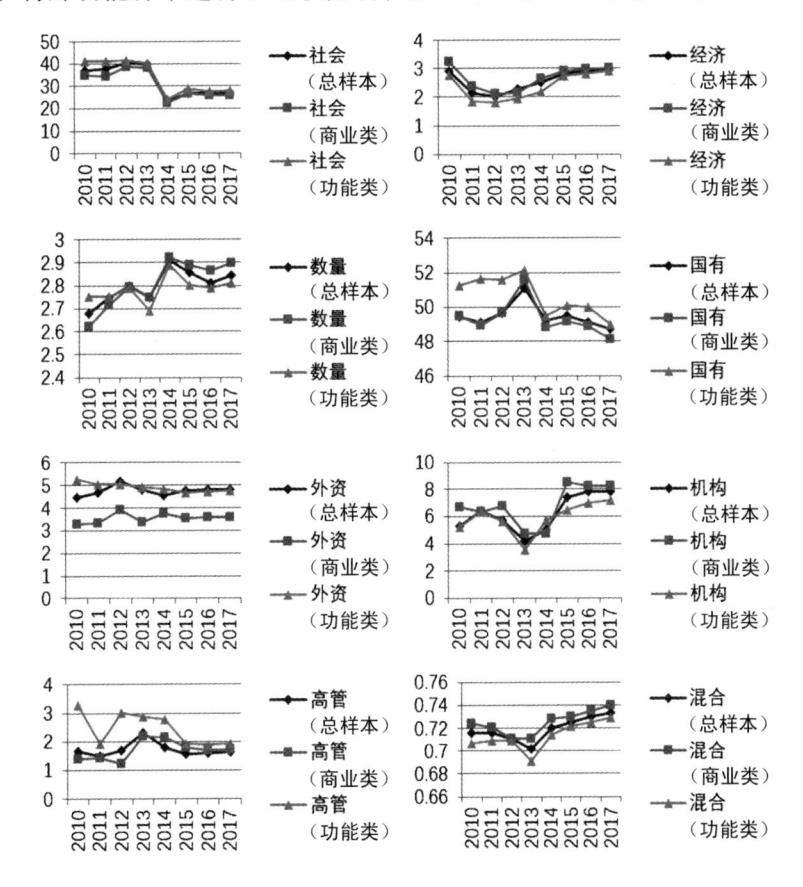

**图 3.3 主要变量逐年变化**

注：图中纵轴依次为企业社会责任得分、企业经济绩效水平、股东数量、国有股东持股比例、外资股东持股比例、机构股东持股比例、高管股东持股比例和股权混合程度。

混合主体的多样性总体上呈逐年增加趋势。第二,国有股东持股比例呈逐年下降趋势,表明国有股东正在减持,以增加非国有股东的参与。而外资、机构和自然人三类股东,总体上增长趋势平稳,说明混合型改革力量正在逐步深化。此外,国有股东、外资股东、高级管理层股东和机构股东在特殊功能企业中的持股比例高于商业竞争企业。第三,股权混合程度呈逐年上升趋势,表明多股东均衡持股的混合态势正逐渐显现。第四,2014年股东人数大幅增加,但企业社会责任大幅下降,这与有关引入非国有股东将减少企业社会责任的说法一致。第五,企业经济效益逐年提高,表明混合所有制改革有利于企业经济效益和生产效率的提高。

2. 总样本检验

(1) 直接效应

由表3.3和表3.4所显示的是企业社会责任和主体多样性呈现负相关性、经济绩效与主体多样性呈现正相关性的直观反应测验结果,假设H3.1即可得到验证。企业股权多样化程度越高企业社会责任就越来越低,股权混合程度越复杂越有利于提升经济绩效。国有股东在企业内占比越高,经济绩效越难提升,但对于社会责任付出就越大;企业机构股东和高管股东占比越多,企业对于社会责任的贡献就越小,但对于经济绩效的提升具有较大的帮助。外资股东在企业占比越高,企业对于社会责任帮助会降低,但对于企业经济绩效的提升有较大帮助。

表3.3　　　　　　　　　　直接效应检验

| | $Y_1$ | | | | | | |
|---|---|---|---|---|---|---|---|
| | (1) | (2) | (3) | (4) | (5) | (6) | (7) |
| constant | 0.091 (0.10) | 0.112 (0.12) | -0.163 (-0.18) | 0.032 (0.04) | 0.215 (0.23) | 0.285 (0.31) | -0.062 (-0.07) |
| $X_1$ | | -0.059** (-2.35) | | | | | |
| $X_{21}$ | | | 0.198*** (3.20) | | | | |

续表

|  | $Y_1$ | | | | | | |
|---|---|---|---|---|---|---|---|
|  | (1) | (2) | (3) | (4) | (5) | (6) | (7) |
| $X_{22}$ |  |  |  | 0.088*<br>(1.82) |  |  |  |
| $X_{23}$ |  |  |  |  | −0.056**<br>(−2.50) |  |  |
| $X_{24}$ |  |  |  |  |  | −0.049*<br>(1.73) |  |
| $X_3$ |  |  |  |  |  |  | −0.162***<br>(−2.98) |
| $K_1$ | −0.045<br>(−1.01) | −0.050<br>(−1.12) | −0.045<br>(−1.02) | −0.04<br>(−0.96) | −0.046<br>(−1.05) | −0.043<br>(−0.99) | −0.43<br>(−0.97) |
| $K_2$ | −0.008<br>(−0.12) | −0.010<br>(−0.14) | −0.012<br>(−0.18) | −0.008<br>(−0.12) | −0.002<br>(−0.02) | −0.007<br>(−0.11) | −0.012<br>(−0.17) |
| $K_3$ | −0.206***<br>(−4.04) | −0.206***<br>(−4.05) | −0.187***<br>(−3.66) | −0.205***<br>(−4.02) | −0.219***<br>(−4.28) | −0.210***<br>(−4.12) | −0.189***<br>(−3.68) |
| $K_4$ | −0.122<br>(−1.61) | −0.127*<br>(−1.68) | −0.124*<br>(−1.65) | −0.122<br>(−1.61) | −0.114<br>(−1.51) | −0.121<br>(−1.60) | −0.117<br>(−1.56) |
| $K_5$ | 0.039**<br>(2.07) | 0.039**<br>(2.04) | 0.043**<br>(2.27) | 0.039**<br>(2.05) | 0.041**<br>(2.13) | 0.041**<br>(2.13) | 0.042**<br>(2.22) |
| $K_6$ | 0.057<br>(1.12) | 0.058**<br>(2.31) | 0.062**<br>(2.48) | 0.057**<br>(2.27) | 0.059**<br>(2.38) | 0.057**<br>(2.26) | 0.061**<br>(2.43) |
| $K_7$ | 0.157<br>(1.12) | 0.176<br>(1.25) | 0.204<br>(1.45) | 0.169<br>(1.20) | 0.188<br>(1.33) | 0.182<br>(1.29) | 0.191<br>(1.36) |
| $K_8$ | 0.102**<br>(2.14) | 0.107**<br>(2.25) | 0.101**<br>(2.15) | 0.104**<br>(2.20) | 0.102**<br>(2.16) | 0.099**<br>(2.09) | 0.101**<br>(2.13) |
| $K_9$ | Control | | | | | | |
| $K_{10}$ | Control | | | | | | |
| $R^2$ | 0.29 | 0.30 | 0.30 | 0.29 | 0.29 | 0.295 | 0.297 |
| $F$ | 7.74*** | 7.76*** | 7.88*** | 7.70*** | 7.28*** | 7.69*** | 7.82*** |

注：表中输入标准化 $\beta$ 值，$t$ 值和显著性水平。\*\*\*、\*\*和 \* 分别表示在1%、5%和10%水平下显著。

表 3.4　　　　　　　　　直接效应检验

| | \multicolumn{7}{c|}{$Y_2$} |
| --- | --- | --- | --- | --- | --- | --- | --- |
| | (8) | (9) | (10) | (11) | (12) | (13) | (14) |
| constant | 3.396 *** (2.80) | 3.368 *** (2.79) | 3.193 *** (2.66) | 3.301 *** (2.82) | 3.14 *** (2.63) | 3.497 *** (2.90) | 3.358 *** (2.77) |
| $X_1$ | | 0.015 (0.47) | | | | | |
| $X_{21}$ | | | −0.222 *** (−3.04) | | | | |
| $X_{22}$ | | | | −0.445 *** (7.76) | | | |
| $X_{23}$ | | | | | 0.114 *** (4.12) | | |
| $X_{24}$ | | | | | | 0.076 ** (−2.17) | |
| $X_3$ | | | | | | | 0.116 * (1.71) |
| $K_1$ | −0.003 (−0.05) | −0.001 (−0.02) | −0.002 (−0.04) | −0.016 (−0.29) | −0.001 (−0.02) | −0.004 (−0.07) | −0.004 (−0.08) |
| $K_2$ | −0.071 ** (−2.13) | −0.072 ** (−2.18) | −0.071 ** (−2.15) | −0.075 ** (−2.33) | −0.075 ** (−2.28) | −0.071 ** (−2.15) | −0.069 ** (−2.06) |
| $K_3$ | 0.100 * (1.73) | 0.097 * (1.68) | 0.090 (1.59) | 0.103 * (1.85) | 0.117 ** (2.05) | 0.098 * (1.71) | 0.097 * (1.68) |
| $K_4$ | −0.003 (−0.03) | −0.003 (−0.03) | 0.005 (0.05) | 0.002 (0.02) | −0.012 (−0.13) | −0.005 (−0.05) | −0.005 (−0.05) |
| $K_5$ | 0.003 (0.13) | 0.003 (0.12) | −0.001 (−0.06) | 0.006 (0.24) | 0.001 (0.06) | 0.001 (0.05) | 0.001 (0.05) |
| $K_6$ | −0.019 (−0.11) | −0.013 (−0.08) | 0.025 (0.14) | 0.029 (0.18) | 0.028 (0.16) | −0.026 (−0.15) | 0.004 (0.02) |
| $K_7$ | 0.078 (0.44) | 0.029 (0.16) | 0.007 (0.04) | 0.072 (0.43) | 0.009 (0.06) | 0.016 (0.09) | 0.059 (0.34) |
| $K_8$ | −0.174 *** (−2.93) | −0.172 *** (−2.92) | −0.170 *** (−2.91) | −0.189 *** (−3.33) | −0.172 *** (−2.95) | −0.168 *** (−2.87) | −0.173 *** (−2.92) |

续表

|  | $Y_2$ | | | | | | |
|---|---|---|---|---|---|---|---|
|  | (8) | (9) | (10) | (11) | (12) | (13) | (14) |
| $K_9$ | Control | | | | | | |
| $K_{10}$ | Control | | | | | | |
| $R^2$ | 0.11 | 0.11 | 0.12 | 0.02 | 0.12 | 0.11 | 0.11 |
| $F$ | 2.25*** | 2.27*** | 2.46*** | 3.54*** | 2.63*** | 2.37*** | 2.27*** |

注：表中输入标准化 $\beta$ 值，$t$ 值和显著性水平。***、**和 * 分别表示在1%、5%和10%水平下显著。

（2）交互作用

由表3.5可知，除了国有股东与公平在社会责任上的相互作用以及机构股东与公平在经济绩效上的相互作用外，两者都影响着企业的双重任务。也就是说，国有股东与股权的互动会对企业的经济绩效产生正面影响，外资股东与股权的互动会对企业的社会责任产生负面影响，外资股东与股权的互动会对企业的经济绩效产生正面影响，机构股东与股权的互动会对企业的社会责任产生负面影响，高管股东与股权的互动会对企业的经济绩效产生正面影响。也就是说，国有股东在企业内占比越大，企业内股权混合度越高对于企业经济绩效提升越有帮助；企业内外资股东占比越大和股权混合度越大，企业对于社会责任付出就越低，企业机构股东越多股权混合度越高，企业对于社会责任付出就越低，企业高管股东越多股权混合度越高，企业对于社会责任付出越低；企业内外资股东占比与股权混合度越高，对于企业经济效益的提升越有帮助，同时企业内高管股东占比与股权混合度越高，对于企业经济效益的提升也越有帮助。

表3.5　　　　　　　　　　交互效应检验

|  | $Y_2$ | | | | | |
|---|---|---|---|---|---|---|
|  | (15) | (16) | (17) | (18) | (19) | (20) |
| constant | 3.084*** (2.57) | 2.365** (2.03) | 3.267*** (2.79) | 3.013*** (2.63) | 3.476*** (2.89) | 2.696** (2.31) |
| $X_{21}$ | −0.451*** (−3.42) | −0.366*** (−2.85) | | | | |

续表

|  | $Y_2$ |  |  |  |  |  |
|---|---|---|---|---|---|---|
|  | (15) | (16) | (17) | (18) | (19) | (20) |
| $X_{22}$ |  |  | 0.449***<br>(7.83) | 0.362***<br>(6.28) |  |  |
| $X_{24}$ |  |  |  |  | -0.085**<br>(-2.40) | -0.134***<br>(-3.87) |
| $X_3$ | 0.263**<br>(-2.09) | 0.226*<br>(-1.85) | 0.116*<br>(1.71) | 0.132**<br>(1.98) | 0.121*<br>(1.71) | 0.101<br>(1.48) |
| $X_{21} \times X_3$ |  | 0.078***<br>(7.72) |  |  |  |  |
| $X_{22} \times X_3$ |  |  |  | 0.066***<br>(6.72) |  |  |
| $X_{24} \times X_3$ |  |  |  |  |  | 0.087***<br>(8.55) |
| $K_1$ | 0.001<br>(0.01) | -0.013<br>(-0.25) | -0.017<br>(-0.32) | -0.007<br>(-0.13) | -0.005<br>(-0.10) | -0.021<br>(-0.40) |
| $K_2$ | -0.076**<br>(-2.30) | -0.072**<br>(-2.25) | -0.073**<br>(-2.25) | -0.056*<br>(-1.78) | -0.069**<br>(-2.07) | -0.065**<br>(-2.03) |
| $K_3$ | 0.091<br>(1.59) | 0.084<br>(1.51) | 0.101*<br>(1.81) | 0.061<br>(1.11) | 0.095*<br>(1.67) | 0.087<br>(1.57) |
| $K_4$ | 0.020<br>(0.21) | 0.025<br>(0.27) | -0.0004<br>(-0.01) | 0.005<br>(0.05) | -0.007<br>(-0.07) | 0.005<br>(0.05) |
| $K_5$ | -0.001<br>(-0.05) | 0.004<br>(0.17) | 0.004<br>(0.16) | 0.004<br>(0.19) | -0.001<br>(-0.05) | 0.003<br>(0.12) |
| $K_6$ | 0.011<br>(0.06) | 0.085<br>(0.50) | 0.054<br>(0.32) | 0.123<br>(0.73) | -0.002<br>(-0.01) | 0.077<br>(0.45) |
| $K_7$ | 0.008<br>(0.05) | 0.049<br>(0.29) | 0.062<br>90.37 | 0.167<br>(1.00) | 0.004<br>(0.02) | 0.037<br>(0.22) |
| $K_8$ | -0.172***<br>(-2.95) | -0.169***<br>(-3.00) | -0.189***<br>(-3.32) | -0.190***<br>(-3.41) | -0.167***<br>(-2.85) | -0.163***<br>(-2.89) |
| $K_9$ | Control |  |  |  |  |  |
| $K_{10}$ | Control |  |  |  |  |  |
| $R^2$ | 0.12 | 0.18 | 0.16 | 0.20 | 0.12 | 0.18 |
| $F$ | 2.51*** | 3.69*** | 3.54*** | 4.45*** | 2.38*** | 3.84*** |

注：表中输入标准化 $\beta$ 值，$t$ 值和显著性水平。\*\*\*、\*\* 和 \* 分别表示在1%、5%和10%水平下显著。

表 3.6    交互效应检验

|  | $Y_1$ | | | | | |
| --- | --- | --- | --- | --- | --- | --- |
|  | (21) | (22) | (23) | (24) | (25) | (26) |
| constant | -0.141<br>(-0.15) | -0.293<br>(-0.32) | 0.051<br>(0.06) | 0.132<br>(0.14) | 0.151<br>(0.16) | 0.108<br>(0.12) |
| $X_{22}$ | -0.093*<br>(-1.95) | -0.067<br>(-1.38) |  |  |  |  |
| $X_{23}$ |  |  | -0.051**<br>(-2.33) | -0.025<br>(-0.92) |  |  |
| $X_{24}$ |  |  |  |  | 0.062**<br>(2.16) | 0.070**<br>(2.42) |
| $X_3$ | -0.170***<br>(-2.99) | -0.172***<br>(-3.04) | -0.157***<br>(-2.77) | -0.155***<br>(-2.73) | -0.183***<br>(-3.19) | -0.179**<br>(-3.12) |
| $X_{22} \times X_3$ |  | -0.019**<br>(-2.40) |  |  |  |  |
| $X_{23} \times X_3$ |  |  |  | -0.124*<br>(-1.74) |  |  |
| $X_{24} \times X_3$ |  |  |  |  |  | -0.015*<br>(-1.71) |
| $K_1$ | -0.040<br>(-0.92) | -0.042<br>(-0.96) | -0.044<br>(-1.01) | -0.043<br>(-0.97) | -0.041<br>(-0.94) | -0.038<br>(-0.86) |
| $K_2$ | -0.012<br>(-0.17) | -0.015<br>(-0.22) | -0.005<br>(-0.08) | -0.007<br>(-0.11) | -0.011<br>(-0.17) | -0.013<br>(-0.20) |
| $K_3$ | -0.187***<br>(-3.65) | -0.189***<br>(-3.70) | -0.201***<br>(-3.91) | -0.204***<br>(-3.69) | -0.193***<br>(-3.77) | -0.192***<br>(-3.76) |
| $K_4$ | -0.116<br>(-1.55) | -0.115<br>(-1.53) | -0.109<br>(-1.45) | -0.108<br>(-1.43) | -0.115<br>(-1.53) | -0.116<br>(-1.55) |
| $K_5$ | 0.042**<br>(2.21) | 0.042**<br>(2.19) | 0.043**<br>(2.27) | 0.042**<br>(2.22) | 0.044**<br>(2.30) | 0.043**<br>(2.27) |
| $K_6$ | 0.061**<br>(2.43) | 0.060**<br>(2.41) | 0.063**<br>(2.52) | 0.064**<br>(2.54) | 0.061**<br>(2.43) | 0.061**<br>(2.42) |
| $K_7$ | 0.194<br>(1.37) | 0.166<br>(1.18) | 0.210<br>(1.49) | 0.204<br>(1.45) | 0.210<br>(1.49) | 0.205<br>(1.45) |

续表

|  | $Y_1$ | | | | | |
|---|---|---|---|---|---|---|
|  | (21) | (22) | (23) | (24) | (25) | (26) |
| $K_8$ | 0.104 ** (2.20) | 0.106 ** (2.24) | 0.101 ** (2.15) | 0.102 ** (2.16) | 0.098 ** (2.07) | 0.097 ** (2.07) |
| $K_9$ | Control | | | | | |
| $K_{10}$ | Control | | | | | |
| $R^2$ | 0.30 | 0.31 | 0.30 | 0.31 | 0.30 | 0.31 |
| $F$ | 7.79 *** | 7.79 *** | 7.83 *** | 7.76 *** | 7.81 *** | 7.74 *** |

注：表中输入标准化 $\beta$ 值，$t$ 值和显著性水平。***、** 和 * 分别表示在1%、5% 和 10%水平下显著。

### 3. 分样本检验

在确保结果确定性的情况下，为检验在不相同企业效力定位下的股权混合如何差异性地作用于双重任务，本书根据《关于完善中央企业功能分类考核的实施方案》中的企业分类建议，将原始样本分成商业竞争类企业和特殊功能类企业进行再次研究。第一类企业的重点在于考核企业的经济效益，与此同时也倡导企业主动承担社会责任，该类企业属于商业竞争类企业，以提升国有经济活力、实现国有资本保值增值为方向。第二类企业则会把主动承担社会效益放在首位，该类企业是特殊功能类企业，以更全面地服务社会、提供公共产品和服务为导向。最终，确定商业竞争类695个样本，特殊功能类607个样本。

（1）商业竞争类

通过表3.7至表3.10的结果我们可以得知，商业竞争类企业的检验结果基本与总样本的检验结果持平。存在主要的结果差异是：商业竞争类企业中，企业内外资股东占比对于企业经济绩效的作用并不显著，但企业内外资股东占比越大，企业对于社会责任的贡献越大。经济绩效与主体多样性呈正相关。而在商业竞争类企业中，实施股权融合对企业双重使命的影响更为明显。股权混合程度对社会责任产生负面影响，而机构股权混合程度对经济绩效产生正面影响。

表 3.7　　　　　　　商业竞争企业中的直接效应检验

| | \multicolumn{7}{c}{$Y_1$} |
|---|---|---|---|---|---|---|---|
| | (27) | (28) | (29) | (30) | (31) | (32) | (33) |
| constant | 0.148<br>(0.35) | 0.150<br>(0.36) | 0.209<br>90.50 | 0.188<br>(0.45) | 0.179<br>(0.43) | 0.249<br>(0.59) | 0.232<br>(0.55) |
| $X_1$ | | -0.062*<br>(-1.88) | | | | | |
| $X_{21}$ | | | 0.167***<br>(2.82) | | | | |
| $X_{22}$ | | | | 0.255**<br>(2.15) | | | |
| $X_{23}$ | | | | | -0.055*<br>(-1.78) | | |
| $X_{24}$ | | | | | | 0.053*<br>(1.68) | |
| $X_3$ | | | | | | | -0.217***<br>(-2.67) |
| $K_1$ | -0.002<br>(-0.03) | -0.009<br>(-0.16) | 0.001<br>(0.02) | 0.009<br>(0.16) | 0.006<br>(0.10) | -0.0003<br>(-0.001) | 0.001<br>(0.02) |
| $K_2$ | -0.068<br>(-0.75) | -0.066<br>(-0.72) | -0.065<br>(-0.72) | -0.064<br>(-0.071) | -0.053<br>(-0.58) | -0.070<br>(-0.77) | -0.060<br>(-0.67) |
| $K_3$ | -0.082<br>(-1.20) | -0.083<br>(-1.02) | -0.083<br>(-1.02) | -0.071<br>(-0.88) | -0.103<br>(-1.26) | -0.086<br>(-1.06) | -0.069<br>(-0.86) |
| $K_4$ | -1.145***<br>(-2.60) | -1.223***<br>(-2.77) | -1.148***<br>(-2.61) | -1.183***<br>(-2.69) | -1.122**<br>(-2.54) | -1.167***<br>(-2.64) | -1.155***<br>(-2.64) |
| $K_5$ | 0.024<br>(0.89) | 0.022<br>(0.81) | 0.019<br>(0.70) | 0.026<br>(0.94) | 0.025<br>(0.93) | 0.023<br>(0.85) | 0.023<br>(0.85) |
| $K_6$ | 0.107**<br>(2.36) | 0.13**<br>(2.49) | 0.115**<br>(2.55) | 0.109**<br>(2.41) | 0.011**<br>(2.44) | 0.107**<br>(2.35) | 0.120***<br>(2.63) |
| $K_7$ | 0.225<br>(1.26) | 0.259<br>(1.44) | 0.211<br>(1.17) | 0.297<br>(1.64) | 0.263<br>(1.46) | 0.239<br>(1.33) | 0.252<br>(1.42) |
| $K_8$ | 0.121*<br>(1.77) | 0.125*<br>(1.82) | 0.126*<br>(1.86) | 0.119*<br>(1.75) | 0.123*<br>(1.80) | 0.119*<br>(1.74) | 0.133*<br>(1.95) |
| $K_9$ | \multicolumn{7}{c}{Control} |
| $K_{10}$ | \multicolumn{7}{c}{Control} |
| $R^2$ | 0.32 | 0.33 | 0.34 | 0.33 | 0.33 | 0.33 | 0.33 |
| $F$ | 6.19*** | 6.20*** | 6.37*** | 6.24*** | 6.19*** | 6.17*** | 6.29** |

注：表中输入标准化 $\beta$ 值，$t$ 值和显著性水平。***、**和 * 分别表示在1%、5%和10%水平下显著。

表3.8　　　　　商业竞争企业中的直接效应检验

| | \multicolumn{7}{c}{$Y_2$} |
|---|---|---|---|---|---|---|---|
| | (34) | (35) | (36) | (37) | (38) | (39) | (40) |
| constant | 0.273<br>(0.47) | 0.292<br>(0.51) | 0.193<br>(0.33) | 0.266<br>(0.46) | 0.214<br>(0.37) | 0.401<br>(0.69) | 0.178<br>(0.31) |
| $X_1$ | | 0.112***<br>(2.64) | | | | | |
| $X_{21}$ | | | −0.213***<br>(−2.83) | | | | |
| $X_{22}$ | | | | 0.004<br>(0.03) | | | |
| $X_{23}$ | | | | | 0.093**<br>(2.39) | | |
| $X_{24}$ | | | | | | 0.080**<br>(1.98) | |
| $X_3$ | | | | | | | 0.213**<br>(2.06) |
| $K_1$ | −0.099<br>(−1.38) | −0.088<br>(−1.22) | −0.104<br>(−1.44) | −0.099<br>(−1.37) | −0.112<br>(−1.55) | −0.095<br>(−1.31) | −0.102<br>(−1.43) |
| $K_2$ | −0.012<br>(−0.11) | −0.014<br>(−0.12) | −0.013<br>(−0.12) | −0.012<br>(−0.10) | −0.035<br>(−0.31) | −0.018<br>(−0.16) | −0.019<br>(−0.17) |
| $K_3$ | 0.216***<br>(2.64) | 0.213***<br>(2..61) | 0.223***<br>(2.73) | 0.216***<br>(2.62) | 0.232***<br>(2.83) | 0.195**<br>(2.36) | 0.212***<br>(2.06) |
| $K_4$ | 1.33**<br>(2.30) | 1.468**<br>(2.53) | 1.329**<br>(2.30) | 1.342**<br>(2.31) | 1.263**<br>(2.18) | 1.297**<br>(2.24) | 1.351**<br>(2.34) |
| $K_5$ | 0.108***<br>(3.05) | 0.111***<br>(3.13) | 0.116***<br>(3.27) | 0.109***<br>(3.05) | 0.105***<br>(2.95) | 0.108***<br>(3.04) | 0.111***<br>(3.12) |
| $K_6$ | −0.290<br>(−0.84) | −0.270<br>(−0.78) | −0.283<br>(−0.82) | −0.298<br>(−0.86) | −0.288<br>(−0.84) | −0.356<br>(−1.03) | −0.305<br>(−0.89) |
| $K_7$ | 0.505**<br>(2.24) | 0.508**<br>(2.24) | 0.567**<br>(2.49) | 0.511**<br>(2.21) | 0.499**<br>(2.19) | 0.478**<br>(2.09) | 0.483**<br>(2.14) |

续表

|  | $Y_2$ ||||||| 
|---|---|---|---|---|---|---|---|
|  | (34) | (35) | (36) | (37) | (38) | (39) | (40) |
| $K_8$ | -0.360*** (-4.13) | -0.373*** (-4.28) | -0.371*** (-4.26) | -0.361*** (-4.12) | -0.369*** (-4.23) | -0.360*** (-1.42) | -0.372*** (-4.27) |
| $K_9$ | Control |||||||
| $K_{10}$ | Control |||||||
| $R^2$ | 0.20 | 0.21 | 0.21 | 0.20 | 0.21 | 0.205 | 0.205 |
| $F$ | 3.08*** | 3.19*** | 3.22*** | 2.98*** | 3.15*** | 3.09*** | 3.13*** |

注：表中输入标准化 $\beta$ 值，$t$ 值和显著性水平。***、**和 * 分别表示在1%、5% 和10%水平下显著。

表3.9　　　　　商业竞争企业中的交互效应检验

|  | $Y_1$ ||||||||
|---|---|---|---|---|---|---|---|---|
|  | (41) | (42) | (43) | (44) | (45) | (46) | (47) | (48) |
| constant | 0.252 (0.60) | 0.149 (0.35) | 0.255 (0.61) | 0.191 (0.46) | 0.258 (0.61) | 0.252 (0.60) | 0.338 (0.80) | 0.453 (1.07) |
| $X_{21}$ | 0.126** (1.97) | 0.114* (1.78) |  |  |  |  |  |  |
| $X_{22}$ |  |  | 0.211* (1.76) | 0.049 (0.39) |  |  |  |  |
| $X_{23}$ |  |  |  |  | -0.052* (-1.67) | -0.048 (-1.55) |  |  |
| $X_{24}$ |  |  |  |  |  |  | 0.057* (1.79) | 0.061* (1.93) |
| $X_3$ | -0.164* (-1.65) | -0.138 (-1.39) | -0.213** (-2.30) | -0.204** (-2.22) | -0.232** (-2.54) | -0.242*** (-2.64) | -0.246*** (-2.69) | -0.218** (-2.39) |
| $X_{21} \times X_3$ |  | -0.047** (-2.19) |  |  |  |  |  |  |
| $X_{22} \times X_3$ |  |  |  | 0.081*** (-3.56) |  |  |  |  |
| $X_{23} \times X_3$ |  |  |  |  |  | -0.066* (-1.96) |  |  |

续表

|  | $Y_1$ | | | | | | | |
| --- | --- | --- | --- | --- | --- | --- | --- | --- |
|  | (41) | (42) | (43) | (44) | (45) | (46) | (47) | (48) |
| $X_{24} \times X_3$ |  |  |  |  |  |  |  | -0.158*** (-2.73) |
| $K_1$ | 0.002 (0.04) | -0.008 (-0.15) | 0.009 (0.17) | 0.014 (0.26) | 0.008 (0.14) | 0.006 (0.11) | 0.003 (0.05) | 0.012 (0.22) |
| $K_2$ | -0.061 (-0.67) | -0.049 (-0.54) | -0.58 (-0.65) | -0.063 (-0.70) | -0.047 (-0.51) | -0.049 (-0.54) | -0.063 (-0.70) | -0.069 (-0.77) |
| $K_3$ | -0.073 (-0.91) | -0.104 (-1.27) | -0.062 (-0.77) | -0.061 (-0.77) | -0.090 (-1.10) | -0.092 (-1.12) | -0.074 (-0.92) | -0.079 (-0.99) |
| $K_4$ | -1.14*** (-2.61) | -1.132*** (-2.59) | -1.171*** (-2.67) | -1.147*** (-2.68) | -1.11** (-2.54) | -1.099** (-2.51) | -1.157*** (-2.64) | -1.081** (-2.48) |
| $K_5$ | 0.019 (0.72) | 0.019 (0.64) | 0.024 (0.89) | 0.024 (0.90) | 0.024 (0.88) | 0.026 (0.95) | 0.022 (0.80) | 0.017 (0.62) |
| $K_6$ | 0.122*** (2.69) | 0.126*** (2.78) | 0.120*** (2.64) | 0.115** (2.56) | 0.123*** (2.69) | 0.124*** (2.74) | 0.119*** (2.63) | 0.112** (2.47) |
| $K_7$ | 0.224 (1.25) | 0.215 (1.20) | 0.292 (1.63) | 0.228 (1.28) | 0.266 (1.49) | 0.271 (1.52) | 0.241 (1.35) | 0.282 (1.58) |
| $K_8$ | 0.134** (1.97) | 0.140** (2.06) | 0.132* (1.94) | 0.133** (1.97) | 0.137** (2.01) | 0.131* (1.92) | 0.134** (1.97) | 0.121* (1.78) |
| $K_9$ | Control | | | | | | | |
| $K_{10}$ | Control | | | | | | | |
| $R^2$ | 0.34 | 0.35 | 0.34 | 0.358 | 0.34 | 0.35 | 0.34 | 0.35 |
| $F$ | 6.30*** | 6.31*** | 6.27*** | 6.57*** | 6.26*** | 6.24*** | 6.27*** | 6.38*** |

注：表中输入标准化β值，t值和显著性水平。\*\*\*、\*\*和 \* 分别表示在1%、5%和10%水平下显著。

表3.10　　　　　商业竞争企业中的交互效应检验

|  | $Y_2$ | | | |
| --- | --- | --- | --- | --- |
|  | (49) | (50) | (51) | (52) |
| constant | 0.110 (0.19) | 0.200 (0.36) | 0.289 (0.50) | 0.134 (0.23) |

续表

|  | $Y_2$ | | | |
|---|---|---|---|---|
|  | (49) | (50) | (51) | (52) |
| $X_{23}$ | 0.090** (2.31) | 0.072* (1.94) | | |
| $X_{24}$ | | | −0.076* (1.89) | −0.068* (1.70) |
| $X_3$ | 0.266** (2.29) | 0.312*** (2.81) | 0.267** (2.29) | 0.230** (1.97) |
| $X_{23} \times X_3$ | | 0.295*** (7.23) | | |
| $X_{24} \times X_3$ | | | | 0.218*** (2.90) |
| $K_1$ | −0.115 (−1.60) | −0.108 (−1.58) | −0.099 (−1.37) | −0.111 (−1.54) |
| $K_2$ | −0.043 (−0.37) | −0.029 (−0.27) | −0.026 (−0.23) | −0.017 (−0.15) |
| $K_3$ | 0.229*** (2.80) | 0.159** (2.02) | 0.194** (2.35) | 0.209** (2.55) |
| $K_4$ | 1.262** (2.19) | 1.166** (2.12) | 1.297** (2.25) | 1.273** (2.22) |
| $K_5$ | 0.107*** (3.03) | 0.091*** (2.68) | 0.111*** (3.12) | 0.111*** (3.16) |
| $K_6$ | −0.305 (−0.89) | −0.322 (−0.99) | −0.369 (−1.07) | −0.158 (−0.45) |
| $K_7$ | 0.502** (2.21) | 0.484** (2.25) | 0.482** (2.12) | 0.437* (1.93) |
| $K_8$ | −0.385*** (−4.42) | −0.355*** (−4.28) | −0.377*** (−4.32) | −0.356*** (−4.06) |
| $K_9$ | Control | | | |
| $K_{10}$ | Control | | | |
| $R^2$ | 0.216 | 0.29 | 0.213 | 0.23 |
| $F$ | 3.22*** | 4.69*** | 3.17*** | 3.34*** |

注：表中输入标准化 $\beta$ 值，$t$ 值和显著性水平。***、**和 * 分别表示在1%、5% 和 10%水平下显著。

(2) 特殊功能类

与前两种样本的测试结果相比，特殊功能类企业的测试结果有所不同，检验结果如表3.11至表3.13所示。第一，混合主体的对社会责任具有显著的负向影响，对经济绩效却没有显著的影响。第二，非国有股东中，除了机构股东和高管股东对社会责任存在显著影响外，其他股东对社会责任没有显著影响。第三，股权混合度对双重任务的显著负向作用只发生在对社会责任的范畴中。至于交互作用，仅在高管股东与股权混合程度交互对社会责任时存在显著影响。

表3.11 特殊功能类企业中的直接效应检验

|  | $Y_1$ |  |  |  |  |  |  |
|---|---|---|---|---|---|---|---|
|  | (53) | (54) | (55) | (56) | (57) | (58) | (59) |
| constant | 0.386 (-0.64) | -0.349 (-0.58) | -0.224 (-0.37) | -0.387 (-0.64) | -0.336 (-0.56) | -0.109 (-0.68) | -0.295 (-0.49) |
| $X_1$ |  | -0.071* (-1.86) |  |  |  |  |  |
| $X_{21}$ |  |  | 0.190** (2.40) |  |  |  |  |
| $X_{22}$ |  |  |  | -0.019 (-0.17) |  |  |  |
| $X_{23}$ |  |  |  |  | -0.059* (-1.85) |  |  |
| $X_{24}$ |  |  |  |  |  | 0.086** (2.38) |  |
| $X_3$ |  |  |  |  |  |  | -0.159* (-1.99) |
| $K_1$ | 0.026 (-0.39) | -0.016 (-0.23) | -0.023 (-0.35) | -0.026 (-0.39) | -0.026 (-0.39) | -0.048 (-0.72) | -0.023 (-0.36) |
| $K_2$ | 0.069 (0.60) | 0.052 (0.45) | 0.019 (0.16) | -0.128* (-1.87) | 0.058 (0.51) | 0.061 (0.53) | 0.028 (0.24) |
| $K_3$ | -0.127* (-1.86) | -0.127* (-1.86) | -0.114* (-1.67) | -0.013 (-0.41) | -0.142** (-2.07) | -0.127* (-1.87) | -0.113 (-1.65) |
| $K_4$ | -0.013 (-0.41) | -0.015 (-0.47) | -0.019 (-0.58) | 0.081*** (2.79) | -0.012 (-0.38) | -0.013 (0.39) | -0.015 (-0.45) |

第三章　国有企业混合所有制股权结构与双重任务的实证分析　/　65

续表

| | $Y_1$ | | | | | | |
|---|---|---|---|---|---|---|---|
| | (53) | (54) | (55) | (56) | (57) | (58) | (59) |
| $K_5$ | 0.081*** (2.79) | 0.081*** (2.80) | 0.086*** (2.97) | 0.254*** (5.31) | 0.083*** (2.86) | 0.081*** (2.80) | 0.084*** (2.90) |
| $K_6$ | 0.253*** (5.31) | 0.256*** (5.38) | 0.244*** (5.13) | -0.805*** (-3.55) | 0.253*** (5.32) | 0.253*** (5.33) | 0.243*** (5.09) |
| $K_7$ | -0.800*** (-3.56) | -0.774*** (-3.44) | -0.765*** (-3.41) | 0.136** (2.11) | -0.814*** (-3.63) | -0.795*** (-3.56) | -0.753*** (-3.34) |
| $K_8$ | 0.135** (2.11) | 0.142** (2.21) | 0.129** (2.03) | 0.259** (2.41) | 0.134** (2.10) | 0.143** (2.23) | 0.128** (1.99) |
| $K_9$ | Control | | | | | | |
| $K_{10}$ | Control | | | | | | |
| $R^2$ | 0.34 | 0.34 | 0.34 | 0.34 | 0.34 | 0.343 | 0.34 |
| $F$ | 7.53*** | 7.44*** | 7.55*** | 7.28*** | 7.44*** | 7.55*** | 7.47*** |

注：表中输入标准化 $\beta$ 值，$t$ 值和显著性水平。***、**和*分别表示在1%、5%和10%水平下显著。

表3.12　　　　　　　**特殊功能类企业中的直接效应检验**

| | $Y_2$ | | | | | | |
|---|---|---|---|---|---|---|---|
| | (60) | (61) | (62) | (63) | (64) | (65) | (66) |
| constant | -0.854 (-1.03) | -0.908 (-1.10) | -0.975 (-1.17) | -0.863 (-1.04) | -0.835 (-1.00) | -0.835 (-1.00) | -0.817 (-0.98) |
| $X_1$ | | 0.095* (1.81) | | | | | |
| $X_{21}$ | | | -0.143 (-1.30) | | | | |
| $X_{22}$ | | | | -0.245 (-1.58) | | | |
| $X_{23}$ | | | | | -0.024 (-0.55) | | |
| $X_{24}$ | | | | | | -0.025 (-0.49) | |

续表

|  | $Y_2$ | | | | | | |
|---|---|---|---|---|---|---|---|
|  | (60) | (61) | (62) | (63) | (64) | (65) | (66) |
| $X_3$ |  |  |  |  |  |  | -0.062<br>(-0.57) |
| $K_1$ | 0.021<br>(0.23) | 0.007<br>(0.08) | 0.019<br>(0.21) | 0.020<br>(0.23) | 0.021<br>(0.23) | 0.027<br>(0.30) | 0.022<br>(0.24) |
| $K_2$ | -0.203<br>(-1.28) | -0.179<br>(-1.13) | -0.163<br>(-1.01) | -0.208<br>(-1.32) | -0.209<br>(-1.31) | -0.200<br>(-1.26) | -0.219<br>(-1.36) |
| $K_3$ | 0.027<br>(0.28) | 0.026<br>(0.28) | 0.015<br>(0.16) | 0.015<br>(0.16) | 0.022<br>(0.23) | 0.026<br>(0.28) | 0.033<br>(0.34) |
| $K_4$ | -0.085*<br>(-1.86) | -0.083*<br>(-1.81) | -0.079*<br>(-1.73) | -0.085*<br>(-1.86) | -0.085*<br>(-1.86) | -0.085*<br>(-1.86) | -0.086*<br>(-1.87) |
| $K_5$ | 0.026<br>(0.67) | 0.027<br>(0.68) | 0.023<br>(0.58) | 0.028<br>(0.70) | 0.027<br>(0.69) | 0.026<br>(0.67) | 0.028<br>(0.70) |
| $K_6$ | 0.077<br>(1.18) | 0.075<br>(1.16) | 0.084<br>(1.30) | 0.078<br>(1.20) | 0.076<br>(1.17) | -0.075<br>(-1.86) | 0.072<br>(1.10) |
| $K_7$ | -0.54*<br>(-1.77) | -0.582*<br>(-1.90) | -0.567*<br>(-1.85) | -0.595*<br>(-1.93) | -0.547*<br>(-1.78) | 0.541*<br>(0.67) | -0.521*<br>(-1.69) |
| $K_8$ | -0.085<br>(-0.96) | -0.092<br>(-1.05) | -0.081<br>(-0.92) | -0.072<br>(-0.82) | -0.085<br>(-0.96) | 0.077<br>(1.18) | -0.088<br>(-0.99) |
| $K_9$ | Control | | | | | | |
| $K_{10}$ | Control | | | | | | |
| $R^2$ | 0.13 | 0.138 | 0.14 | 0.14 | 0.13 | 0.13 | 0.13 |
| F | 2.30*** | 2.35*** | 2.29*** | 2.32*** | 2.24*** | 2.23*** | 2.24*** |

注：表中输入标准化 $\beta$ 值，$t$ 值和显著性水平。***、**和*分别表示在1%、5%和10%水平下显著。

表3.13　　　　　　　　特殊功能企业中的交互效应检验

|  | $Y_1$ | |
|---|---|---|
|  | (67) | (68) |
| constant | -0.317<br>(-0.53) | -0.221<br>(-0.37) |
| $X_{24}$ | 0.087**<br>(2.42) | 0.098***<br>(2.70) |

续表

|  | $Y_1$ | |
|---|---|---|
|  | (67) | (68) |
| $X_3$ | -0.162** <br> (-2.04) | -0.177** <br> (-2.23) |
| $X_{24} \times X_3$ |  | -0.136** <br> (-2.54) |
| $K_1$ | -0.046 <br> (-0.69) | -0.049 <br> (0.74) |
| $K_2$ | 0.019 <br> (0.16) | 0.019 <br> (0.17) |
| $K_3$ | -0.112 <br> (-1.64) | -0.103 <br> (-1.52) |
| $K_4$ | -0.014 <br> (-0.43) | -0.016 <br> (-0.49) |
| $K_5$ | 0.084*** <br> (2.91) | 0.080*** <br> (2.80) |
| $K_6$ | 0.243*** <br> (5.10) | 0.226*** <br> (4.47) |
| $K_7$ | -0.747*** <br> (-3.33) | -0.772*** <br> (-3.46) |
| $K_8$ | 0.135*** <br> (2.12) | 0.133** <br> (2.10) |
| $K_9$ | \multicolumn{2}{c}{Control} |
| $K_{10}$ | \multicolumn{2}{c}{Control} |
| $R^2$ | 0.35 | 0.36 |
| F | 7.46*** | 7.55*** |

注：表中输入标准化 $\beta$ 值，$t$ 值和显著性水平。***、**和 * 分别表示在1%、5% 和10%水平下显著。

## 二 混合主体股权制衡与双重任务

在前一部分中，阐明了混合所有制结构的功能特征。为了更详细地分析混合所有制结构中非国有股东和国有股东之间的平衡在双重任务中的作用，同时进一步探讨了这两个任务之间的影响机制，因此在建立了外资股东、机构股东和个人股东对国有股东的权益制衡程度之后，探讨了三种类型的权益制衡对双重任务的影响，并动态地考察了两者之间的关系。

**(一) 理论分析与研究假设**

1. 股权制衡度对企业双重责任

从社会各类企业结合来看，为了使企业工作顺利进行，通过引入非国有资本的加入，非国有股东与国有股东协同治理企业，构建出非国有股东与国有股东的股权制衡制度，也就是在企业管理中推行混合所有制。很多企业不乏存在由于国有股东"一股独大"所带来的企业产生经济效益速度低下以及企业价值观的缺失的情况，关于企业战略的制定，不同股权的归属权对不同方面有不同的发言权，提升非国有股东的对公司治理理念的影响作用，这不仅保证了其他性质股东和小股东的利益，而且保证了企业兼顾经济效益和社会责任。但是，还是有两个问题值得我们深入思考，分别是：第一，我们规定的外资股东、机构股东和个人股东是否会通过股权制衡制度更加深层次的影响国有企业承担双重责任的能力？第二，不同企业股东的选择具有不同的偏好、会受到不同因素的影响，从这两个方面来分析，是否会存在"因人而异，各有不同"的情况？如果我们从仅仅考虑社会责任这一个方面来分析：企业对于能够承担社会责任多少的能力受到掌握不同控制权和财产权或股权的组织的不同影响；此外，国有股东对于社会责任信息的披露远远低于非国有股东对于社会责任信息披露的程度[1]。但是，相对而言，民资企业和外资型企业在所有权性质不同的所有公司中，存在于更加重视社会责任的地位[2]。

更加详细的来看，通过引入外资，降低了股权的集中程度，股东性质的单一化也得到大幅度降低。随着我国进一步深化市场经济体制改革，我国大量企业不断与国际接轨，国有企业源源不断地吸收外国资本和优秀外国企业的先进管理思想、企业文化。使得国有企业和外国资本之间的相互制衡程度增强，同时国有企业达到学习西方企业管理思想和

---

[1] Zheng, L., Balsara, N., and Huang, H., "Regulatory Pressure, Blockholders and Corporate Social Responsibility (CSR) Disclosures in China", *Social Responsibility Journal*, 2014, 10 (2): 226–245.

[2] 张兆国、梁志钢、尹开国：《利益相关者视角下企业社会责任问题研究》，《中国软科学》2012 年第 2 期。

优秀文化的目的[①]。以欧美等发达国家为例，西方国家企业都在比较普遍的履行社会责任，因此，如果我国能够加大力度推广外资持股这种持股方式，便可更有利于达成三大效果：其一，增强我国国有企业国际化水平；其二，降低股东的话语权，增强企业各方面的办事效率；其三，像西方国家的企业把社会责任作为一项重要任务一样，我国也把企业的社会责任贯穿到企业管理决策的全过程中。为了可以进一步降低企业对营业所得利益的重视程度，国有企业引入了机构股东，使企业的治理水平达到全方位的提高。机构股东是非国有股东的一类，可以在一般情况下直接介入企业的管理，达到制衡和分担国有股东在企业中"一股独大"的目的，从而增加公司治理的透明度[②]。随着国有股东不断出售股份，机构股东股权比例的不断增加，企业承担社会责任的能力越来越强，这是因为机构投资者比国有股东更加看重的是企业是否可以继续可持续发展，机构投资者更加倾向于关注企业长期发展的战略、长期的持有企业股份，所以机构投资者股权比例的增加，有助于培养企业的"恒动力"，同时稳定了市场。当前，大多数企业的持股人位于该企业的管理层，位于企业不同中高层的不同持股人对企业战略、企业社会责任信息披露以及经济绩效在位于企业不同中高层的不同持股人的心中有不同的分量，这是由于不同的持股数量、获取职位的路径和工龄的时长等大部分特征都具有差异[③]。除此之外，在当今企业股权分配过程中比较流行的一种员工持股类型是个人持股，这不仅可以激励股东通过个人的积极努力增加公司利润的同时增加个人的收入，还通过股权的制衡保障了每位员工在企业管理中拥有发表重要意见的权利。当然，企业作为一种盈利机构，都会存在全力追逐利润的动作，也存在个人为了金钱的利益而忽视企业是否在为承担社会责任做努力，这是因为个人的不完全理性

---

[①] Oh, W. Y., Chang, Y. K., and Martynov, A., "The Effect of Ownership Structure on Corporate Social Responsibility: Empirical Evidence from Korea", *Journal of Business Ethics*, 2011, 104 (2): 283-297.

[②] 孙光国、刘爽、赵健宇：《大股东控制、机构投资者持股与盈余管理》，《南开管理评论》2015年第5期。

[③] 刘新民、王垒、吴士健：《CEO继任类型对战略变革的影响研究：高管团队重组的中介作用》，《管理评论》2013年第8期；刘新民、王垒：《上市公司高管更替模式对企业绩效的影响》，《南开管理评论》2012年第2期；郑冠群、宋林、郝渊晓：《高管层特征、策略性行为与企业社会责任信息披露质量》，《经济经纬》2015年第2期。

的因素存在，企业的政策选择只关注了企业的直接经济回报，而没有对企业整体以及长期的发展付出努力①，因此，个人行为会反作用于企业社会责任等企业价值行为②。

基于以上分析，提出如下假设：

H3.8a：外资股东与国有股东的股权制衡度对企业社会责任有正向影响。

H3.8b：机构股东与国有股东的股权制衡度对企业社会责任有正向影响。

H3.8c：个人股东与国有股东的股权制衡度对企业社会责任有负向影响。

正如中国社会科学院公司治理中心主任鲁桐关于如何提高公司的绩效水平的发言，"如果上市公司想要提高本公司的治理水平，可以通过引入不同方式，适当降低股权的集中程度，通过适当将股权分散到不同个人或组织的手中来达到平衡股权的目的"。不同个人或组织手握不同份额的股权，增加了股东的多样性，各性质股东之间相互限制，均衡股权分配，公司也会收到更好的利润成果。但是，股权的高分散度和多样性的股东既有可能提高公司的决策效率，又有可能对公司的利润成果造成负面影响。正因如此，我们可以清楚地知道，股东是公司的投资者和所有者，多样性的股东在公司治理的过程中对公司不同阶段所要制定的各种政策有着不同层面的考虑，但是，企业的社会责任以及企业的经济绩效是企业在不同阶段制定目标，社会责任以及企业的经济绩效都应该是同时考虑的主要目标。因此，做出以下假设：

H3.9a：外资股东与国有股东的股权制衡度对企业经济绩效有正向影响。

H3.9b：机构股东与国有股东的股权制衡度对企业经济绩效有正向影响。

H3.9c：个人股东与国有股东的股权制衡度对企业经济绩效有正向影响。

---

① 黄速建、余菁：《企业员工持股的制度性质及其中国实践》，《经济管理》2015年第4期。

② Khan, A., Muttakin, M. B., and Siddiqui, J., "Corporate Governance and Corporate Social Responsibility Disclosures: Evidence from an Emerging Economy", *Journal of Business Ethics*, 2013, 114 (2): 207–223.

2. 企业社会责任与企业经济绩效

众多相关学者关于企业的社会责任与企业经济绩效是国有企业双重任务的相关研究中存在两方面的争议。其一，企业是否根据自己的能力尽可能的承担了社会责任与是否获得经济绩效、获得多少利润成果无关，这种声音是由于对比了具有社会责任感的公司财务业绩与普通公司的财务业绩之后，发现这两种公司的财务业绩差距并不是很大的结果得来的①，这种结果可能是评价标准和评价方法的不同所导致的②。其二，大多数人坚信企业社会责任不仅与企业经济绩效有关，而且企业经济绩效在一定程度上会受到企业社会责任的影响。进一步分析，企业只有在增加成本和投入时才能承担更多的社会责任，有时甚至要承担部分企业经理人利益的损失。这些现象导致企业社会责任与企业经济绩效呈负相关，而企业社会责任与企业经济绩效呈"U"形关系③，能够解释企业为什么最终能够得到低于投入量的经济利益④。换句话说，企业要想降低特有风险，提高企业价值，就必须对承担社会责任表现出积极地态度，从而促进企业做大做强⑤。也可以这么说，想要获得竞争优势的企业必须把社会责任作为一项重要目标列在公司发展目标规划中，提升企业的整体价值才能获得竞争优势，进而提高企业可以获得经济利润的水平。反言之，对于不把社会责任作为企业目标，甚至想要逃避社会责任的企业，一定会对降低企业经济利益的回报。企业想要获得较好声誉和知名度的方法有很多，其中一种方法就是将环境保护、社会捐赠、员工保障等社会责任作为一个重要目标放在一个高度重视的地位，这样社会

---

① Nolleta, J., Filisb, G., and Mitrokostasc, E., "Corporate Social Responsibility and Financial Performance: A Non-linear and Disaggregated Approach", *Economic Modelling*, 2016, 52: 400 – 407.

② 窦鑫丰：《企业社会责任对财务绩效影响的滞后效应——基于沪深上市公司面板数据的实证分析》，《产业经济研究》2015 年第 3 期。

③ Barnett, M. L. and Salomon, R. M., "Does It Pay to be Really Good? Addressing the Shape of the Relationship between Social and Financial Performance", *Strategic Management Journal*, 2012, 33 (11): 1304 – 1320.

④ Ali, F., Iraj, F., and Hassan, T., "Valuation Effects of Corporate Social Responsibility", *Journal of Banking & Finance*, 2015, (59): 182 – 192.

⑤ Saeidiab, S. P., Sofianab, S., Saeidiab, P., Saeidia, S. P., Saaeidic, S. A., "How does Corporate Social Responsibility Contribute to Firm Financial Performance? The Mediating Role of Competitive Advantage, Reputation, and Customer Satisfaction", *Journal of Business Research*, 2015, 68 (2): 341 – 350.

大众的好感度也会随之增加[1]，与此同时，一部分消费群体在消费的同时不断了解到企业文化，这部分消费群体就成为企业忠诚的顾客，对企业消费具有一定的忠诚度，愿意在该企业进行下一步的消费，这种现象也符合消费者在理性消费意愿和倾向上的偏好行为。越来越多的忠诚客户会给企业带来稳定的经济效益，使企业能够获得长期的发展保证，经济效益也得到保证。所以做出以下假设：

H3.10：企业社会责任对企业经济绩效具有正向影响。

3. 股权制衡度、企业社会责任和企业经济绩效的三者关系

企业的经济效益是企业追求利润的最终目标。经济绩效不仅是社会财富增长的主要方面，也是股东获取利益的主要渠道，是企业发展和生存的最重要支撑和最根本的目标。股东等利益相关者能够影响企业的双重任务之间的均衡[2]，企业利益相关者又想要获得相应的盈利、保障公司的业绩，所以，使用股权制衡度将不同性质股东的管理思想渗透入企业管理中，在企业战略设计与实施的过程中贯穿多方的委托关系，可以实现双重任务的均衡发展，利益相关者收获相应的益处[3]。

综上所述，企业双重责任的履行将受到不同股东的制衡，在双重责任下，企业的经济绩效将受到企业社会责任的影响。而股东不仅能够对企业绩效产生直接的影响，进一步而言，股东依靠社会责任与企业经济绩效的关系时，还会对企业经济产生最终的影响。因此，不同性质的股东达到企业经济绩效的办法有很多种，承担社会责任就是其中的一种，进而做好国有企业双重任务这道"双选题"。根据上述分析，本书基于异质股东的股权制衡度、企业社会责任和企业经济绩效的可能关系建立了一个模型（见图3.4），并提出假设：

---

[1] Wang, M. S. and Lu, S. T., "Can Organisation Capital Improve Corporate Performance through Direct Path or Mediating Effect Surveillance of Board Function: Evidence from Taiwan?", Technological & Economic Development of Economy, 2015, (11): 1–36.

[2] Karaye, Y. I., Ishak, Z., and Che-Adam, N., "The Mediating Effect of Stakeholder Influence Capacity on the Relationship between Corporate Social Responsibility and Corporate Financial Performance", Procedia-Social and Behavioral Sciences, 2014, (164): 528–534.

[3] Nolleta, J., Filisb, G., and Mitrokostasc, E., "Corporate Social Responsibility and Financial Performance: A Non-linear and Disaggregated Approach", Economic Modelling, 2016, 52: 400–407; Deng, X., Kang, J. K., and Low, B. S., "Corporate Social Responsibility and Stakeholder Value Maximization: Evidence from Mergers", Journal of Financial Economics, 2013, 110 (1): 87–109.

H3.11：企业社会责任部分中介异质股东股权制衡度对企业经济绩效的影响。

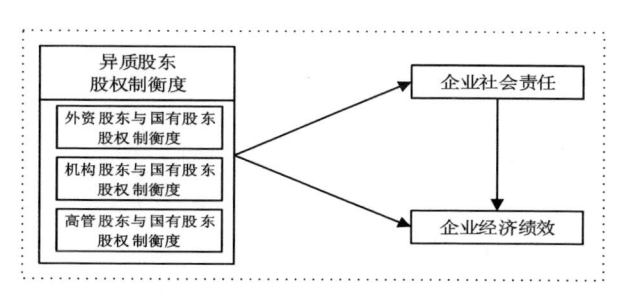

图 3.4 混合主体股权制衡与双重任务的关系模型

**（二）混合主体股权制衡与双重任务的研究设计**

1. 研究样本与数据

选取 2010—2017 年上海证券交易所和深圳证券交易所注册的中央企业控股上市公司为基础研究样本。在数据处理阶段，通过剔除异常数据信息和样本缺失样本，最终确定 1304 家上市公司进行最终的样本实证研究。该数据来自国泰安的数据库、公司网站上发布的企业社会责任报告，以及从交易所网站上手工收集的年度报告。由于股权平衡程度、企业社会责任与企业经济绩效之间的关系是本书的主要内容，而上市公司的数据都是公开数据，没有涉及敏感内容，因此，本书的数据没有考虑军工、金融等企业样本的特殊性，将所有样本数据进行整合放在一起研究。

2. 关键变量设计

（1）企业社会责任的度量

对于社会责任的测度是本书实证研究中非常重要的内容，但是目前学术界诸多学者对社会责任的测度并没有形成统一的意见。有关社会责任的测度，先前的相关研究主要从层次责任、社会契约与利益相关者这三方面进行评定，并且在对社会责任的测度中通过内容分析法以及专业评估机构数据库等方式将企业社会责任进行定量化分析[1]。学者通常在实证研究中尽全力将全部主体包括在内，站在利益相关者的角度进行分

---

[1] 王昶、周登、Shawn P. D.：《国外企业社会责任研究进展及启示》，《华东经济管理》2012 年第 3 期。

析也就是从主体角度对各项相关因素进行分析①。

除此之外,内容分析法和专业机构数据库这两种方法由于其在实证研究中可操作性、针对性较强以及资料数据获取较为方便等优点较为普遍的被学者们使用,我国有关企业社会责任的评价研究起步相对较晚,虽然前段时间曾有组织机构以及部分财经网站对有关企业社会责任的测度体系提出一套独特的评价方法,但是其权威性有待考证。

中国社会科学院经济学部企业社会责任研究中心每年发布《中国企业社会责任白皮书》(以下简称《白皮书》),《白皮书》通过三重底线观和利益相关方理论,构建了一个包括责任管理、市场责任、社会责任和环境责任四个维度的企业社会责任综合评价模型,对企业社会责任进行了全面、权威的分析,因此,学术界对企业社会责任的评价具有较高的认可度。然而,这种方法的局限性在于,《白皮书》仅对我国前100家上市公司进行评估,不能满足许多上市公司样本分析的要求。在此基础上,本书借鉴该组织企业社会责任评价模型的结构,对上市公司年报、企业社会责任报告和国泰安企业社会责任数据库进行重新分类,建立数据指标,通过内容分析对中央企业控股公司上市公司的企业社会责任进行评价。参考现有文献的评分方法②,对每个样本进行打分评价。如果披露了此项的内容,则记1分,否则记为0分,最终样本公司的企业社会责任总得分由各项的得分加总而来。

(2)股权制衡度的确定

本书主要探讨非国有股东与国有股东之间的制衡程度对企业社会责任和企业经济绩效的影响。首先,根据年报中对上市公司股东的详细介绍和背景描述,将样本中前十位股东分为四类,即国有股东、机构股东、外国股东和个人股东。过去只在持股量第一的大股东和其他股东之间建立股权制衡程度,本书对这种股权制衡程度进行了改进和调整,构造了一个衡量非国有股东与国有股东制衡程度的比率,即外资股东与国有股东、机构股东与国有股东、个人股东与国有股东的比率。在股东性质的定义中,规定:国有股东由国资委或地方政府授权持有样本中国大陆组织和法人的股

---

① 张兆国、靳小翠、李庚秦:《企业社会责任与财务绩效之间交互跨期影响实证研究》,《会计研究》2013年第8期。

② Haniffa, R. M. and Cooke, T. E. ,"The Impact of Culture and Governance on Corporate Social Reporting", *Journal of Accounting and Public Policy*, 2005, 24 (5): 391–430.

份，外国股东是持有样本公司股份的海外投资机构、法人和公司（包括港澳台），机构股东是中国大陆，通过融资、社会保障等方式持有样本公司的股份，个人股东是持有中国大陆股份的自然人。

（3）企业经济绩效的测定

已有文献研究中对企业经济绩效的衡量方法相对较统一，大多数学者通过托宾Q值、净资产收益率（ROE）、资产收益率（ROA）这三种指标进行衡量，也有小部分学者通过市盈率（PB）、市净率（PE）和净资产现金率（COE）等指标进行衡量[①]。然而，仅仅使用会计指标对企业经济绩效进行衡量存在范围与力度上的有限性，同时也较容易忽略企业的综合价值而过多侧重于对企业财务收益的测度。基于此，由于托宾Q值反映了企业价值与重置资本之间的关系，因此托宾Q值是比单纯的企业会计指标涵盖面更广、更适用解释本书中企业经济绩效含义的企业价值指标。与此同时，在我国市场经济环境进一步完善的背景下，采用托宾Q值的方法来衡量企业经济绩效也具备相应的成熟环境使其相较于之前可以更为准确地反映结果。因此，本书企业经济绩效的衡量指标采用托宾Q值，以此来反映企业的综合价值，用来考察企业的绩效。

（4）控制变量

综合分析已有相关文献研究，本书最终选取资产负债率、独立董事比例、资产收益率、企业成长性与第一大股东持股比例作为其他能够影响企业经济绩效的因素作为控制变量，具体变量定义如表3.14所示。

表3.14　　　　　　　　　　变量定义

| 变量性质 | 变量名称 | | 变量符号 | 变量定义 |
| --- | --- | --- | --- | --- |
| 因变量 | 企业经济绩效 | | CEP Y | 企业市值/资产总计 |
| 自变量 | 异质股东的股权制衡度 | 外资股东与国有股东的股权制衡度 | Balance1 $X_1$ | 外资股东持股总数量/国有股东持股总数量 |
| | | 机构股东与国有股东的股权制衡度 | Balance2 $X_2$ | 机构股东持股总数量/国有股东持股总数量 |
| | | 个人股东与国有股东的股权制衡度 | Balance3 $X_3$ | 个人股东持股总数量/国有股东持股总数量 |
| | 企业社会责任 | | CSR M | 企业社会责任总得分 |

---

① 唐睿明、邱文峰：《股权结构与公司绩效关系的实证研究——基于创业板上市公司的数据》，《南京审计学院学报》2014年第3期。

续表

| 变量性质 | 变量名称 | 变量符号 | 变量定义 |
| --- | --- | --- | --- |
| 控制变量 | 资产负债率 | $K_1$ | 期末总负债/总资产 |
| | 独立董事比例 | $K_2$ | 独立董事人数/董事会总人数 |
| | 资产收益率 | $K_3$ | 净利润/总资产余额 |
| | 企业成长性 | $K_4$ | 本年末比上年末企业营业收入增长额/上年末企业营业收入总额 |
| | 第一大股东持股比例 | $K_5$ | 第一大股东持股比例 |

### 3. 模型设计

为了考察股权制衡程度对企业经济绩效的影响,探讨股权制衡程度与企业经济绩效之间是否存在企业社会责任的中介效应。

第一步,运用 OLS 方法通过回归方程(3.1)估计了异质股东的股权制衡度对企业经济绩效产生的影响。根据温忠麟等[①]先前提出的中介检验程序,中介效应验证的必要前提是第一步的回归系数显著。

$$Y = \alpha_0 + \sum_{i=1}^{3} \alpha_i X_i + \sum_{j=1}^{5} \alpha_j Controls_j + \varepsilon \qquad (3.1)$$

其中,被解释变量 $Y$ 代表企业经济绩效的托宾 Q 值,解释变量 $X_i$ 代表股权制衡度,分别为:$X_1$ 代表外资股东与国有股东的股权制衡度;$X_2$ 代表机构股东与国有股东的股权制衡度;$X_3$ 代表个人股东与国有股东的股权制衡度。另外控制变量(Controls)包含了资产负债率 $K_1$、独立董事比例 $K_2$、资产收益率 $K_3$、企业成长性 $K_4$ 和第一大股东持股比例 $K_5$,$\varepsilon$ 为随机误差项。

第二步,用 OLS 回归方程(3.2)估计异质股东的股权制衡度对企业社会责任的直接影响。此模型的因变量替换为企业社会责任 $M$,其余变量含义同上。

$$M = \alpha_0 + \sum_{i=1}^{3} \alpha_i X_i + \sum_{j=1}^{5} \alpha_j Controls_j + \varepsilon \qquad (3.2)$$

第三步,用 OLS 回归方程(3.3)直接估计企业社会责任对企业经

---

① 温忠麟、张雷、侯杰泰、刘红云:《中介效应检验程序及其应用》,《心理学报》2004年第5期。

济绩效的影响，变量含义同上。

$$Y = \alpha_0 + \alpha_1 M + \sum_{j=1}^{5} Controls_j + \varepsilon \qquad (3.3)$$

第四步，以第一步和第三步企业社会责任在异质股东的股权制衡度与企业经济绩效之间的中介效应的检验为基础，用回归方程（3.4）估计异质股东的股权制衡度与企业社会责任对企业经济绩效的共同影响效应，其中变量含义同上。

$$Y = \alpha_0 + \sum_{i=1}^{3} \alpha_i X_i + \alpha_4 M + \sum_{j=1}^{5} \alpha_j Controls_j + \varepsilon \qquad (3.4)$$

### （三）混合主体股权制衡与双重任务的实证分析

需要特别强调的是，由于发现在最初数据进行回归分析的过程中当期数据的检验结果并没有很好地达到理想的预期效果，那么考虑纳入相关文献所提及的滞后效应，然后对数据进行处理分析[①]。尝试将滞后一期的企业经济绩效作为因变量并带入模型进行验证后发现，使用滞后一期数据的显著性明显优于使用当期数据的显著性，当加入考虑企业社会责任在异质股东的股权制衡度与企业经济绩效之间的中介效应后所得到的检验结果也显著优于当期。基于此，在实证环节本书加入了滞后一期的企业经济绩效以及相应的控制变量进行对比分析。

1. 描述性统计分析

表 3.15 是对样本数据进行描述性统计分析的结果，由于篇幅有限，省略了控制变量的相关描述性信息。依据表中数据的描述可以分析得出，企业社会责任的均值为 5.166，相较于初设的总分值 15 可知样本企业社会责任得分较低，同时数据显示企业社会责任的标准差为 4.399 表示不同样本上市公司之间的企业社会责任水平差距较为明显。由于托宾 Q 值等于企业的市场价值与其重置资本之比的概念界定，根据表中数据所示，滞后期企业经济绩效与当期企业经济绩效的均值分别为 1.320 和 1.053，当托宾 Q 值大于 1 时，证明企业的市场价值高于重置资本，表明企业绩效较好、企业盈利，同时其标准差数值也进一步说明样本上市公司的企业绩效状况整体较好，处于良好的

---

① 张兆国、靳小翠、李庚秦：《企业社会责任与财务绩效之间交互跨期影响实证研究》，《会计研究》2013 年第 8 期。

发展状态。

此外，机构股东与国有股东的股权制衡度（0.098）高于外资股东与国有股东的股权制衡度（0.087）和个人股东与国有股东的股权制衡度（0.024），但均值都没有超过0.1，并且整体差异较小，表明机构股东、外资股东与个人股东相对国有股东的持股数量而言依然是较小的比例，且股权制衡程度较低。但针对以上分析需要特别说明的是，国有股东持股比例高的现状，与现阶段国有股东在国有企业的决定性作用以及国家对国有企业经济与社会保障性要求有一定关联。而对于非国有股东虽然其对国有股东的股权制衡度较弱，但是仍然不能忽略其影响力，非国有股东的持股水平及影响力会随国家及企业深化改革逐步增强，也就是说，虽然其持股比例以及股权制衡度比较微弱，但是仍然非常有研究意义。

除此之外，据表3.15所示变量相关性关系可以看出，大部分变量与企业经济绩效具有显著的相关关系，其中外资股东与国有股东的股权制衡度与企业经济绩效负相关，机构股东与国有股东的股权制衡度以及个人股东与国有股东的股权制衡度均与企业经济绩效正相关，企业社会责任则与企业经济绩效负相关。在与企业社会责任之间的关系上，外资股东与国有股东的股权制衡度与之呈正相关，个人股东与国有股东的股权制衡度以及机构股东与国有股东的股权制衡度与之呈负相关。其所得结果也基本与研究假设相一致，也表明研究可以进行下一步的中介效应检验。

表3.15　　　　　　　　均值、标准差和相关系数

|  | Means | S.D. | $X_1$ | $X_2$ | $X_3$ | $M$ | $(t+1)\ Y$ | $Y$ |
|---|---|---|---|---|---|---|---|---|
| $X_1$ | 0.087 | 0.192 | 1 |  |  |  |  |  |
| $X_2$ | 0.098 | 0.121 | -0.151* | 1 |  |  |  |  |
| $X_3$ | 0.024 | 0.040 | -0.157* | 0.101 | 1 |  |  |  |
| $M$ | 5.166 | 4.399 | 0.269** | -0.149* | -0.293** | 1 |  |  |
| $(t+1)\ Y$ | 1.320 | 0.998 | -0.256** | 0.194** | 0.227** | -0.283** | 1 |  |
| $Y$ | 1.053 | 0.881 | -0.227** | 0.165** | 0.262** | -0.197** | 0.792** | 1 |

注：＊、＊＊分别表示在0.05、0.01水平下显著相关。

第三章　国有企业混合所有制股权结构与双重任务的实证分析 / 79

表3.16　直接影响效应分析

| 变量 | 模型1 M | 模型2 M | 模型3 M | 模型4 Y | 模型5 Y | 模型6 Y | 模型7 $(t+1)Y$ | 模型8 $(t+1)Y$ | 模型9 $(t+1)Y$ |
|---|---|---|---|---|---|---|---|---|---|
| $X_1$ | 0.250*** (3.607) | | | −0.128** (−2.141) | | | −0.126** (−2.231) | | |
| $X_2$ | | −0.129* (−1.786) | | | 0.095 (1.554) | | | 0.144** (2.547) | |
| $X_3$ | | | −0.240*** (−3.317) | | | 0.231*** (3.803) | | | 0.171*** (2.934) |
| $K_1$ | 0.247*** (3.394) | 0.290*** (3.943) | 0.271*** (3.757) | −0.522*** (−8.302) | −0.543*** (−8.725) | −0.525*** (−8.673) | | | |
| $K_2$ | −0.051 (−0.746) | −0.047 (−0.660) | −0.064 (−0.918) | −0.033 (−0.545) | −0.035 (−0.579) | −0.018 (−0.311) | | | |
| $K_3$ | 0.201*** (2.732) | 0.215*** (2.832) | 0.167** (2.240) | 0.106* (1.668) | 0.096 (1.489) | 0.138** (2.214) | | | |
| $K_4$ | −0.037 (−0.532) | −0.052 (−0.728) | −0.065 (−0.917) | 0.055 (0.910) | 0.061 (1.003) | 0.071 (1.206) | | | |
| $K_5$ | 0.168** (2.450) | 0.121* (1.670) | 0.080 (1.103) | −0.146** (−2.463) | −0.115* (−1.877) | −0.069 (−1.135) | | | |
| $(t+1)K_1$ | | | | | | | −0.604*** (−9.819) | −0.635*** (−10.611) | −0.614*** (−10.260) |

续表

| 变量 | 模型1 M | 模型2 M | 模型3 M | 模型4 Y | 模型5 Y | 模型6 Y | 模型7 Y | 模型8 Y | 模型9 Y |
|---|---|---|---|---|---|---|---|---|---|
| $(t+1)K_2$ | | | | | | | -0.025<br>(-0.440) | -0.039<br>(-0.702) | -0.032<br>(-0.578) |
| $(t+1)K_3$ | | | | | | | 0.046<br>(0.768) | -0.020<br>(-0.332) | 0.065<br>(1.082) |
| $(t+1)K_4$ | | | | | | | 0.067<br>(1.211) | 0.073<br>(1.321) | 0.036<br>(0.646) |
| $(t+1)K_5$ | | | | | | | -0.156***<br>(-2.827) | -0.129**<br>(-2.281) | -0.107*<br>(-1.858) |
| F值 | 6.370*** | 4.519*** | 5.992*** | 18.649*** | 18.077*** | 21.253*** | 25.629*** | 26.082*** | 26.722*** |
| $R^2$ | 0.175 | 0.131 | 0.166 | 0.383 | 0.376 | 0.415 | 0.461 | 0.465 | 0.471 |

注：表中为标准化回归系数β值。括号内为t值；***、**、*表示分别在1%、5%、10%的水平下显著。

2. 回归分析

（1）直接效应检验

本书在选取了五个控制变量的基础上，利用多元回归方程（3.1）对异质股东的股权制衡度与企业经济绩效之间的关系进行了检验（见表3.16）。所有回归模型的 F 值均达到了 0.01 的显著水平，说明基于该样本上市公司数据的解释变量、被解释变量以及控制变量构成的回归模型拟合效果均达到了理性状态。

模型1至模型3是以企业社会责任为被解释变量，将外资股东与国有股东股权制衡度、机构股东与国有股东股权制衡度和个人股东与国有股东股权制衡度三个解释变量分别代入模型以验证假设H3.8a、H3.8b和H3.8c。经过模型检验后发现，外资股东与国有股东的股权制衡度（$\beta = 0.250$，$p < 0.01$）与企业社会责任显著正相关，即假设H1a成立，表明外资股东与国有股东的股权制衡能够为企业社会责任的建设提供有效的建议，以促进企业社会责任进一步提高，因此适当增加外资股东的参股水平在基于考虑发展企业社会责任的要求下能够显著提高外资股东与国有股东的制衡程度从而有助于企业社会责任等企业价值项目的发展。个人股东与国有股东的股权制衡度（$\beta = -0.240$，$p < 0.01$）与企业社会责任显著负相关，即假设H1c成立，也就是说，个人股东与国有股东之间的股权制衡度的提高不利于企业社会责任的建设，所以目前的措施是在鼓励员工持股的同时要更加谨慎的增加个人持股。但是与假设相矛盾的是H1b，即机构股东与国有股东的股权制衡度（$\beta = -0.129$，$p < 0.1$）同企业社会责任负相关，得出此结论的可能原因是当前我国机构股东以理财基金形式为主，其持股比例相对较低并且追求的目标一般是经济利益最大化，所以可能对企业社会责任这一点不够重视。另外，从模型1到模型3的测定系数变化也可以看出，方程拟合度最优的是外资股东与国有股东的股权制衡度对企业社会责任回归方程，也进一步说明参股的外资股东通过与国有股东之间的股权制衡能够给有利于企业发展。

然后，本书以当期企业经济效益为因变量的模型4到模型6以及以滞后一期的企业经济效益为因变量的模型7到模型9进行对比验证，检验异质股东的股权制衡度与企业经济绩效的关系，并且将五个控制变量也带入到相应模型中进行验证。综合当期以及滞后一期的结果对比来看，机构股东与国有股东和个人股东与国有股东之间股权制衡的程度对企业经济的绩效有着显著的正相关关系，与假设H3.9b和H3.9c一致，数据结果表明，机构股东与个人股东之间的相互制衡，这将会使该企业的经济效益有所提高。然而，与最初的假设H3.9a相反的是外资股东与国有股东之间的股权制衡对企业经济绩效的影响却呈现出显著的负相关关系，对于此结果本书认为，可以从以下三个方面进行解释：国内经济宏观环境、国有企业改革微观治理中的权力博弈以及企业绩效滞后反应。其一，在当前经济转型时期的背景下，国有企业在某些方面加重了政策负担，如果其承担的政策负担过重将会明显对国有企业的经济绩效产生负向影响。虽然外资股东可以在某些方面起到监督和约束国有股东的作用，但由于外资股东股权制衡度较低，所以也很难有效限制国有股东的行为。其二，虽然外资有较完善的内部管理和约束机制，但是外资始终以追求利益的性质并没有改变。一方面，外国股东把国有企业持股作为进入相关市场的跳板，而不会全心全意地将资源和经历投入进去，对企业内部治理结构进行优化；另一方面，外国股东将企业的利润进行转移以达到获取利益的各种手段会严重侵害公司的总体利益。其三，外资股东对企业的短期绩效以及企业的长期绩效可能存在不同的影响。因为外资公司和法人等外资股东同样也包括在本书所涉及的前十名股东中，而外国股东不仅能够给企业带来资金，同时还能给企业在技术、设备等资源方面提供支持，这些支持可以会导致短期业绩下降因为企业需要一些的时间去对这些支持进行"消化"。因此，基于企业不同的发展阶段和迥异的社会环境设置不同性质的股东能够在一定程度上影响企业经济效益的实现，平衡企业社会责任和企业经济效益，可以削弱企业的"利益唯一"理念。

(2) 中介效应检验

由表3.17中模型10和模型11所得结果可知，企业社会责任与企业经济绩效之间为显著负向相关关系，即企业的经济绩效并没有同预期一样随着企业社会责任增加而增加，而是随着企业承担的社会责任增加而下降，假设H3.10不成立。造成与预期结论不同的原因可能是：企业

第三章　国有企业混合所有制股权结构与双重任务的实证分析　/　83

表 3.17　中介效应分析

| 变量 | 模型 10 $Y$ | 模型 11 $(t+1)Y$ | 模型 12 $Y$ | 模型 13 $Y$ | 模型 14 $Y$ | 模型 15 $(t+1)Y$ | 模型 16 $(t+1)Y$ | 模型 17 $(t+1)Y$ |
|---|---|---|---|---|---|---|---|---|
| $X_1$ | | | -0.117* (-1.888) | | | -0.101* (-1.744) | | |
| $X_2$ | | | | 0.087 (1.407) | | | 0.129** (2.281) | |
| $X_3$ | | | | | 0.226*** (3.601) | | | 0.146** (2.440) |
| $M$ | -0.076 (-1.205) | -0.136** (-2.379) | -0.044 (-0.681) | -0.064 (-1.012) | -0.022 (-0.343) | -0.112* (-1.927) | -0.119** (-2.094) | -0.101* (-1.794) |
| $K_1$ | -0.523*** (-8.041) | | -0.551*** (-7.870) | -0.525*** (-8.087) | -0.519*** (-8.239) | | | |
| $K_2$ | -0.039 (-0.645) | | -0.035 (-0.581) | -0.038 (-0.628) | -0.020 (-0.333) | | | |
| $K_3$ | 0.121* (1.854) | | 0.115* (1.768) | 0.109* (1.666) | 0.142* (2.235) | | | |
| $K_4$ | 0.063 (1.022) | | 0.054 (0.881) | 0.058 (0.947) | 0.070 (1.176) | | | |
| $K_5$ | -0.126** (-2.084) | | -0.139** (-2.297) | -0.107* (-1.738) | -0.067 (-1.101) | | | |

续表

| 变量 | 模型10 $Y$ | 模型11 $(t+1)Y$ | 模型12 $Y$ | 模型13 $Y$ | 模型14 $Y$ | 模型15 $(t+1)Y$ | 模型16 $(t+1)Y$ | 模型17 $(t+1)Y$ |
|---|---|---|---|---|---|---|---|---|
| $(t+1)K_1$ | | -0.598*** (-9.697) | | | | -0.581*** (-9.346) | -0.604*** (-9.898) | -0.591*** (-9.695) |
| $(t+1)K_2$ | | -0.034 (-0.620) | | | | -0.024 (-0.434) | -0.035 (-0.643) | -0.030 (-0.554) |
| $(t+1)K_3$ | | 0.054 (0.892) | | | | 0.057 (0.950) | 0.035 (0.581) | 0.072 (1.205) |
| $(t+1)K_4$ | | 0.056 (1.022) | | | | 0.062 (1.138) | 0.068 (1.249) | 0.037 (0.665) |
| $(t+1)K_5$ | | -0.137** (-2.445) | | | | -0.138** (-2.486) | -0.112* (-1.988) | -0.098* (-1.705) |
| $F$值 | 17.823*** | 25.843*** | 16.004*** | 15.643*** | 18.145*** | 22.829*** | 23.403*** | 23.604*** |
| $R^2$ | 0.373 | 0.463 | 0.385 | 0.380 | 0.415 | 0.472 | 0.478 | 0.480 |

注：表中为标准化回归系数 $\beta$ 值；括号内为 $t$ 值；***、**、* 表示分别在1%、5%、10%的水平下显著。

社会责任包括捐赠和福利保障等项目，所以在承担社会责任的同时会消耗掉企业的一部分收入，企业的利润随之下降，便造成了企业经济绩效的降低，该结果也符合部分学者的结论[①]。更深入理解，企业往往在国有企业双重任务的较重负担下无法在经营管理过程中做到将社会责任与利润平等对待，以至于，由于企业的经济活动会受到企业社会责任的阻碍，所以企业不得不牺牲当前的利益。上述结果表明，企业社会责任对企业经济绩效的负面影响与企业社会责任对企业经济绩效的负面影响是一致的。个人股东和机构股东的公司社会责任排他性与公司社会责任对经济的负面影响相结合，以达到追求经济效益的目的。除此之外，可以看出滞后期的数据显著性显著优于当期的数据显著性，即企业社会责任与滞后一期的企业经济绩效（$|\beta| = 0.136$，$p < 0.05$）的相关性和显著性均优于当期（$|\beta| = 0.076$，$p > 0.1$），可以进一步说明，企业社会责任对企业经济绩效的影响存在明显的滞后性，企业社会责任对经济绩效的影响往往略有滞后，不够及时。结合上述滞后的结论，本书提出以下假设，即企业在当前时期所做的社会责任工作可能不会直接影响当前时期企业的经济绩效，短期内不会产生明显的影响，但是却可能对下一期甚至未来的企业经济绩效产生更为深远的影响。企业社会责任对企业经济绩效的促进作用会随着时间推移逐渐显现，进一步证明企业虽然由于承担社会责任损失了经济利润但是却非常有价值[②]。同样这也是企业重视长期建设社会责任发展战略的重要支持依据。

在表 3.17 中，模型 12 到模型 14 是利用回归模型（3.4），以当期企业经济绩效为被解释变量，加入五个控制变量，将企业社会责任和异质股东股权制衡度依次带入来共同探究和验证中介效应。模型 1、模型 4 和模型 12 是检验企业社会责任在外资股东与国有股东的股权制衡度和企业经济绩效之间的中介效应，由于企业社会责任对企业经济绩效的

---

[①] Martínez-Ferrero, J., Banerjee, S., and García-Sánchez, I. M., "Corporate Social Responsibility as a Strategic Shield Against Costs of Earnings Management Practices", *Journal of Business Ethics*, 2016, 133 (2): 305–324.

[②] Martínez-Ferrero, J., Banerjee, S., and García-Sánchez, I. M., "Corporate Social Responsibility as a Strategic Shield Against Costs of Earnings Management Practices", *Journal of Business Ethics*, 2016, 133 (2): 305–324.

回归系数在模型 12 中不显著，则根据温忠麟等①的中介检验程序，如果存在模型 1 中外资股东与国有股东的股权制衡度对企业社会责任的回归系数和模型 12 中企业社会责任对企业经济绩效的回归系数不显著的情况，需要对中介效应进行 Sobel 检验。检验量 $z = \hat{a}\hat{b}/\sqrt{\hat{a}^2 s_b^2 + \hat{b}^2 s_a^2}$，其中 $\hat{a}$ 是模型 1 中股权制衡度的系数，$\hat{b}$ 是模型 12 中企业社会责任的回归系数，$s_a$ 和 $s_b$ 分别是 $\hat{a}$ 和 $\hat{b}$ 的标准误。基于表中数据可知 $\hat{a} = 0.250$，$\hat{b} = -0.044$，$s_a = 1.584$，$s_b = 0.013$，计算得 $z = -0.1577$，$p > 0.1$，所以可知外资股东与国有股东的股权制衡度和当期企业经济绩效之间企业社会责任的中介作用并不显著。同样，由于模型 14 中企业社会责任的系数对企业经济绩效的回归系数不显著，进行 Sobel 检验利用的相同计算过程，可验证得在个人股东与国有股东的股权制衡度同当期企业绩效之间企业社会责任的中介作用同样不显著。而由于模型 5 中系数不显著，故机构股东与国有股东的股权制衡情境下的中介作用不存在。以上一系列结果表明，在使用当期企业经济绩效的情况下，异质股东的股权制衡度与企业经济绩效之间企业社会责任的中介作用均不显著，也就是说无论股东性质、每种性质的股东分布有何差异，股权制衡度不会通过企业社会责任的具体情况不同而对企业经济绩效产生任何影响。

但若以当期的企业社会责任和异质股东的股权制衡度作为解释变量，以滞后一期的企业经济绩效作为被解释变量进行回归验证时发现，企业社会责任的中介作用的显著性通过验证。可结合模型 1、模型 7 和模型 15 对企业社会责任对外资股东与国有股东的股权制衡度同滞后一期企业经济绩效的中介效应进行检验，计算出企业社会责任的中介效应占总效应的比例 $0.250 \times (-0.112) \div (-0.126) = 22.22\%$。同理，综合模型 2、模型 8 和模型 16 以及模型 3、模型 9 和模型 17 可以计算出企业社会责任在机构股东与国有股东、个人股东与国有股东的股权制衡度同滞后一期企业经济绩效之间的中介效应占总效应的比例分别为 $-0.129 \times (-0.119) \div 0.144 = 10.66\%$ 和 $-0.240 \times (-0.101) \div 0.171 = 14.18\%$。进一步分析后发现除了中介效应的滞后情况，企业社

---

① 温忠麟、张雷、侯杰泰、刘红云：《中介效应检验程序及其应用》，《心理学报》2004 年第 5 期。

会责任在外资股东与国有股东的股权制衡度对企业经济绩效时的中介效应最高，在个人股东与国有股东的股权制衡度对企业经济绩效时中介效应次之，在机构股东与国有股东的股权制衡度对企业经济绩效时中介效应最低，即中介效应依次递减。

以上一系列数据表明，异质股东所有权均衡与公司经济绩效之间的公司社会责任中介效应不仅存在明显的滞后性，即企业的社会责任对当前企业的经济绩效不会产生重大影响，而且会对未来的经济绩效产生重大影响，同时，公司社会责任的中介效应在外资股东、个人股东、机构股东和国有股东之间的制衡程度逐渐降低，即社会责任在股权均衡与企业经济绩效之间发挥着外资股东与国有股东之间的中介作用，其效应比其他两者更为明显。所以综合两年数据，本书认为假设 H3.11 在企业经济绩效滞后的情境下通过。

对于中介效应的滞后性的产生本书进行如下解释：第一，在企业承担自己应尽的社会责任做一些活动时，或许是分阶段或者分批次进行和完成这些活动的，进行并完成一项企业社会责任活动并不止局限于当期的年初、年中或年底甚至其他年份的时间段是可能的，因此也可能受到下一个时期或未来企业经济表现的影响。第二，企业可能无法及时、准确、完整地披露企业社会责任，使相关信息和影响的传递存在滞后性，使社会对企业社会责任的履行反应不及时，从而导致企业经济绩效对企业社会责任履行的反馈不能在短时间内完成，从而导致企业社会责任履行滞后问题，进而导致企业社会责任中介效应的滞后性。

## 三 股权结构与双重任务的结论与启示

### （一）结论启示

1. 股东多样性、深入性和混合度视角

因为每个人都有自己独特的背景、属性、经历等，所以会对自己的决策和行为有偏好差异，股东是一样的。在此基础上，本书以我国国有企业混合所有制改革为背景，从主体多样性、主体深度、混合程度三个方面对公司绩效与社会责任这一双重任务的影响和偏好差异进行了详细的解释，并在不同职能的国有企业中进一步阐述了股权混合改革职能的差异，如图 3.5 所示。

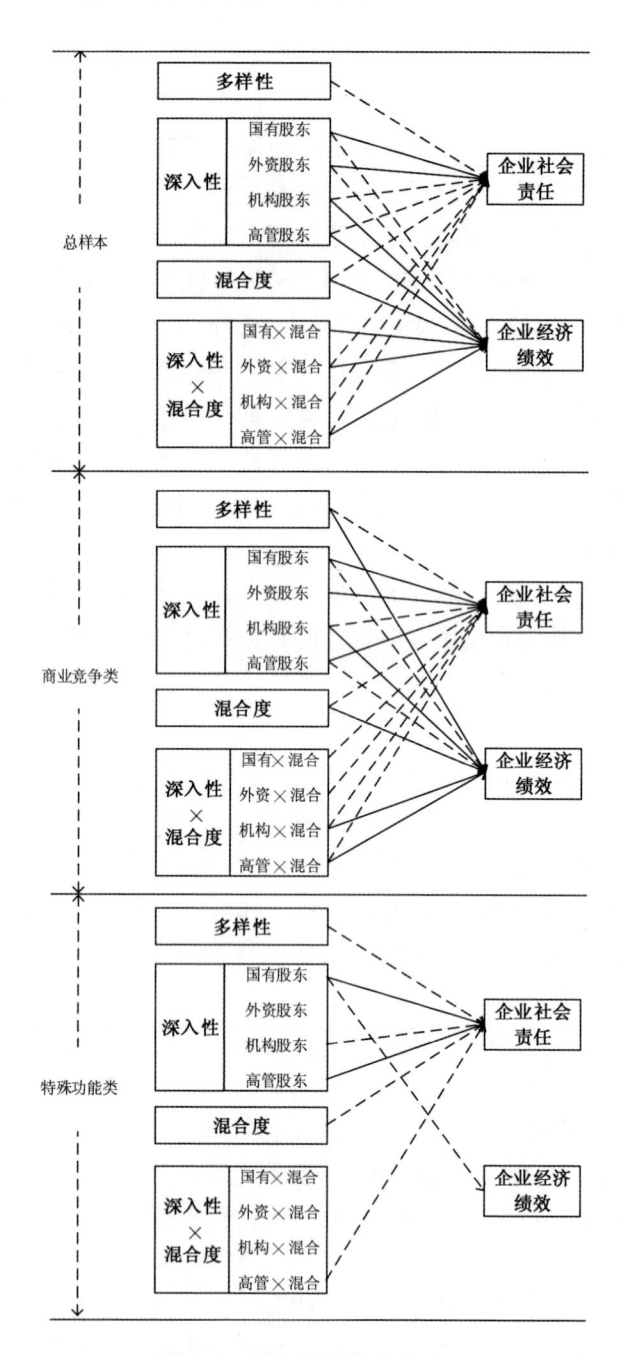

88 / 国有企业治理结构与多任务沟通研究

图 3.5　混合股权结构关系

注：—代表显著正向作用；┈代表显著负向作用；没有连线表示关系不显著。

通过对比三类样本检验的结果，发现：（1）股权混合改革的效果在不同功能定位的企业中同样存在差异。实行股权混合改革在总样本与商业竞争类企业中能够激发非国有股东对企业任务的作用，可以提高国有企业生产效率，推进显现企业"市场化"特征，提高企业经济绩效。但同时也加强了非国有股东以牺牲社会责任为代价追求经济利益的行为。由于政府干预力度过大，特殊职能企业以社会责任为首要任务，进一步导致国有股东在企业中的绝对权威，因此，即使实行混合股权改革引入非国有股东，也难以平衡国有股东，难以发挥非国有股东对企业双重任务的偏好。（2）主体深入性对于企业双重任务具有明显差异。一方面，股东的不同属性及其对偏好的追求会影响股东之间的差异，即国有股东和外资股东促进了社会责任，弱化了经济绩效，高层管理股东和机构股东促进了经济绩效，降低了社会责任。另一方面，股东权益的混合环境也影响着股东之间的差异，即股东自身偏好与多数股东偏好博弈中的双重任务选择。具体来说，所有权组合的程度可以增强外资股东和机构股东在双重任务中的作用，削弱国有股东和高级管理层股东在双重任务中的作用。（3）主体多样性、股权混合度会提升企业经济绩效、降低企业社会责任。表明实行混合所有制改革，引入非国有股东确实会使国有企业竞争活力增强、企业业绩更优，但是也会因为非国有股东的"经济人"偏好，导致对不能得到短期经济效益的社会责任投资的排斥，降低其社会责任。

2. 异质股东制衡度视角

相较先前研究，本书以股权结构的角度作为出发点，对不同性质股东的股权制衡度对企业社会责任与企业经济绩效之间的作用关系进行研究，并进一步对企业社会责任在企业经济绩效和股权制衡度之间的内在作用机制进行讨论。研究表明，股东的股权制衡度作为重要变量影响企业双重任务，同时不同的股权制衡度会带来不同的企业社会责任偏重从而会产生影响企业经济绩效的可能（见图3.6）。具体来讲，外资股东与国有股东的股权制衡度会正向影响企业社会责任、负向影响企业经济绩效，机构股东及个人股东与国有股东的股权制衡度会负向影响企业社会责任、正向影响企业经济绩效。

结论进一步表明，在股权制衡度与企业经济绩效之间，企业社会责任的中介效应应该存在动态变化的现象，同时，滞后性不仅存在于

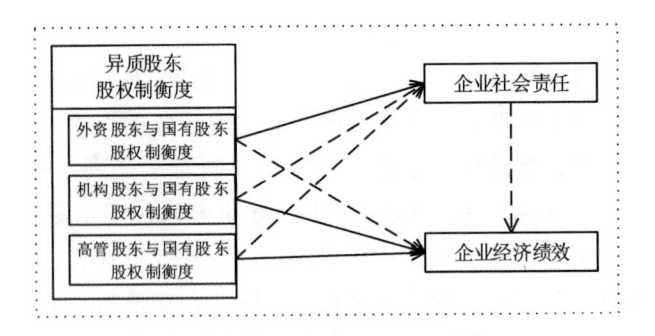

图 3.6　股权制衡与双重任务关系

注：—代表显著正向作用；…代表显著负向作用；没有连线表示关系不显著。

企业社会责任与企业经济业绩之间，还存在于股权制衡度与企业经济绩效之间企业社会责任的中介效应中，而且在机构、外资和个人三类股东与国有股东的股权制衡度与企业经济绩效之间滞后的企业社会责任的中介效应依次呈现递减特征。因此，这就为企业在今后对企业社会责任的长期投入加以重视，增强企业价值的建设提供了支持的现实理论依据。

### （二）优化混合所有制企业股权结构的政策启示

#### 1. 按需促进股权结构向多元化股东制衡转变

结合本章第一节和第二节研究结论认为，"国有股东与社会股东之间的股权平衡可以导致企业对经济绩效的偏好"，"不同社会股东对企业社会责任和经济绩效的作用强弱不同"，提出了促进股权结构变化对按需平衡多元化股东的政策启示。具体而言，通过减持国有股、增加非国有股股东的价值，引入更多的外资股和机构投资者，完善公司治理机制，解决国有股股东在混合所有制企业中"主导股"导致的治理绩效低下的问题。

在混合所有制企业中，股权过于集中、国有股东拥有绝对控制权的问题不利于公司治理水平的提高。在本章第一节中我们得出，在混合所有制企业中存在的社会股股东和国有股股东之间的制衡关系会呈现出对企业业绩增长的偏好。在第二节中，又得出两类股东在企业社会责任履行和企业经济绩效追求两方面表现不同的结论。根据这两个结论，提出按需促进股权结构向多元化股东制衡转变的政策启示。通过按一定规则和速度减少国有股比例，相应的机构股、外资股等社会股进入企业的门槛应适度降低，从而实现企业内部不同性质资本的有机混合，来推进公司治理水平的提高。

一方面为了形成对控股股东的控制和监督，可以通过引入社会性股东和增加外部资本，如引入外资股东来实现。在这些社会股东中，公司股东、个人股东和外国股东更受尊重。然而，在我国，进入国有企业的法人股东往往还有明显的国有背景，因此，应更加注重个人股东和外资股东的引入。同时，个人股和外资股也是区别于国有资本的一个重要力量。国有控股企业是混合所有制企业的主体，在国有控股企业的公司治理中，公司股份、外资股份和个人股份通常承担着管理层行为所带来的各种风险和不利后果。此外，由于国有控股混合所有制企业投资者的利益不同，即使国有控股混合所有制企业的公司投资者来自国有股，国有企业的交叉持股现象也受到所有制结构的制约，国有企业也相互制约和控制。通过增加企业余额、个人股票和外国股票，不仅可以吸收大量的非国有资本、个人资本和外国资本，还可以吸收不同地区和不同部门持有的国有资本。要实现国有资本的平衡，可以使混合所有制企业吸收不同地区、不同部门的国有资本。

另一方面可以引入一定规模的非国有资本，扩大社会资本的比例，充分发挥不同所有制资本的优势，提高公司治理活力。例如，积极引入法人股、个人股、外资股等。在我国，法人股情况比较特殊，在进入国有企业时仍带有国有色彩，非国有资本的属性不够强烈，仅仅通过扩张法人股，无法充分提高公司治理的活力。因此，要想真正改善在混合所有制企业中存在的国有股"一股独大"现象，个人股和外资股是要充分依靠的中坚力量。在混合所有制企业中，法人投资者来自不同的企业主体，代表了不同的利益相关方，这种交叉持股现象也会使国有企业之间形成相应的制衡与监督。因此在大力吸收社会资本的同时可以促使国有资本的多元化，让混合所有制企业寻求来源于不同的区域、不同部门的国有资本，使国有资本本身形成新的制衡，进一步促进股权结构向多元化转变。

此外，发展各类机构投资者，形成合理的股东权利、责任和利益平衡机制，优化公司治理结构，提高公司价值和绩效。由于机构投资者通常拥有非常专业的投资团队和丰富的公司治理经验，因此他们可以为投资公司制定健全和有针对性的治理建议。大量持股进入公司治理结构对于完善股权高度集中的混合所有制企业的治理机制具有重要意义。同时，可以积极发展机构投资者。机构投资可以利用所持有的大规模公司股份参与到公司治理中，由于机构投资者在投资方面更加专业，而且通常具有相当成熟的管理经验，因此在公司治理方面可以帮助企业做出最优的决策，促进企业的发展。机构投资者参与公司治理是发挥资本市场自我调节、自我净化的重要市场化机制。因此，可以以基金组织为主体，大力发展机构投资者，形成多样的股权结构，为公司治理注入新鲜活力，提升公司治理绩效。

2. 探索和规范职工持股制度

推进员工持有公司股票也是避免股权过于集中的一种方式，并且公司员工持股在有效保障员工权益的同时，也能激发员工为公司绩效勤恳工作的动力，有效完善公司治理水平。根据本章股东多样性以及中国有股和个人股的股权制衡研究发现，公司的高级管理人员持股存在明显的"逐利性"，所以员工持股的规范性应予以明确。

党的十八届三中全会的《中共中央关于全面深化改革若干重大问题的决定》中提出"允许混合所有制经济实行企业员工持股，形成资本所有者和劳动者利益共同体"。职工投入的多是劳动，而股东投入更多的是货币，两者属于不同的利益方。通过建立适合现代发展的、规范的员工持股制度，将资本所有者和劳动所有者两者合一，建立公司所有者和员工共享的经营管理机制，可以有效避免两者之间的利益冲突问题。既能够保障员工的有关权益，使他们及时享受到自己的劳动成果，又能进一步促进员工的积极性与创造性的提高，使员工切身参与公司的治理决策，努力为公司的未来发展献言献策，从而促进公司绩效提升。

据统计，截至 2017 年底，在上海和深圳证券交易所上市的公司中，有 2000 多家公司实现了员工持股，占据所有 A 股上市公司总数的 75%，其员工持有的股份总共为 982.2 亿股，在所有实行员工持股的上市公司的总股份中占 6.33%，在全部 A 股上市公司的总股份中占 3.13%。员工持股计划还处在不断的探索过程中，国有企业是混合所有制企业中的一种特殊组织形式，优先进行了员工持股计划的大规模试点实践，为其他混合所有制企业的公司治理提供了借鉴意义。

虽然员工持股能有效提高公司的治理效果，但就目前来看，我国上市公司并没有充分发挥员工持股的优势。在我国的国有企业中，公司员工持有公司股票大多是以分红或者福利为目的，并不是要员工积极参与到公司治理过程中去。并且员工持有公司的股票相对分散，没有实际的决策权，难以与大股东相制衡。公司员工作为"内部人"股东，其持股比例及持股目的应伴随着公司治理制度的完善而完善。在进一步的探索过程中，国有企业如何充分利用好员工持股，引导员工实际参与公司的重要决策，充分调动员工的积极性，从而促使公司股权结构发生多元化转变，让公司僵化的治理结构活起来，是国有企业理应思考和亟待解决的问题。

我们不仅要建立职工持股制度，而且要建立健全相应的监管机制，防止职工持股虚假情况下所有者权益的各种滥用。为了防止短时间内随意转让股权，建立健全防止利益转移的机制，可以采取明确职工持股资格、时间和数额，公开企业职工持股的方法。员工持股作为一种激励手段，利用好能有效提高公司治理绩效，但如果作为一种谋取私利的手段，短时间内在不同利益者之间非法转移，就会侵害到大股东利益。因此在员工持股制度不断地完善过程中，应该伴随着相关监管机制的建立与完善。要建立健全利益转移预防机制，明确统一员工持股的资格与标准，并对员工持股数额进行严格审查。并且应该进一步完善外部中介服务结构的建设，例如第三方审计、资产评估、法律、咨询服务等重要机构。员工和利益相关者通过第三方机构的信息披露，及时了解到公司的实际运营情况，从而达到保护员工及利益相关者的权益的目的。若员工是以设备、技术资源等方式获取公司股份，理应采取招标方式，借助资产评估公司对相关资产的价值进行评估，在公平公正的原则下，按当时的市价进行交易，严令禁止股东之间私下的转移买卖。

3. 完善政府监管机制

结合本章第一节和第二节的研究，针对我国国有企业中股权过于集中的现象，引入社会股东的确可以缓解国有股"一股独大"问题，有效改善我国混合所有制企业的效率低下状况。但是深入探究我国国有企业这种僵化模式，这其实是政府通过国有股东对国有企业造成的"权力越位"和"主体模糊"。所以，除了推进股东多元化、完善员工持股制度之外，政府对企业的关注重点也应该更多地放在监管方面，减少对企业的内部治理进行干预。因此，提出调整政府对混合所有制企业的工作重点、完善政府部门监管职能的政策建议。

首先，要明确监管的思路。在以往，政府对国有企业的监管主要是"管人、管事、管资产"的模式。"管人"就是政府会参与到公司管理层的任用与提拔决策中，"管事"是政府对公司的重要的生产经营等活动进行干预，而"管资产"就是政府通过国有股来控制公司的资产配置。不可否认，这种传统的监管模式在我国国有企业改革中发挥着不可磨灭的作用。企业作为微观主体是推动我国经济增长的重要组成部分，随着产权多元化的不断深化以及混合所有制的不断推进，对公司内部治理提出了更高的要求，而政府的这种监管模式就有些不合时宜。因此，应该优化政府监管模式，促进政府从监管企业向监管资本转化，不直接干预公司内部治理决策，而是通过投资于混合所有制企业，在公司的运营中促使国有资本保值增值。及时调整政府角色，将政府的监管权力不断下放，交由公司的专门机构进行公司的管理，例如股东大会、董事会，削减政府的绝对控制权，充分发挥公司治理活力。

其次，实施必要的监管方法。随着国有企业改革的深化，混合所有制企业内部的管理方法逐步规范，从根本上塑造了现代企业的管理特征，相应的政府监管方式和渠道也应该得到调整。所以要打破僵化的管理模式，探索多元化的政府监督管理方法。对于不同的行业企业，政府和其他监管部门应建立具体的风险预警和状态分析机制，避免因信息披露不完整而造成的监管失效，提高政府监管效率，选择符合多元化发展的国有企业监管方式。结合内部监管与外部监管，逐步形成一套行之有效的监督管理办法，将银行、保险等部门和与企业经营有关的其他部门纳入统一的监管范围，进行全方位的监管。但是应该重视监管过程中公司内部信息的保密，不得将公司重要的决策信息外泄。充分发挥公司治理决策的独立有效性，避免政府的过度干预。在配合多元化的监督管理机制下，公司的治理绩效可以得到明显提高。

最后，还要提高政府监督管理的效率。在公司内部要充分发挥监事会制度优势，加强专项监督，协调监督。政府可以委派专业人员对公司的资本运作进行当期或者事中监督，提升监督的专业化水平。同时可以利用第三方审计机构对国有资本进行全方位的审计监管，加强纪检工作，及时发现存在问题，并快速查处，强化审计监督制度的健全性。但是在审计监管过程中应该注意避免交叉、反复监管的发生，消除多头监管，整合监管资源，集中监管权力，构建闭环式监管工作。人力资本也是公司重要的资源，为了保障金融监管的水平和效率，监管人员的素质也需得到加强，可以建立激励性薪资制度和监管资格体系。同时为适应现代化人才培养的要求，对员工进行管理、金融、法律审计等方面知识的培训，培养一批敢说能说，发现问题能够及时反馈的综合型人才，提高监管的专业化水平，在提高员工自身业务水平的同时，促使国有资本保值增值，提高公司的综合实力。

## 四　本章小结

本章利用实证方法研究了国有企业混合所有制股权结构与双重任务的关系效果。基于国有企业混合所有制改革所造成的国有股东和社会股东混合参股的现实情境，结合股东的异质性特征，将国有上市公司研究样本中的前十大股东分为国有股东、外资股东、机构股东和个人股东四类进行相关研究。

实证研究部分，从静态角度，基于深入性、多样性、混合度三个层面探究了个人股、机构股、外资股、国有股所形成的混合的股权结构对我国国有企业双重任务影响的差异。从动态视角，基于国有股股东和社会股东之间的股权制衡，考虑到两者之间的权力博弈，详细说明了国有股和社会股在国有企业双重任务中的动态竞争效果。我们得出结论，在引入社会股来促进股权多元化的同时也显现出这种混合股权所带来的"轻责任、重利益"的影响。国有股东的背后是政府，政府的目标不仅仅是追求经济利润的最大化而且还肩负着各种各样的社会责任，因此国有股股东作为政府的代言人，在公司的经营过程中不会一味地追求企业利益而是会兼顾社会责任的履行。对于机构股股东和个人股股东来说，没有国有股股东的责任压力，通常表现出一种"逐利性"，将企业的经济回报作为唯一的经营目标，因为社会责任的履行往往意味着承担一定的成本，因此，会忽略企业社会责任的履行。对于外资股来说，他们的投资方式有一定的特殊性，并且通常伴随着利益输出，但是由于较为规范的管理模式，也能兼顾到一定的社会责任。通过研究，我们理清了不同性质股东对国有企业双重任务的影响，并探讨了四种类型股东在动态竞争过程中的变化和作用偏差，进一步阐述了这种混合股权结构对企业的深层次影响。

在结论启示与政策启示部分，本书主要认为应当根据企业任务的发展需要而合理、逐步引入和控制不同社会股东的参股顺序和参股程度，并针对优化混合所有制企业股权结构，从促进多元股权制衡、规范员工持股和完善政府监管机制三方面提出了发展建议。概括而言，基于我国的国有企业混合所有制改革与国有企业的双重任务属性，提出了以下几点建议，首先，按需引入社会股股东的参与，合理设置非国有股股东的参股顺序和参股程度，优化混合所有制企业的股权结构。其次，进一步完善员工持股制度，激发员工热情，提高公司治理绩效。最后，完善政府的监督管理机制，从传统监管模式向管理公司资本转变，真正实现国有资本保值增值。

# 第四章 国有企业混合所有制董事会结构与双重任务的实证分析

董事会作为公司治理的主要研究对象之一，与异质性股东和双重任务一起，进入了理论界的视野。要有效发挥董事会的作用，合理利用董事经验形成的网络资源和职业职能是一条重要途径①。据此可以认为，作为保障董事会科学决策的重要因素，合理的董事职能设置以及丰富的董事社会资源成为促进全面发挥董事会作用，实施企业任务的核心。

基于社会类化理论，每个个体根据自己的行为偏好，来选择自己高度认可的群体，并通过自己的判断来区别于其他群体，同时表现出对其他群体的排斥，相应的不同群体在行为上会产生各种差异。根据社会资源理论，董事处于不同的社会群体网络中，拥有自己独特的社会资源，充分利用这种网络资源优势，是提高公司竞争力的重要手段，也是公司成长的重要方式②。对国有企业来说，为了实现政府对企业必要的监督管理，顺利实现国有企业的双重任务目标，政府会干预到公司董事的任免决策，在公司董事中安排一定比例的政府官员，因此赋予了国有企业董事"亦官亦商"的特殊身份③。但是注意到董事之间的社会网络存在特征上的异质性，并且其构建网络的动机也不尽相同，那么兼具企业家和政治家双重身份的董事所拥有的不同的社会资源对国有企业双重任务

---

① Bravo, F. and Reguera-Alvarado, N., "The Effect of Board of Directors on R&D Intensity: Board Tenure and Multiple Directorships", *R & D Management*, 2017, 47 (5): 701–714.

② Peng, M. W. and Heath, P. S., "The Growth of the Firm in Planned Economies in Transition: Institutions, Organizations, and Strategic Choice", *Academy of Management Review*, 1996, 21 (2): 492–528.

③ 刘青松、肖星:《国有企业高管的晋升激励和薪酬激励——基于高管双重身份的视角》,《技术经济》2015年第2期。

的实施的影响是值得深入探究的问题。

除此之外，董事也存在个体的异质性，不同董事在专业水平、工作经历和价值观等方面存在差异，那么董事作为公司的重要的岗位设置，又会对国有企业的双重任务的实施产生什么影响呢？作为股东代言人，公司董事受股东委托来管理公司事务，国有股股东带有明显的政治色彩，在追求企业经济利益的同时会兼顾社会责任的履行，那么这种压力会通过国有股股东向公司董事传导，使公司董事不得不考虑社会责任目标。并且，基于股东不同的需求，公司董事努力的重点也存在差异。那么，基于这种特殊地位，公司董事在股东和企业的双重任务目标之间发挥着什么样的作用呢？

一方面，根据董事的个体多样性，我们得出兼具政治家和企业家双重角色的董事因其所处社会网络特征的不同掌握各自的社会资源的结论，回答了董事所拥有的这种社会资源是否能够提高公司治理质量，促进公司成长的问题。另一方面，在异质委托—代理关系之下，分析了董事会如何权衡监督和决策两大职能，有效发挥其职能的问题。综合以上分析，图4.1展示了国有企业混合所有制董事会结构与双重任务的研究框架。

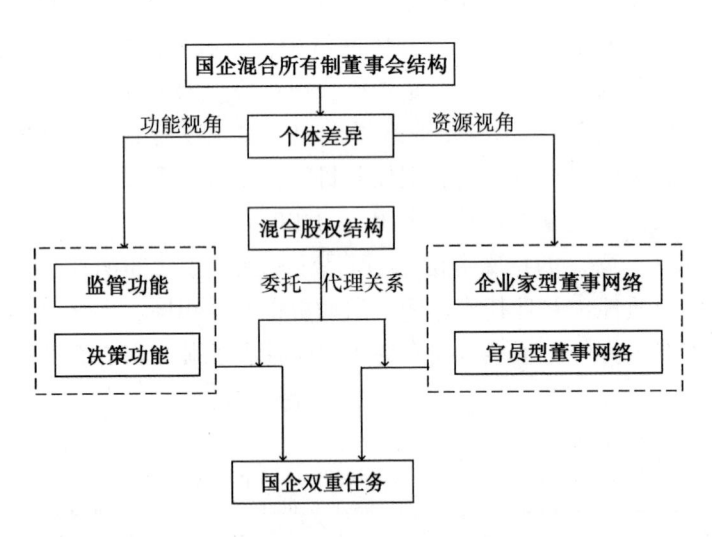

图4.1 国有企业混合所有制董事会结构与双重任务的研究框架

# 一　董事社会网络特征与双重任务

## （一）理论分析与研究假设

1. 政府官员型董事的社会网络与企业双重任务

政府官员型董事往往有着在政府部门从事相关工作的经历，由此所形成的社会网络通常带有一定的政治色彩，在公司的经营决策中体现出官员型董事的政府思维烙印以及所奉行的"政府至上"的理念。有学者认为，官员型董事所掌握的政治资源可以作为企业的重要战略手段，利用其为公司谋取融资上的便利，以及市场准入的优势，促进企业的发展。但是，这种优势在民营企业中作用明显，国有企业不同于一般民营企业，所以其作用效果更加复杂。在中国，国有企业在政府的政策引导下，助力中国经济的整体增长，致力于包括保障就业，保障人民生活等多样化目标，当企业的经济利益与政府目标相违背时，可能会难于顾及公司的经济绩效。显然，企业的经营管理决策会受到政府的干预，政府的压力会转移到企业的经营过程中，使企业承担更多的社会责任。如果企业想借机寻租，他们也要付出更高的代价，最终，如果成本超过收益，经济效益就会大大降低[1]。在2015年的股票市场动荡期，国资委曾明令禁止所有中央企业减持股份行为。在董事的政治联系中可看出政府明显的干预倾向。如果政府官员型董事的政府资源是其在企业工作过程中形成的，那么会更加注重对经济绩效的追求，将企业社会责任作为次要考虑因素。如果这种政治资源是在政府部门所获取的，那么他们对公司的经营管理更像是政府干预企业的一种手段[2]。

在履行社会责任方面，一方面，政府官员型董事所处的与政治相关的社会网络会促使他们在政府政策的引导下，建立承担社会责任的预期，积极响应号召去完成社会责任的目标[3]。另一方面，履行社会责任

---

[1] 林毅夫、李志赟：《政策性负担、道德风险与预算软约束》，《经济研究》2004年第2期。

[2] 杜兴强、郭剑花、雷宇：《政治联系方式与民营上市公司业绩："政府干预"抑或"关系"？》，《金融研究》2009年第11期。

[3] 衣凤鹏、徐二明：《高管政治关联与企业社会责任——基于中国上市公司的实证分析》，《经济与管理研究》2014年第5期。

的力度也受到政府官员型董事的关注度以及所拥有的社会资源的核心程度的影响。如果官员型董事受到较高的关注，掌握的社会资源也是十分核心的资源，那么其与政府之间的联系会更加紧密，会更加积极主动地履行社会责任。同时，对官员型董事来说，社会责任的履行也是获取晋升资格的重要手段，为了实现职位的晋升，会提高自己对社会责任履行的动力。因此，提出 H4.1 与 H4.2 两种假设：

H4.1：政府官员型董事的社会网络水平越高，企业社会责任越高。

H4.2：政府官员型董事的社会网络水平越高，企业经济绩效越低。

2. 企业家型董事的社会网络与企业的双重任务

与政府官员型董事不同，企业家型董事通常有着丰富的从商经验，他们在公司的管理过程中更加注重公司的生产经营决策，将企业的利润最大化作为努力的方向，他们与公司内部董事一样有着强烈的企业自我感，聚焦于企业的生产效率、产品质量和技术创新等方面[①]。正是由于企业家型董事的这种努力，公司的经济绩效会不断提升，达到扩大市场占有率，增加品牌影响力的效果[②]。

企业家型董事在追求高利润的同时，甘愿冒更大的风险，与政府官员型董事不同，他们在决策中表现出一种风险偏好，往往注重短期利益，忽视相关者的利益，不利于公司长久的发展[③]。社会责任的履行意味着公司要付出一定的成本，无论是在环保、扶贫还是保护利益相关者等方面，要么是减少公司利润达到合法性要求，要么是拿出真金白银体现社会责任的切实履行。具有公益性特征的社会责任的履行所带来的收益与企业付出成本之间的关系一直是学术界讨论的热点，先不讨论社会责任的履行所带来的收益是否大于成本，但不可置疑的是，这种收益具有滞后性，而这难以激发追求短期利益的企业家型董事的热情[④]。企业

---

① 孙俊华、贾良定：《高层管理团队与企业战略关系研究述评》，《科技进步与对策》2009 年第 9 期。

② 王雪莉、马琳、王艳：《高管团队职能背景对企业绩效的影响：以中国信息技术行业上市公司为例》，《南开管理评论》2013 年第 4 期。

③ 黄祥芳、周伟、张立中：《高管团队特征对企业社会责任的影响——基于农业上市公司的实证研究》，《内蒙古财经大学学报》2015 年第 2 期。

④ 张兆国、靳小翠、李庚秦：《企业社会责任与财务绩效之间交互跨期影响实证研究》，《会计研究》2013 年第 8 期。

家型董事在社会网络中掌握的资源往往被作为追逐利益的手段[1],例如通过这种现实网络的联结,公司董事与网络中个体或群体进行合作,取得投标的优先权,或者以一个更有利的价格完成交易。企业家型董事所拥有的社会资本可以缓解外部不良因素的冲击[2]。在社会网络关系中,通过与网络中合作者间的沟通交流,董事获取更多的有用信息,能够显著降低信息不对称,有效抵御在公司经营决策上所面临的风险,并且企业家型董事所处的社会网络会促使企业在并购以及成长性方面表现更好[3]。基于以上分析,我们提出假设 H4.3 和 H4.4:

H4.3:企业家型董事的社会网络水平越高,企业社会责任越低。

H4.4:企业家型董事的社会网络水平越高,企业经济绩效越高。

3. 股权混合度的调节作用

混合所有制改革通常是引入不同性质的资本共同参与公司的治理,减少国有股的比例,改善僵化的治理模式,提高公司管理活力。随着公司股权的多元化,国有资本和非国有资本相互补充,发挥各自优势,使得企业在经营绩效和成长性方面表现更加良好[4]。但是股权混合度的提高又会影响到企业的社会责任的表现,鉴于国有股股东的政府代言人身份,会在决策中考虑国有企业的双重任务,在社会责任方面表现出一定的积极性,但是,社会股股东与国有股股东的追求不同,他们的"经济人"思维明显,通常会忽略社会责任,追求更大的经济利益。

基于股东和董事之间的委托—代理关系,董事会按照股东的意愿进行公司的各种决策,努力达到与股东的目标一致。《中华人民共和国公司法》指出,股东大会拥有董事任免的决定权。董事要想获取职位上的晋升也会充分考虑股东的偏好,所以,股权混合度不仅反映了股东的经

---

[1] 杜兴强、郭剑花、雷宇:《政治联系方式与民营上市公司业绩:"政府干预"抑或"关系"?》,《金融研究》2009 年第 11 期。

[2] Lee, J. H., Choi, C., and Kim, J. M., "Outside Directors' Social Capital and Firm Performance: A Complex Network Approach", *Social Behavior & Personality: An International Journal*, 2012, 40 (8): 1319 – 1331.

[3] Lee, J. H., Jang, M., and Choi, C., "Social Capital of Corporate Boards: Effects on Firm Growth", *Social Behavior & Personality: An International Journal*, 2016, 44 (3), 453 – 462.

[4] 叶勇、蓝辉旋、李明:《多个大股东股权结构与公司业绩研究》,《预测》2013 年第 2 期;马连福、王丽丽、张琦:《混合所有制的优序选择:市场的逻辑》,《中国工业经济》2015 年第 7 期。

济利益，也表现了股东对公司董事的控制权。在这种情况下董事如何决策成为研究的重点内容。

在公司的各种经营决策中，董事会充分考虑股东的追求，企业能够实现多大的利润不是董事努力的全部，还要利用社会网络资源达到国有企业双重任务的目标，不能松懈社会责任的执行。但是同时也要考虑到社会股东的需求，社会股股东往往追求企业个体利益的最优，在国家整体利益上欠缺努力，所以对国有企业的双重任务目标缺乏热情。当董事充分考虑这两种不同性质的股东的偏好时，通常表现为，企业的股权混合度越高，社会股东看重经济绩效的特征就更加鲜明，股权混合程度会强化董事社会网络促进经济绩效、排斥社会责任。基于以上分析，我们提出假设 H4.5、H4.6、H4.7、H4.8，并且构建了假设之间的关系如图 4.2 所示。

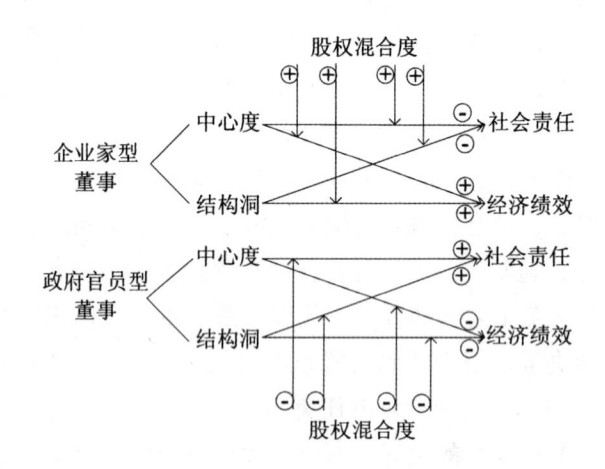

**图 4.2　董事社会网络特征与双重任务的假设关系**

H4.5：股权混合度削弱政府官员型董事的社会网络与经济绩效的关系。

H4.6：股权混合度削弱政府官员型董事的社会网络与社会责任的关系。

H4.7：股权混合度加强企业家型董事的社会网络与经济绩效的关系。

H4.8：股权混合度加强企业家型董事的社会网络与社会责任的关系。

**（二）董事社会网络特征与双重任务的研究设计**

1. 数据来源与样本选择

与一般国有企业相比，中央企业控制的上市公司更多地受到政府的控制，因此能够更充分地代表国有企业。本书选取 2012—2017 年中国中央企业控股的沪深两市上市公司为样本，数据均来自中国国泰安数据库的中国证券市场交易数据库。这些数据是根据以下标准过滤的：剔除 PT 和 ST 等异常的样本；剔除数据缺失的样本。此外，对主要变量进行了 1% 的 Winsorize 缩尾处理，最终获得 1208 个观测值。

2. 模型构建与变量设计

在加入股权混合度的调节作用后，我们构建了如下模型，来探究董事的社会网络对国有企业双重任务的作用效果。

$$Y = \alpha_0 + \sum_{j=1}^{5} \alpha_j K_j + \varepsilon \quad (4.1)$$

$$Y = \alpha_0 + \alpha_1 X_i + \alpha_2 M + \sum_{j=1}^{5} \alpha_j K_j + \varepsilon \quad (4.2)$$

$$Y = \alpha_0 + \alpha_1 X_i + \alpha_2 M + \alpha_3 \overline{X_i} \times \overline{M} + \sum_{j=1}^{5} \alpha_j K_j + \varepsilon \quad (4.3)$$

第一个模型是因变量对相关控制变量的回归，用第二个模型来探究解释变量和被解释变量之间的关系，股权混合度的调节作用效果在第三个模型中进行分析，模型中的交互项是去中心化的变量乘积，若交互项前的系数显著，那么说明具有调节作用。具体变量定义和测度如下指标。

（1）企业社会责任与企业经济绩效

用社会责任指标衡量企业社会责任（$Y_1$）。社会责任指标设置二级指标和三级指标进行全面的考察评价，从员工、股东、客户和消费者、供应商、环境责任和社会责任五方面。用托宾 Q 值（市值/总资产）度量企业经济绩效（$Y_2$）。

（2）企业家型董事社会网络与政府官员型董事社会网络

首先，对各个董事的职业经历进行区分。本书将政府官员型董事在参考逯东等对于官员型高管定义[①]的基础上更严格地设定为：在进入本企业之前一直在各种政府部门担任一定的领导职位（政府机关和高校：副处级及以上；军队：副团级及以上）。为了与政府官员型董事形成对比，同时能清晰研究中国国有企业高管"亦官亦商"的身份，结合企业家的相关特征[②]，本书将企业家型董事设定为：一直在企业任职且不存在任何政治相关的兼职。参考王营和曹廷求[③]以及 Zaheer 和 Bell[④] 关于程度中心度和结构洞的衡量方法，根据各位董事的企业兼职情况计算每一位董事社会网络的结构洞、程度中心度。最后，用 UCNET6.0 计算每位董事的程度中心度和结构洞限制度后，按照政府官员型董事和企业家型董事分类后，政府官员型董事社会网络与企业家型董事社会网络的最终测量指标用其平均值来度量。此外，用 Centrality of Entrepreneurs $X_1$ 代表企业家型董事社会网络中心度，Structural Hole of Entrepreneurs $X_2$ 代表企业家型董事结构洞，Centrality of Officials $X_3$ 代表政府官员型董事社会网络中心度和 Structural Hole of Officials $X_4$ 代表政府官员型董事社会网络结构洞。

（3）股权混合度

根据混合所有制改革所要求的"鼓励境外机构投资者、外国资本、其他社会资本参与国有企业持股"和十大股东的重要地位的现实要求，根据企业的十大控股股东的不同性质划分为外资股东（持有样本公司股份的非大陆地区的法人和公司以及投资机构）、国有股东（持有样本公司股份，受国务院国有资产监督管理委员会或地方政府管理授权的中国大陆组织和法人）、个人股东（中国大陆的持股自然人）、机构股东（持有样本公司股份，通过社保、理财等形式的大陆机构基金组织），不同的持股水平是同样性质的股东的持股水平相加。最后，借助赫芬达

---

[①] 逯东、林高、黄莉：《"官员型"高管、公司业绩和非生产性支出——基于国有上市公司的经验证据》，《金融研究》2012 年第 6 期。

[②] 刘新民、王垒、李垣：《企业家类型、控制机制与创新方式选择研究》，《科学学与科学技术管理》2013 年第 8 期。

[③] 王营、曹廷求：《董事网络增进企业债务融资的作用机理研究》，《金融研究》2014 年第 7 期。

[④] Zaheer, A. and Bell, G. G., "Benefiting From Network Position: Firm Capabilities, Structural Holes, and Performance", *Strategic Management Journal*, 2005, 26 (9): 809–825.

尔指数，计算股权混合度（$M$）为 $Mix = 1 - HHI = 1 - \sum_{i=1}^{4} S_i^2$，其中 $S_i$ 是四类股东各自的持股比例。

（4）控制变量

借鉴以往研究①，选取五个控制变量。净资产收益率 $K_1$、主营收入增长率 $K_2$、资产负债率 $K_3$、独立董事比例 $K_4$ 和公司成立天数 $K_5$，其含义分别为净利润/总资产、本年主营业务收入与本年初主营业务收入的差值同本年年初主营业务收入的比值、期末总负债/总资产、独立董事人数占董事会总人数的比例、公司成立日到 2017 年 12 月 31 日的差值取对数。

**（三）董事社会网络特征与双重任务的实证分析**

1. 描述性分析

在图 4.3 中可以看出，在总量方面，企业家董事在全部董事中所占的比例远远大于政府官员型董事所占的比例。在增长率方面，政府官员型董事在前三年以一个较快的速度增长，近两年保持稳定，总体呈现增长态势。与政府官员型董事相反，企业家型董事总体呈现下降趋势。可以看出，企业家型董事仍然是管理公司的主力军，凭借其专业素质、从商经验致力于公司的良好发展，虽然国有企业背负着双重任务目标，但是其履行社会责任，奉献社会的基础是公司的盈利能力以及良好的发展势头，因此企业家型董事占公司高管的绝大比例。但是，随着近几年中国经济增长逐步放缓，国有企业为保障民生、保障就业等目标承担更大的压力，社会责任的履行更加是国有企业考虑的重点，因此政府为了更好地传达这种目标，加强对企业的控制，会在公司中增加政府官员型董事的比例。

表 4.1 是主要变量的描述性结果。企业家型董事网络的结构洞均值为 0.790 和中心度 1.124，均大于政府官员型董事网络的结构洞（0.690）和中心度（0.590），说明企业家型董事比政府官员型董事拥

---

① 叶勇、蓝辉旋、李明：《多个大股东股权结构与公司业绩研究》，《预测》2013 年第 2 期；王雪莉、马琳、王艳：《高管团队职能背景对企业绩效的影响：以中国信息技术行业上市公司为例》，《南开管理评论》2013 年第 4 期；黄祥芳、周伟、张立中：《高管团队特征对企业社会责任的影响——基于农业上市公司的实证研究》，《内蒙古财经大学学报》2015 年第 2 期。

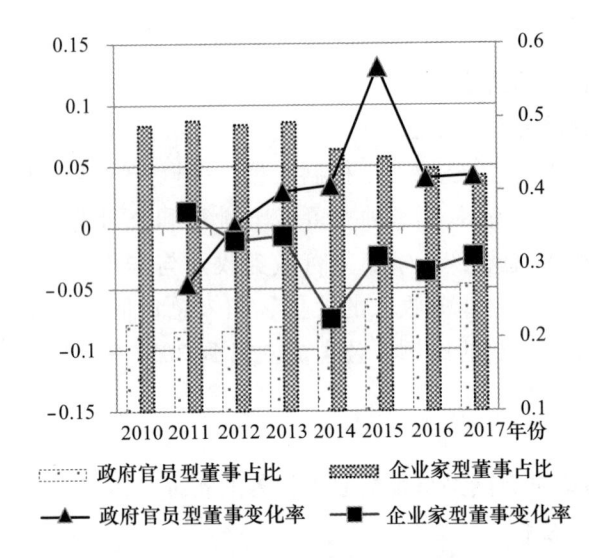

图 4.3 2010—2017 年政府官员型董事与企业家型董事的占比变化

有更多的社交网络资源,占据核心地位的网络资源更多。这可能是因为政府官员型董事类型单一地集中在政治网络资源;企业股权混合度均值为 0.714,表明中国国有企业混合所有制改革在当前样本企业基本形成各类股东混合持股的结构已见成效;企业经济绩效均值 1.462,由托宾 Q 理论可以看出企业正在盈利,同时企业的经济收益比较不错是因为其标准差为 1.417;该样本企业的社会责任较低可以从企业社会责任均值 37.226(根据定义,社会责任满分 100)看出,不过标准差 24.383 可能因为政府对不同企业有不同的定位,表明不同的企业有不同水平的社会责任,因此很有必要对企业职能类型进行分类研究。

可以看出,各个变量之间存在较好的相关性,可以进行相关的回归分析。其中,企业社会责任和经济绩效存在显著负相关关系,即企业在社会责任方面表现较好会使公司的经济绩效表现不理想,这是因为我们选取了同一年的社会责任和经济绩效指标,企业社会责任履行所带来的收益具有滞后性,在当期直接表现为付出的成本。当然,国有企业这两种任务的负相关性也进一步解释了政府官员型董事和企业家型董事之间不同的任务偏好。

表 4.1　　　　　　　　描述性分析与单位根检验

|  | Means | S.D. | 1. $X_1$ | 2. $X_2$ | 3. $X_3$ | 4. $X_4$ | 5. $M$ | 6. $Y_1$ | 7. $Y_2$ |
|---|---|---|---|---|---|---|---|---|---|
| 1. $X_1$ | 1.124 | 1.646 | 1 | | | | | | |
| 2. $X_2$ | 0.790 | 0.156 | 0.269* | 1 | | | | | |
| 3. $X_3$ | 0.590 | 0.583 | 0.099* | 0.062* | 1 | | | | |
| 4. $X_4$ | 0.690 | 0.106 | 0.163* | 0.140* | 0.413* | 1 | | | |
| 5. $M$ | 0.714 | 0.151 | 0.070* | 0.053* | 0.033* | −0.078* | 1 | | |
| 6. $Y_1$ | 37.226 | 24.383 | 0.040 | −0.041 | 0.166* | 0.159* | −0.168* | 1 | |
| 7. $Y_2$ | 1.462 | 1.417 | 0.122* | 0.093* | 0.028 | −0.144* | 0.147* | −0.133* | 1 |

注：*表示在10%的水平下显著。

此外，本书使用渐进卡方检验统计量和面板数据的单位根检验对主要研究变量进行单位根检验，结果良好，避免了伪回归的可能。由于篇幅的限制省略了控制变量的描述性分析和单位根检验。

2. 模型检验

（1）直接效应

表4.2是直接效应检验的结果，第二列和第三列表明控制变量基本有效，第四列和第五列说明，企业家型董事网络的结构洞和中心度对企业社会责任作用不显著，表的第六列和第七列表明在99%置信水平下，企业家型董事网络的结构洞和中心度对企业经济绩效有明显的正向促进作用，系数分别为0.092和0.077，该结果证明了H4.3的成立。根据企业家型董事的偏好，在"经济人"思维的引导下，将社会责任仅仅视为一种成本，从而忽视社会责任目标的实现，因此，企业家型董事可能会利用所掌握的社会网络资源致力于公司利润的最大化，提升公司经济绩效。政府官员型董事结构洞与经济绩效之间是负相关关系，而董事中心度与结构洞对社会责任是正向的促进作用，H4.1成立、假设H4.2部分成立。

此外，可以得出，随着股权混合度的提高，公司在经济绩效方面表现更好。这说明了，在混合的股权结构中，社会股股东的作用会超过国有股股东对企业的影响，表现出对企业业绩更高的追求。因此，可以预测伴随社会股股东和国有股股东之间制衡的增强，企业会更快地走向市场化。

表 4.2　直接效应检验

| | 模型 1 $Y_1$ | 模型 2 $Y_2$ | 模型 3 $Y_1$ | 模型 4 $Y_1$ | 模型 5 $Y_2$ | 模型 6 $Y_2$ | 模型 7 $Y_1$ | 模型 8 $Y_1$ | 模型 9 $Y_2$ | 模型 10 $Y_2$ |
|---|---|---|---|---|---|---|---|---|---|---|
| $X_1$ | | | 0.028 (0.91) | | 0.092*** (3.43) | | | | | |
| $X_2$ | | | | 0.003 (0.10) | | 0.077*** (2.82) | | | | |
| $X_3$ | | | | | | | 0.150*** (5.02) | | −0.015 (−0.56) | |
| $X_4$ | | | | | | | | 0.111*** (3.67) | | −0.098*** (−3.60) |
| $M$ | | | | | | | | | | |
| $K_1$ | 0.434*** (8.69) | 0.030 (0.65) | −0.122*** (−3.89) | −0.119*** (−3.82) | 0.146*** (5.27) | 0.153*** (5.50) | −0.127*** (−4.12) | −0.115*** (−3.71) | 0.155*** (5.56) | 0.150*** (5.43) |
| $K_2$ | −0.027*** (−2.85) | −0.000 (−0.04) | 0.425*** (12.80) | 0.427*** (12.86) | 0.032 (1.10) | 0.043 (1.44) | 0.419*** (12.77) | 0.418*** (12.63) | 0.039 (1.33) | 0.047 (1.59) |
| $K_3$ | 0.171*** (4.47) | −0.558* (−15.90) | −0.035 (−1.16) | −0.033 (−1.10) | 0.000 (0.01) | 0.006 (0.21) | −0.034 (−1.15) | −0.036 (−1.20) | 0.007 (0.28) | 0.010 (0.37) |
| | | | 0.165*** (4.99) | 0.165*** (4.99) | −0.550*** (−18.77) | −0.548*** (−18.62) | 0.168*** (5.16) | 0.150*** (4.55) | −0.551*** (−18.67) | −0.538*** (−18.22) |

续表

|  | 模型 1 $Y_1$ | 模型 2 $Y_2$ | 模型 3 $Y_1$ | 模型 4 $Y_1$ | 模型 5 $Y_2$ | 模型 6 $Y_2$ | 模型 7 $Y_1$ | 模型 8 $Y_1$ | 模型 9 $Y_2$ | 模型 10 $Y_2$ |
|---|---|---|---|---|---|---|---|---|---|---|
| $K_4$ | 0.041 (1.34) | −0.038 (−1.59) | 0.043 (1.36) | 0.043 (1.35) | −0.039 (−1.40) | −0.031 (−1.09) | 0.051 (1.64) | 0.049 (1.57) | −0.041 (−1.46) | −0.046* (−1.65) |
| $K_5$ | −0.082*** (−2.59) | −0.008 (−0.22) | −0.051 (−1.56) | −0.052 (−1.58) | −0.045 (−1.56) | −0.054* (−1.84) | −0.041 (−1.28) | −0.038 (−1.16) | −0.048* (−1.66) | −0.059** (−2.04) |
| F | 20.35*** | 59.95*** | 30.19*** | 30.04*** | 72.82*** | 71.98*** | 34.49*** | 32.42*** | 70.29*** | 73.09*** |
| $R^2$ | 0.1765 | 0.3317 | 0.1905 | 0.1897 | 0.3621 | 0.3594 | 0.2119 | 0.2017 | 0.3540 | 0.3629 |
| $Adj. R^2$ | 0.1720 | 0.3280 | 0.1842 | 0.1834 | 0.3571 | 0.3544 | 0.2057 | 0.1955 | 0.3489 | 0.3580 |

注：表中输入的是标准化β值与t值及其显著性水平。***、**、*分别表示在1%、5%和10%水平下显著。

(2) 调节效用

结合模型 5、模型 6、模型 11 和模型 12，来验证在企业家型董事社会网络对企业经济绩效之间的股权混合度的调节作用。其中，股权混合度对中心度（$\beta=0.085$，$p<0.01$，$\Delta R^2=0.0065$）、结构洞与企业经济绩效的调节效应为均显著正向（$\beta=0.063$，$p<0.01$，$\Delta R^2=0.0038$）。说明股权结构可以增强企业型董事社交网络在企业经济绩效中的作用，与假设 H7 相符。模型 7、模型 8、模型 13 和模型 14 的结果表明股权混合度对政府官员型董事的中心度与企业社会责任的调节效应显著负向（$\beta=-0.057$，$p<0.1$，$\Delta R^2=0.0024$），股权混合度对结构洞（$\beta=-0.054$，$p<0.1$，$\Delta R^2=0.0029$）与企业社会责任的调节效应显著为负，模型 10 与模型 15 说明股权混合度对政府官员型董事的结构洞与企业经济绩效的调节效应均显著为正（$\beta=0.074$，$p<0.01$，$\Delta R^2=0.0054$）。通过对互动效应和直接效应标志的比较，我们发现政府官员和董事的社会网络对企业的经济绩效具有约束作用，但对企业的社会责任具有积极作用，但考虑到在引入股权混合度调整后，股权结构在追求经济利益中的作用影响了董事网络在企业双重使命中的作用，使政府官员和董事的社会网络的积极作用变为消极作用，结构空洞对经济绩效的消极作用变为积极作用。这种变化不仅验证了所有权组合的调节作用，也肯定了股权会干预董事决策选择，即迫使董事听从股东的意愿来进行公司决策。

表 4.3　　　　　　　　　　调节效应检验

|  | 模型 11 $Y_2$ | 模型 12 $Y_2$ | 模型 13 $Y_1$ | 模型 14 $Y_1$ | 模型 15 $Y_2$ |
| --- | --- | --- | --- | --- | --- |
| $X_1$ | 0.070** (2.52) | | | | |
| $X_2$ | | 0.065** (2.35) | | | |
| $X_3$ | | | 0.122*** (3.57) | | |
| $X_4$ | | | | 0.115*** (3.78) | -0.103*** (-3.79) |
| $M$ | 0.157*** (5.63) | 0.147*** (5.31) | -0.132*** (-4.26) | -0.109*** (-3.51) | 0.142*** (5.14) |

续表

|  | 模型11 | 模型12 | 模型13 | 模型14 | 模型15 |
| --- | --- | --- | --- | --- | --- |
|  | $Y_2$ | $Y_2$ | $Y_1$ | $Y_1$ | $Y_2$ |
| $X_1 \times M$ | 0.085*** (3.04) |  |  |  |  |
| $X_2 \times M$ |  | 0.063** (2.30) |  |  |  |
| $X_3 \times M$ |  |  | -0.057* (-1.65) |  |  |
| $X_4 \times M$ |  |  |  | -0.054* (-1.80) | 0.074*** (2.76) |
| $K_1$ | 0.031 (1.05) | 0.046 (1.56) | 0.420*** (12.81) | 0.416*** (12.61) | 0.048* (1.65) |
| $K_2$ | 0.010 (0.38) | 0.007 (0.27) | -0.034 (-1.16) | -0.038 (-1.27) | 0.013 (0.47) |
| $K_3$ | -0.547*** (-18.73) | -0.541*** (-18.39) | 0.165*** (5.07) | 0.145*** (4.38) | -0.531*** (-17.98) |
| $K_4$ | -0.041 (-1.50) | -0.031 (-1.11) | 0.047 (1.51) | 0.045 (1.43) | -0.040 (-1.45) |
| $K_5$ | -0.043 (-1.51) | -0.046 (-1.57) | -0.043 (-1.33) | -0.041 (-1.26) | -0.055* (-1.90) |
| $F$ | 65.46*** | 63.94*** | 30.58*** | 28.84*** | 65.38*** |
| $R^2$ | 0.3686 | 0.3632 | 0.2143 | 0.2046 | 0.3683 |
| $Adj. R^2$ | 0.3630 | 0.3575 | 0.2073 | 0.1975 | 0.3627 |

注：表中输入的是标准化 $\beta$ 值与 $t$ 值及其显著性水平。***、**、*分别表示在1%、5%和10%水平下显著。

图4.4至图4.8是在-1到1的标准区间内绘制的股权混合度的调节作用图，直线的斜率代表董事的社会网络对企业社会责任或者经济绩效的影响，展示了股权混合度对其调节作用的差异。其中，High Mix 高股权混合度是比均值高一单位标准差（Mean + S.D.）的股权混合度数值，比均值低一单位标准差（Mean - S.D.）的股权混合度数值作为Low Mix 低股权混合度，进一步证明了假设H4.5和假设H4.7。

3. 分样本检验

不同类型的企业在经营过程中面临不同的任务要求，为了研究不同

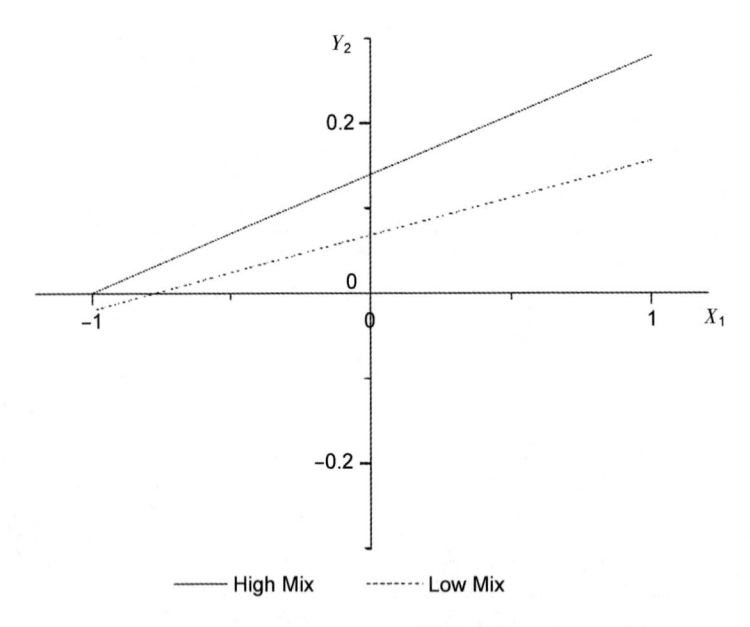

图 4.4 股权混合度对企业家型董事社会网络中心度与
企业经济绩效之间关系的调节

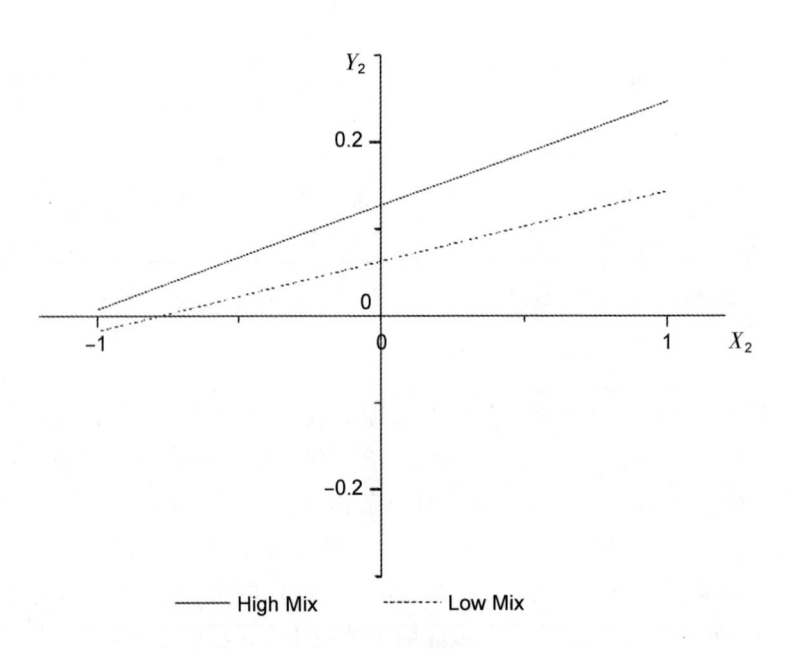

图 4.5 股权混合度对企业家型董事社会网络结构空洞与
企业经济绩效之间关系的调节

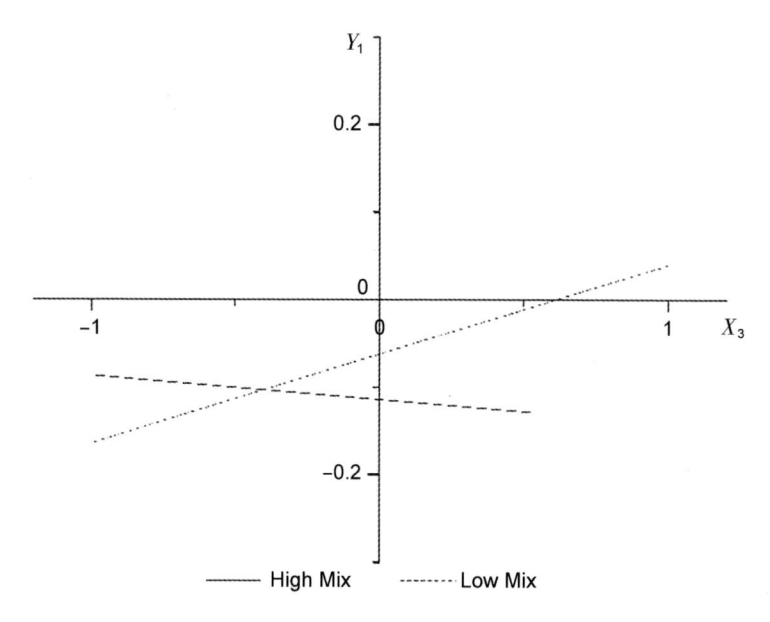

第四章 国有企业混合所有制董事会结构与双重任务的实证分析 / 113

图 4.6 股权混合度对政府官员型董事社会网络中心度与
企业社会责任之间关系的调节

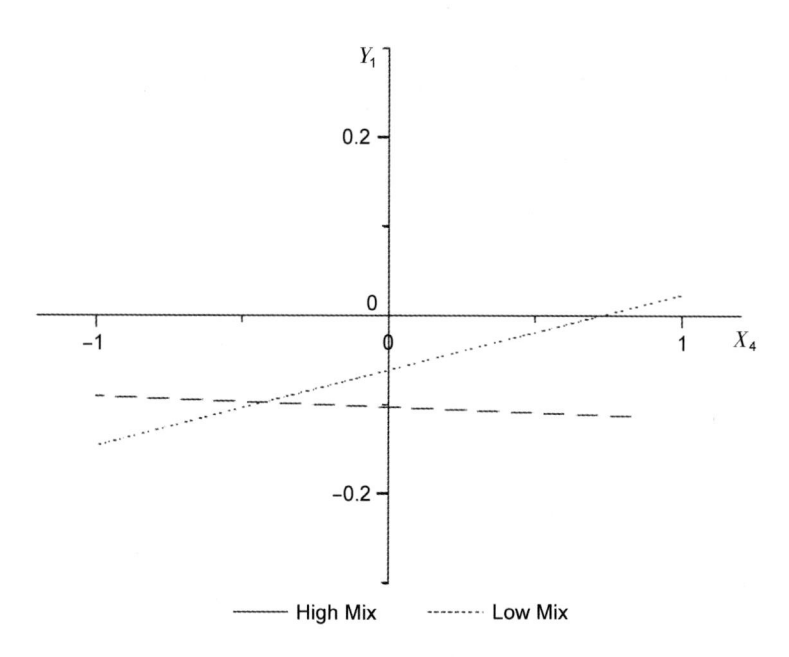

图 4.7 股权混合度对政府官员型董事社会网络结构空洞与
企业社会责任之间关系的调节

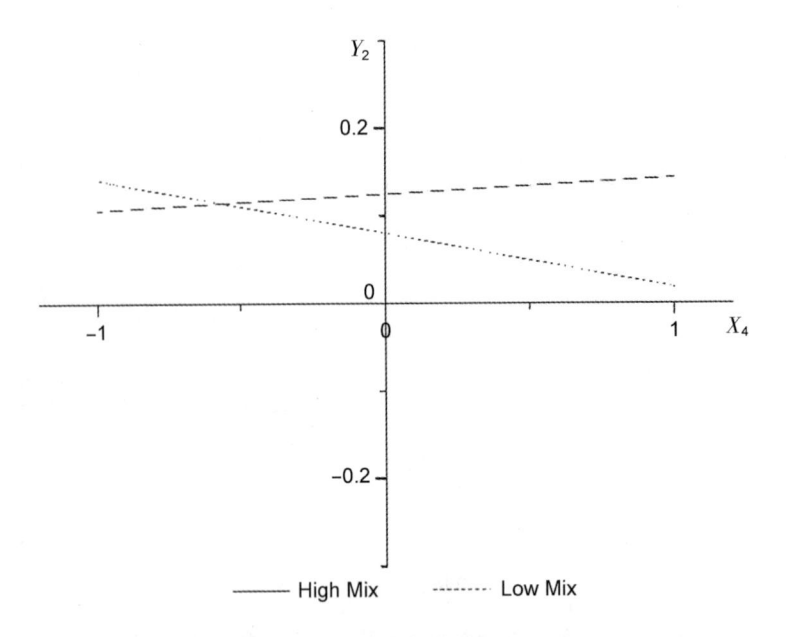

图 4.8　股权混合度对政府官员型董事社会网络结构空洞与
企业经济绩效之间关系的调节

企业董事网络对企业经济绩效产生的不同影响，在保证结果稳健的前提下，根据《意见》中的建议将原样本区分为两类。一类为商业竞争类企业，这类企业以激发国有经济积极性、通过企业运营保证国有资本价值，提升国有资本总量为经营目的，经济目标是经营的主要目标，在此基础上鼓励其履行社会责任，因此重点关注该类企业的经济绩效、运用资本的成果以及在市场中的地位。另一类为特殊功能类企业，这类企业更加注重社会效益，旨在通过企业经营为公民、社会提供产品和服务，具有公共性质，因此主要关注提供公共产品和服务的质量、效率以及可持续情况。基于以上分类，共得到 486 个商业竞争类企业样本，420 个特殊功能类企业样本，分类研究过程中所用变量和方法与总样本一致，描述性统计内容并未发生改变，因此不再重述。

(1) 商业竞争类企业

由表 4.4 可知，企业家型董事的社会网络对经济绩效产生积极影响，但其中心性负向影响社会责任承担情况；在对政府官员型董事社会网络进行研究后发现，其与企业经济绩效之间不存在显著相关关系，但是正向影响社会责任水平；股权混合度负向影响企业社会责任，但能

# 第四章 国有企业混合所有制董事会结构与双重任务的实证分析 / 115

表4.4 商业竞争类企业中的直接效应检验

| | $Y_1$ | $Y_2$ | $Y_1$ | $Y_2$ | $Y_1$ | $Y_2$ | $Y_1$ | $Y_2$ | $Y_1$ | $Y_2$ | $Y_1$ | $Y_2$ |
|---|---|---|---|---|---|---|---|---|---|---|---|---|
| $X_1$ | | | −0.082** (−1.98) | | | | | | | | | |
| $X_2$ | | | 0.024 (0.59) | 0.339*** (9.13) | | | | | | | | |
| $X_3$ | | | | | | 0.210*** (5.33) | 0.103** (2.54) | | | 0.003 (0.07) | | |
| $X_4$ | | | | | | | | | 0.147*** (3.60) | | | −0.038 (−0.95) |
| $M$ | | | −0.117*** (−2.75) | −0.129*** (−3.04) | 0.110*** (2.89) | 0.139*** (3.48) | −0.130*** (−3.09) | | −0.137*** (−3.27) | | 0.153*** (3.74) | 0.156*** (3.80) |
| $K_1$ | 0.482* (6.58) | 0.007 (0.11) | 0.496*** (10.87) | 0.489*** (10.71) | −0.033 (−0.81) | 0.016 (0.36) | 0.480*** (10.57) | | 0.463*** (10.17) | | 0.001 (0.02) | 0.008 (0.17) |
| $K_2$ | −0.041*** (−3.58) | 0.020** (2.06) | −0.041 (−1.01) | −0.050 (−1.22) | −0.002 (−0.04) | 0.019 (0.49) | −0.049 (−1.22) | | −0.055 (−1.35) | | 0.029 (0.74) | 0.031 (0.78) |

续表

| | $Y_1$ | $Y_2$ | $Y_1$ | $Y_2$ | $Y_1$ | $Y_2$ | $Y_1$ | $Y_2$ | $Y_1$ | $Y_2$ | $Y_1$ | $Y_2$ |
|---|---|---|---|---|---|---|---|---|---|---|---|---|
| $K_3$ | 0.254*** (4.62) | −0.463*** (−10.77) | 0.251*** (5.46) | −0.455*** (−11.00) | 0.254*** (5.50) | −0.453*** (−10.40) | 0.256*** (5.56) | | 0.238*** (5.18) | −0.463*** (−10.32) | | −0.459*** (−10.20) |
| $K_4$ | 0.048 (1.15) | −0.071** (−2.48) | 0.041 (0.95) | −0.056 (−1.43) | 0.046 (1.06) | −0.041 (−1.01) | 0.052 (1.19) | | 0.050 (1.17) | −0.065 (−1.53) | | −0.067 (−1.59) |
| $K_5$ | −0.034 (−0.79) | 0.036 (1.09) | −0.001 (−0.02) | −0.004 (−0.09) | −0.004 (−0.09) | −0.030 (−0.71) | 0.001 (0.03) | | 0.018 (0.40) | −0.003 (−0.08) | | −0.008 (−0.19) |
| $F$ | 10.50*** | 32.06*** | 18.96*** | 39.86*** | 18.31*** | 29.26*** | 19.41*** | | 20.59*** | 23.79*** | | 23.96*** |
| $R^2$ | 0.1960 | 0.2366 | 0.2173 | 0.3686 | 0.2114 | 0.2999 | 0.2214 | | 0.2317 | 0.2583 | | 0.2597 |
| $Adj. R^2$ | 0.1876 | 0.2287 | 0.2058 | 0.3593 | 0.1999 | 0.2897 | 0.2100 | | 0.2204 | 0.2473 | | 0.2489 |

注：表中输入的是标准化 $\beta$ 值与 $t$ 值及其显著性水平。***、**、* 分别表示在1%、5%和10%水平下显著。

提升企业的经济绩效。将商业竞争类企业的结果与全样本进行对比后可知，企业家型董事社会网络的中心度越高，企业承担社会责任越少，而政府官员型董事结构洞与经济绩效之间不存在显著相关关系，由于企业家型董事的社会网络更加复杂，掌握较多资源，这契合了商业竞争类企业实现企业资产保值增值的经济目标，因此创业董事在企业中起着比政府官员型董事更重要的作用。

对商业竞争类企业调节效应的检验结果如表4.5所示，研究结果表明，所有权组合对创业总监的社会网络与经济绩效之间的关系起到了积极的作用，使得创业总监的社会网络的促进作用更加明显。在企业社会责任研究中，所有权组合对企业社会责任具有负向调节作用股权的混合程度越高，社会网络中心度高的企业家型董事履行社会责任的积极性越低。在政府官员型董事社会网络的研究中发现了与总样本类似的结论，股权混合度阻碍了政府官员型董事社会网络发挥促进企业承担社会责任的作用，即股权混合度负向调节了两者之间的关系。

表4.5　　　　　　商业竞争类企业中的调节效应检验

|  | $Y_1$ | $Y_2$ | $Y_2$ | $Y_1$ | $Y_1$ |
| --- | --- | --- | --- | --- | --- |
| $X_1$ | -0.060<br>(-1.40) | 0.302***<br>(7.97) |  |  |  |
| $X_2$ |  |  | 0.183***<br>(4.59) |  |  |
| $X_3$ |  |  |  | -0.020<br>(-0.34) |  |
| $X_4$ |  |  |  |  | 0.129***<br>(3.06) |
| $M$ | -0.150***<br>(-3.29) | 0.166***<br>(4.10) | 0.107***<br>(2.65) | -0.138***<br>(-3.31) | -0.139<br>(-3.34) |
| $X_1 \times M$ | -0.090**<br>(-2.00) | 0.152***<br>(3.80) |  |  |  |
| $X_2 \times M$ |  |  | 0.139***<br>(3.42) |  |  |
| $X_3 \times M$ |  |  |  | -0.170***<br>(-2.90) |  |

续表

|  | $Y_1$ | $Y_2$ | $Y_2$ | $Y_1$ | $Y_1$ |
| --- | --- | --- | --- | --- | --- |
| $X_4 \times M$ |  |  |  |  | -0.073 * (-1.74) |
| $K_1$ | 0.491 *** (10.81) | -0.026 (-0.65) | 0.018 (0.41) | 0.473 *** (10.48) | 0.460 *** (10.13) |
| $K_2$ | -0.035 (-0.85) | -0.012 (-0.34) | 0.025 (0.65) | -0.049 (-1.22) | -0.058 (-1.43) |
| $K_3$ | 0.238 *** (5.14) | -0.433 *** (-10.51) | -0.444 *** (-10.28) | 0.250 *** (5.49) | 0.240 *** (5.24) |
| $K_4$ | 0.048 (1.11) | -0.068 * (-1.76) | -0.038 (-0.94) | 0.036 (0.84) | 0.044 (1.02) |
| $K_5$ | -0.000 (-0.01) | -0.005 (-0.13) | 0.008 (0.18) | 0.003 (0.06) | 0.021 (0.48) |
| $F$ | 17.19 *** | 37.66 *** | 27.63 *** | 18.30 *** | 18.47 *** |
| $R^2$ | 0.2238 | 0.3871 | 0.3167 | 0.2349 | 0.2365 |
| $Adj. R^2$ | 0.2108 | 0.3769 | 0.3052 | 0.2221 | 0.2237 |

注：表中输入的是标准化 $\beta$ 值与 $t$ 值及其显著性水平。***、**、* 分别表示在1%、5%和10%水平下显著。

(2) 特殊功能类企业

从表4.6中可以看出，在特殊功能类企业中，社会网络结构洞能明显帮助企业家型董事所在企业提升经济绩效、减少社会责任承担；政府官员型董事社会网络能够抑制企业经济绩效的提升、促使其承担社会责任；在研究股权混合度后发现，股权混合度高的企业经济绩效越高，承担的社会责任越少。这一结果与全样本存在一定差距，由于特殊功能类企业经营过程存在公益性目的，企业家型董事为了追求更高的经济利益，可能会利用社会网络来尽量减少社会责任的承担，导致企业家型董事社会网络与社会责任之间存在显著负向相关关系。

调节效应的实证结果如表4.7所示，结果表明，股权混合度在只考察企业家型董事中心度和企业双重任务时发挥调节效应，股权混合度加

表 4.6　特殊功能类企业中的直接效应检验

| | $Y_1$ | $Y_2$ | $Y_1$ | $Y_2$ | $Y_1$ | $Y_2$ | $Y_1$ | $Y_2$ | $Y_1$ | $Y_2$ | $Y_1$ | $Y_2$ |
|---|---|---|---|---|---|---|---|---|---|---|---|---|
| $X_1$ | | | -0.073* (-1.65) | 0.200*** (5.03) | | | | | | | | |
| $X_2$ | | | | | -0.097** (-2.21) | 0.109*** (2.68) | | | | | | |
| $X_3$ | | | | | | | 0.171*** (3.86) | -0.046 (-1.09) | | | | |
| $X_4$ | | | | | | | | | 0.151*** (3.34) | -0.148*** (-3.55) | | |
| M | | | -0.113** (-2.45) | 0.158*** (3.78) | -0.111** (-2.40) | 0.159*** (3.73) | -0.111** (-2.44) | 0.163*** (3.81) | -0.094** (-2.05) | 0.144*** (3.36) | | |
| $K_1$ | 0.366*** (5.41) | -0.017 (-0.42) | 0.341*** (6.93) | 0.027 (0.60) | 0.342*** (6.97) | 0.017 (0.37) | 0.332*** (6.84) | 0.015 (0.33) | 0.343*** (7.05) | 0.015 (0.33) | | |
| $K_2$ | -0.007 (-0.19) | 0.016 (0.40) | -0.017 (-0.38) | 0.028 (0.69) | -0.027 (-0.60) | 0.042 (1.03) | -0.025 (-0.57) | 0.036 (0.86) | -0.021 (-0.47) | 0.036 (0.87) | | |
| $K_3$ | 0.060 (1.20) | -0.546*** (-10.93) | 0.053 (1.12) | -0.538*** (-12.61) | 0.047 (1.01) | -0.529*** (-12.13) | 0.051 (1.10) | -0.533*** (-12.14) | 0.038 (0.82) | -0.521*** (-11.99) | | |

续表

|  | $Y_1$ | $Y_2$ | $Y_1$ | $Y_2$ | $Y_1$ | $Y_2$ | $Y_1$ | $Y_1$ | $Y_2$ | $Y_2$ |
|---|---|---|---|---|---|---|---|---|---|---|
| $K_4$ | -0.061<br>(-1.29) | 0.043<br>(0.89) | -0.059<br>(-1.32) | 0.043<br>(1.07) | -0.062<br>(-1.41) | 0.044<br>(1.06) | -0.064<br>(-1.46) | -0.033<br>(-0.73) | 0.039<br>(0.94) | 0.013<br>(0.33) |
| $K_5$ | -0.200***<br>(-4.25) | 0.070<br>(1.46) | -0.181***<br>(-3.84) | 0.051<br>(1.18) | -0.174***<br>(-3.71) | 0.034<br>(0.78) | -0.144***<br>(-3.07) | -0.151***<br>(-3.22) | 0.027<br>(0.61) | 0.012<br>(0.27) |
| $F$ | 19.43*** | 30.34*** | 15.90*** | 32.50*** | 16.29*** | 28.71*** | 18.09*** | 17.42*** | 27.46*** | 29.84*** |
| $R^2$ | 0.1954 | 0.2918 | 0.2127 | 0.3557 | 0.2168 | 0.3279 | 0.2351 | 0.2284 | 0.3181 | 0.3364 |
| $Adj. R^2$ | 0.1857 | 0.2832 | 0.1993 | 0.3448 | 0.2035 | 0.3165 | 0.2221 | 0.2153 | 0.3065 | 0.3251 |

注：表中输入的是标准化 $\beta$ 值与 $t$ 值及其显著性水平。***、**、* 分别表示在1%、5%和10%水平下显著。

强了两者之间的相关关系，这一结果和企业家型董事社会网络与经济绩效、社会责任之间的关系类似。

表4.7　　　　　　　　　特殊功能类企业中的调节效应检验

| | $Y_1$ | $Y_1$ | $Y_2$ | $Y_2$ | $Y_1$ | $Y_1$ | $Y_2$ |
|---|---|---|---|---|---|---|---|
| $X_1$ | -0.035<br>(-0.73) | | 0.137***<br>(3.20) | | | | |
| $X_2$ | | -0.098**<br>(-2.18) | | 0.110***<br>(2.65) | | | |
| $X_3$ | | | | | 0.169***<br>(3.70) | | |
| $X_4$ | | | | | | 0.153***<br>(3.38) | -0.150***<br>(-3.58) |
| $M$ | -0.122***<br>(-2.63) | -0.110**<br>(-2.38) | 0.172***<br>(4.16) | 0.158***<br>(3.68) | -0.111**<br>(-2.44) | -0.089*<br>(-1.92) | 0.140***<br>(3.25) |
| $X_1 \times M$ | -0.093*<br>(-1.94) | | 0.156***<br>(3.64) | | | | |
| $X_2 \times M$ | | 0.001<br>(0.03) | | -0.004<br>(-0.09) | | | |
| $X_3 \times M$ | | | | | 0.010<br>(0.21) | | |
| $X_4 \times M$ | | | | | | -0.038<br>(-0.84) | 0.026<br>(0.63) |
| $K_1$ | 0.341***<br>(6.96) | 0.342***<br>(6.94) | 0.026<br>(0.60) | 0.017<br>(0.37) | 0.333***<br>(6.84) | 0.342***<br>(7.01) | 0.016<br>(0.36) |
| $K_2$ | -0.017<br>(-0.39) | -0.027<br>(-0.60) | 0.028<br>(0.70) | 0.043<br>(1.03) | -0.025<br>(-0.58) | -0.022<br>(-0.49) | 0.036<br>(0.89) |
| $K_3$ | 0.054<br>(1.14) | 0.047<br>(1.00) | -0.540***<br>(-12.84) | -0.529***<br>(-12.07) | 0.052<br>(1.12) | 0.032<br>(0.67) | -0.516***<br>(-11.72) |
| $K_4$ | -0.058<br>(-1.30) | -0.063<br>(-1.40) | 0.041<br>(1.04) | 0.044<br>(1.06) | -0.066<br>(-1.48) | -0.030<br>(-0.67) | 0.012<br>(0.28) |
| $K_5$ | -0.185***<br>(-3.94) | -0.174***<br>(-3.70) | 0.058<br>(1.37) | 0.034<br>(0.78) | -0.145***<br>(-3.07) | -0.147<br>(-3.11) | 0.009<br>(0.21) |

续表

|  | $Y_1$ | $Y_1$ | $Y_2$ | $Y_2$ | $Y_1$ | $Y_1$ | $Y_2$ |
| --- | --- | --- | --- | --- | --- | --- | --- |
| $F$ | 14.48*** | 14.22*** | 30.94*** | 25.06*** | 15.80*** | 15.32*** | 26.12*** |
| $R^2$ | 0.2199 | 0.2168 | 0.3759 | 0.3279 | 0.2352 | 0.2297 | 0.3370 |
| Adj. $R^2$ | 0.2047 | 0.2016 | 0.3637 | 0.3148 | 0.2203 | 0.2147 | 0.3241 |

注：表中输入的是标准化 $\beta$ 值与 $t$ 值及其显著性水平。***、**、* 分别表示在1%、5%和10%水平下显著。

## 二 董事功能偏好中介下的异质股东与双重任务

在上一节中，我们证明了在同时面对企业经济绩效和社会责任任务时，董事拥有的异质社会网络资源会对任务承担产生不同的影响。在中国国有企业的独特管理结构中，企业的管理层既是公司高管，又是政府高官，基于此，研究当面对双重身份以及双重任务时，不同的董事在任务偏好方面存在的差异，进一步分析存在偏好情况下股东发挥的约束机制，为企业充分发挥异质董事的优势提供依据。

### (一) 理论分析与假设提出

1. 异质股东与双重任务

当前国有企业的股权结构中，国有股份占了相当大的比例，在这一背景下，引入适量的非国有股份，与国有资本相互融合，不同类型的资本形成互补关系，这不仅能够改善经济绩效，也提高了企业的生命力[①]。不同类型的股东为公司带来不同的资源，企业管理倾向于引导异质股东形成不同治理决策，由于异质股东存在认知差异，这是否会形成双重任务的不同偏好，有待进一步研究。

国有股东和普通股东之间存在着政治背景的不同，这种特点下的考核体系使得国有股东更加关注社会责任，因此他们愈发同时关注经济绩效和社会责任目标。对于普通股东而言，由于不存在政府背景带来的社会责任压力，他们更倾向于通过将资源投入企业实现经济回报，因此在

---

① 马连福、王丽丽、张琦：《混合所有制的优序选择：市场的逻辑》，《中国工业经济》2015年第7期。

面临双重任务时，普通股东更加希望实现经济目标。但是，有研究发现，相较于国有企业，非国有企业似乎更倾向于披露企业承担社会责任方面的信息[①]。一是非国有股份的参与能够丰富企业的股权结构，避免国有股东占绝对主导时出现的管理问题，同时企业履行社会责任也能够在一定程度上维护机构、个人、外资等股东的权益；二是非国有股东参与企业股权结构，能够为企业带来新的治理理念和管理策略，体现为一定的"溢出效应"。另外，还有研究结果表明，企业的大股东在企业决策时，可能会出于提高自身的声誉的目的而做出过度承担社会责任的决定。混合所有制改革使得企业内部持股股东呈现异质化趋势，这对企业决策产生一定影响，因此，在研究企业社会责任时，应当关注股东异质性对其产生的影响。首先，外资股份进入企业之后与国有股份相互制衡，缓解了国有股份"一股独大"的情况；外资股份也带来了新的企业管理文化，为企业的管理提供了新的思路。相较于中国而言，西方国家更关注企业承担社会责任，相应的社会责任披露水平更高[②]。如此一来，在国有企业中引入外资持股，有助于国有企业在经营管理中将社会责任置于更高的地位，促进国有企业走向国际化。其次，研究表明机构投资者持股对治理情况有积极影响，这是因为机构投资者在获取和分析信息方面具备一定的优势，能够减少管理层的盈余管理[③]。另外，机构股东参股具备长期化的特点，因此更加注重企业是否能长远发展，这使得机构持股者倾向于帮助企业形成长期发展动力，保证企业实现长久运营。因此，机构股东会积极促进企业做出承担社会责任的管理决策。最后，在企业股东结构中，员工持股的情况普遍存在，这主要是为了刺激员工的积极性，然而员工往往是"有限理性"的，急于通过持股来快速获取经济利益，参与决策时具有短视的特点，甚至会出现为了快速

---

① 郝云宏、汪茜：《混合所有制企业股权制衡机制研究——基于"鄂武商控制权之争"的案例解析》，《中国工业经济》2015 年第 3 期。

② Muttakin, M. B. and Subramaniam, N., "Firm Ownership and Board Characteristics: Do they Matter for Corporate Social Responsibility Disclosure of Indian Companies", *Sustainability Accounting, Management and Policy Journal*, 2015, 6 (2): 138 – 165.

③ 孙光国、刘爽、赵健宇：《大股东控制、机构投资者持股与盈余管理》，《南开管理评论》2015 年第 5 期。

获利损害其他股东和企业利益的情况[①],因此,员工股东不愿意企业积极承担社会责任。

相关研究表明,企业同时存在多个大股东能促进绩效的提升[②]。对银行绩效的研究发现,机构投资者、外国资本、家族的持股比例与银行绩效显著正相关[③]。在研究企业权力制衡情况时发现,股东之间制衡程度的提高会使得大股东加强监管,对企业绩效产生积极影响[④]。还有研究表明,多个大股东的股权结构对企业经营绩效的作用效果,明显受到企业制度完备情况和股权结构的影响,进一步研究后发现,当普通股东持股比例为30%—40%时,这种影响效果最显著[⑤]。综上所述,尽管异质性股东的企业治理观念会存在不同,但是,其参与企业决策和管理的最终目的,都是为了实现更高的经济利益,因此这种差异不会影响他们参与企业治理的过程。根据以上分析,可以提出假设1:

H4.9a:国有股东持股与企业社会责任正相关,与企业经济绩效正相关。

H4.9b:外资股东持股与企业社会责任正相关,与企业经济绩效正相关。

H4.9c:机构股东持股与企业社会责任正相关,与企业经济绩效正相关。

H4.9d:个人股东持股与企业社会责任负相关,与企业经济绩效正相关。

2. 董事会功能偏好与双重任务

从事不同职业的董事对董事会的功能实现产生影响,从这一角度来

---

[①] 郑冠群、宋林、郝渊晓:《高管层特征、策略性行为与企业社会责任信息披露质量》,《经济经纬》2015年第2期。

[②] Romano, G. and Guerrini, A., "The Effects of Ownership, Board Size and Board Composition on the Performance of Italian Water Utilities" *Utilities Policy*, 2014, 31 (31): 18 - 28.

[③] Arouri, H., Hossain, M., and Muttakin, M. B., "Effects of Board and Ownership Structure on Corporate Performance: Evidence from GCC Countries", *Journal of Accounting in Emerging Economies*, 2014, 4 (1): 117 - 130.

[④] 陈德萍、陈永圣:《股权集中度、股权制衡度与公司绩效关系研究——2007—2009年中小企业板块的实证检验》,《会计研究》2011年第1期。

[⑤] 马连福、王丽丽、张琦:《混合所有制的优序选择:市场的逻辑》,《中国工业经济》2015年第7期。

看,应该对董事会功能偏好加以分类。Hambrick 和 Daveni[1]将企业董事分为生产、研发类和金融、法律类,生产、研发类内部董事利用丰富的产销经验帮助企业做出科学决策,从而提升行业竞争力,而金融、法律类外部董事能够在融资、法务等方面为企业做出贡献。Klein[2]认为,董事会在企业决策中发挥重要作用,且内部董事在这一功能的发挥中占据更重要的地位,除此之外,董事会还发挥重要的监管功能,内部董事可能限制董事会发挥这一功能,但是外部董事通过对内部董事形成制衡,能够减弱这一不利影响。Cho 和 Hambrick[3]的研究表明,有营销经验的高管能够使航空公司的战略决策更合理,这一结果支持了上述学者的观点。究其原因,是董事的职业背景差异使他们偏好于不同的功能发挥过程,对于有企业生产销售经验的董事来说,他们对一线活动更加了解,对企业运营过程更加熟悉,因此,这类董事更倾向于经营决策功能;反之,具有金融、法律相关经验的董事在企业生产业务方面的经验微乎其微,这限制了他们对经营决策的积极性,但是,他们对市场的认知更加全面,因此这类董事倾向于董事会加强监督管理。不同类型董事的比重使董事会在决策和监管方面的积极性不同,从而形成不同企业董事会功能偏好的差异性。

董事会中各类董事所占的比例不同,形成董事会的不同功能偏好,这一差异会进一步体现在创新活动、社会责任水平和企业价值中[4]。Shaukat 等[5]的研究结果表明,具有金融等经验的董事会更倾向于承担社会责任,这表现在积极的企业社会责任战略上,企业社会绩效也因此显著提升。董事会承担社会责任倾向和社会责任水平之间存在内生关系,

---

[1] Hambrick, D. C. and D'Aveni, R. A., "Top Team Deterioration as Part of the Downward Spiral of Large Corporate Bankruptcies", *Management Science*, 1992, 38 (10): 1445 – 1466.

[2] Klein, A., "Firm Performance and Board Committee Structure", *Journal of Law and Economic*, 1998, 41 (1): 275 – 303.

[3] Cho, T. S. and Hambrick, D. C., "Attention as the Mediator Between Top Management Team Characeristics and Strategic Change: the Case of Airline Deregulation", *Organization Science*, 2006, 17 (4): 453 – 469.

[4] 周建、李小青:《董事会认知异质性对企业创新战略影响的实证研究》,《管理科学》2012 年第 6 期。

[5] Shaukat, A., Qiu, Y. and Trojanowski, G., "Board Attributes, Corporate Social Responsibility Strategy, and Corporate Environmental and Social Performance", *Journal of Business Ethics*, 2016, 135 (3): 569 – 585.

社会责任倾向使得社会责任水平随之提高。Wang 等[①]对这一现象的原因进行了分析，倾向决策功能的董事具备丰富的企业一线工作经验，企业归属感促使他们积极为企业经营提供意见参考，进而提升企业绩效。面对风险和收益的抉择时，经验带来的信心使得决策功能偏好的董事愿意做出风险决策，以追求更高的经济回报。同时也有研究指出，出于对经济效益的追求，决策功能偏好的董事会使得企业不愿承担社会责任，这可能会为企业带来不利影响。

董事会中的部分董事在政府部门任职或有外部机构工作经历，对企业的生产经营过程并不了解，但是接受了良好的教育，同时在自己的行业领域经验丰富，能够为企业带来相关资源，支持企业决策并发挥重要的监督管理作用，促进企业绩效的提升[②]。除此之外，重视董事会监管功能的董事，更加关注企业战略的整体效果和效益的实现；相对于其余董事，具有政府背景或从事金融、教育、法律行业的董事更重视企业的声誉和价值。张正勇和吉利[③]对国有企业样本进行研究发现，具有监督管理偏好的企业管理人员促进企业积极地披露社会责任承担情况，这一结果与拥有政治背景的高管促使企业积极参与慈善活动类似。基于此，我们提出假设2：

H4.10a：董事会运营决策偏好强度与企业经济绩效正相关，与企业社会责任负相关。

H4.10b：董事会监督管理偏好强度与企业经济绩效正相关，与企业社会责任正相关。

3. 异质股东与董事会功能偏好

根据《中华人民共和国公司法》规定，董事会由股东大会选举产生，股东选举出有不同特点和经验的董事组成董事会，从而形成了董事会的功能偏好和偏好程度，董事会根据偏好在企业决策或监督管理中发挥作用，股东则通过董事会表达自己的管理意愿，实现对企业的

---

[①] Wang, C., Xie, F., and Zhu, M., "Industry Expertise of Independent Directors and Board Monitoring", *Journal of Financial and Quantitative Analysis*, 2015, 50 (5): 929–962.

[②] 曲亮、章静、郝云宏：《独立董事如何提升企业绩效——立足四层委托—代理嵌入模型的机理解读》，《中国工业经济》2014年第7期。

[③] 张正勇、吉利：《企业家人口背景特征与社会责任信息披露——来自中国上市公司社会责任报告的经验证据》，《中国人口·资源与环境》2013年第4期。

管控。在比较不同类型董事时发现,独立董事因为数量较少而在国有企业中处于劣势地位,代表大股东意愿和对企业决策产生重大影响的董事占主导地位[①]。在国民经济中,国有经济发挥着重要的保障作用,同时,国有股份在股权结构中占据绝对优势,因此,国有控股股东倾向于董事会形成决策功能偏好,以实现他们对企业的控制。随着国有股份占比的增加,基于持股比例所选举出的董事数量也相应增加,这影响了董事会对大股东的监督意愿,从而削弱了董事会的监督作用。另外,唐跃军和左晶晶[②]发现,独立董事的数量随着大股东相互制衡程度的提高而增加,随着控股股东现金流权比例的提升而减少。以上分析说明,国有性质的企业股东更倾向于董事会形成决策功能偏好,而不是监督管理功能偏好。

相比于国有股东来说,机构股东、个人股东和外资股东的利益诉求更高,他们为了实现自身的利益,通常会积极地利用其拥有的资本来持有其他公司股份,也会通过相互持股的方式加强与其他公司的联系。为了通过这种联系来实现自身利益,三类非国有股东会倾向于在企业决策中拥有更多的权利,同时,他们还积极地争取投票权,以便于实现其目的。由于国有股份在股权结构中占据绝对优势,出于对自身利益的维护,持股比例较少的非国有股东会积极地对企业进行监督,因此,他们更倾向于董事会加强对企业的监督管理,防止国有大股东做出不利于自身利益的行为。陆正飞和胡诗阳[③]发现,相比较于国有股东而言,不具有国有性质的非执行董事能够明显地减少企业盈余平滑行为,这也反映出了没有国有背景的股东会更积极地监督企业。针对以上分析,我们提出假设3:

H4.11a:国有股东持股与董事会运营决策偏好强度正相关,与董事会监督管理偏好强度负相关。

H4.11b:外资股东持股与董事会运营决策偏好强度正相关,与董

---

① 段云、王福胜、王正位:《多个大股东存在下的董事会结构模型及其实证检验》,《南开管理评论》2011年第1期。
② 唐跃军、左晶晶:《终极控制权、大股东治理战略与独立董事》,《审计研究》2010年第6期。
③ 陆正飞、胡诗阳:《股东—经理代理冲突与非执行董事的治理作用——来自中国A股市场的经验证据》,《管理世界》2015年第1期。

事会监督管理偏好强度正相关。

H4.11c：机构股东持股与董事会运营决策偏好强度正相关，与董事会监督管理偏好强度正相关。

H4.11d：个人股东持股与董事会运营决策偏好强度正相关，与董事会监督管理偏好强度正相关。

4. 异质股东、董事会功能偏好与企业双重任务

在企业经营管理过程中，基于观念和目的差异，国有股东和具有不同背景的非国有股东推选出能代表他们想法的异质董事，以实现他们都对董事会运营决策和监督管理功能的偏好，董事会的功能偏好会进一步影响企业在实现经济效益和承担社会责任中的选择，因此，不同股东对企业双重任务的选择，是通过影响董事会功能偏好来实现的。董事会的独立程度越高时，外国股东对企业价值的影响更大，这一影响是通过推选异质董事构成董事会来实现的[①]。根据前文假设和以上分析，本书认为，董事会的职能偏好在异质性股东影响公司双重任务的过程中起着中介作用，即不同类型股东在决策职能和监管职能之间影响董事会的倾向，它也影响着经济利益和社会责任的选择，董事会的职能偏好也影响着双重任务的选择。根据这一分析，本书构建了三者之间的关系模型并提出假设4，关系模型如图4.9所示。

H4.12：董事会功能偏好强度部分中介于异质股东对企业双重任务的影响。

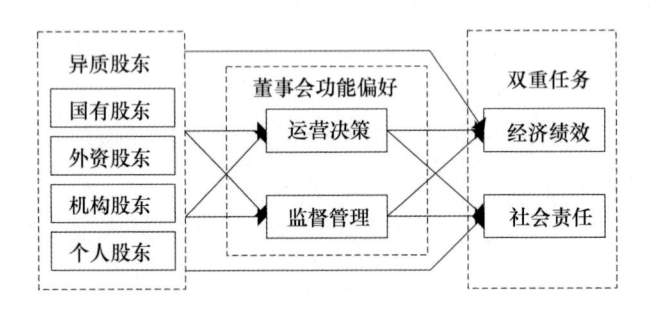

图4.9 董事功能偏好下异质股东与双重任务的关系模型

---

[①] Choi, H. M., "Foreign Board Membership and Firm Value in Korea", *Management Decision*, 2012, 50 (2): 207-233.

### （二）董事功能偏好中介下异质股东与双重任务的研究设计

1. 数据来源与样本选择

本书从沪深两市的上市公司中，选取2010—2017年的央企控股企业为样本，从CSMAR中国股票市场交易数据库搜集研究数据，在对缺失数据进行手工收集或删除处理后，共得到1056家公司的样本数据；研究过程中，对原始数据在1%的显著性水平下进行了Winsorize处理，以消除主要连续变量异常值对研究的影响；同时，由于企业双重任务存在一定的滞后性，因此本书选择滞后一期的数据衡量企业双重任务。

2. 变量设计

（1）异质股东

根据企业前十大股东的性质及其持股比例，本书对不同类型股东进行了划分，以研究异质股东在企业治理中发挥的作用。在研究过程中，用$X_1$代表国有股东，这类股东由来自中国大陆并持股的组织和法人构成；将持有企业股权、来自中国港澳台地区或境外的投资者定义为外资股东，用$X_2$表示；机构股东$X_3$为来自中国大陆的机构基金持股组织；$X_4$为个人股东，是来自中国大陆并持有股权的自然人。

（2）企业双重任务

在衡量企业社会责任过程中，企业社会责任研究中心的研究结果是权威性较高的数据来源，但其发布的年度《中国企业社会责任白皮书》仅包含了中国境内的100强企业，因此不能作为本研究所需的大量企业样本的数据来源。基于此，本书在研究中构建了评价企业社会责任水平$Y_1$的指标体系，具体过程如下。首先，根据企业社会责任研究中心的评价模型，选出一系列评价企业社会责任水平的指标：是否经第三方机构审验；是否参照GRI；是否有社会责任制度建设及改善措施；是否有安全生产内容；是否披露公司存在不足；是否披露股东权益保护；是否披露债权人权益保护；是否披露职工权益保护；是否披露供应商权益保护；是否披露客户及消费者权益保护；纳税总额；每股社会贡献值；社会捐赠额；公共关系和社会公益事业；是否披露环境和可持续发展。其次，从CSMAR数据库中选取相关数据，基于内容分析法的原理，若企业披露某项指标，则赋值为1；未披露某项指标，则赋值为0。最终，将各项指标的值加总得到样本企业总分，衡量其社会责任水平，用 $Y_1$ 表示。

本书选用托宾 $Q$ 值来衡量企业的经济绩效 $Y_2$，该指标用企业重置资本和企业价值的比值来表示，即 $Y_2$ = 期末市值/总资产。

（3）董事会功能偏好

在董事会功能偏好方面，由于董事会中董事拥有不同的职业经历，这形成了董事构成的多元化，进而对董事会的功能偏好产生影响。基于对董事职业背景和经历的研究，本书根据董事会发挥的不同功能来构建董事会功能偏好的变量，将董事会功能偏好分为运营决策和监督管理两个方面，用 $M_1$、$M_2$ 表示。具体来说，本书统计出具有生产研发、销售、人力资源、财务等企业内部运营经验的董事数量，除以董事总人数，形成董事会运营决策偏好（Operation decision）变量，用 $M_1$ 表示，根据拥有政府、金融、法律等企业外部经验的董事数量，除以董事总人数，形成董事会监督管理偏好（Supervision）变量，用 $M_2$ 表示。

（4）控制变量

在前人研究的基础上[1]，本书设定了一系列控制变量：净资产收益率 $K_1$ = 利润净值/资产净值；公司规模 $K_2$ 为公司员工总数的对数；每股收益 $K_3$ = 净利润/总股数；主营收入增长率 $K_4$ = （本年主营业务收入 - 本年初主营业务收入）/本年年初主营业务收入；资产负债率 $K_5$ = 期末总负债/总资产；公司成立年数 $K_6$ 用公司成立年到2017年差值的对数表示。

3. 模型说明

在中介效应的检验中，本书根据温忠麟等[2]提出的相关原理和方法，对变量进行多次多元线性回归，具体步骤如下：首先，将异质股东持股与企业双重任务承担情况进行回归。其次，若两者显著相关，则对异质股东持股与董事会功能偏好进行回归。最后，对董事会功能与企业双重任务进行多元线性回归分析，分析上述回归结果以检验前文假设。

---

[1] Kong, D., "Does Corporate Social Responsibility Affect the Participation of Minority Shareholders in Corporate Governance?" *Journal of Business Economics and Management*, 2013, 14 (Supp 1): 168 - 187; Romano, G. and Guerrini, A., "The Effects of Ownership, Board Size and Board Composition on the Performance of Italian Water Utilities", *Utilities Policy*, 2014, 31 (31): 18 - 28.

[2] 温忠麟、张雷、侯杰泰、刘红云：《中介效应检验程序及其应用》，《心理学报》2004年第5期。

## （三）董事功能偏好中介下异质股东与双重任务的实证分析

### 1. 描述性统计分析

本书根据实证需要对样本数据进行描述性统计，并对变量之间的相关性进行研究，结果如表4.8所示，由于篇幅限制，列示结果省略控制变量部分。结果显示，在样本公司股权结构中，国有股份的均值和标准差都远高于机构、外资、个人性质的股份，在国有股东平均持股高达49.70%的情况下，三类非国有股东持股都低于10%，$X_3$、$X_2$、$X_4$呈现出逐渐递减的趋势。这表明，国有股东持股比例远高于社会股东持有的股份，为企业最大股东，虽然非国有股东持股处于较低水平，但并不影响其监督企业经营治理过程，在混合所有制改革的背景下，随着我国经济进一步开放，非国有性质的股东将更加积极地发挥监督治理作用。在董事会功能偏好方面，样本企业的董事会监管偏好$M_2$均值为0.64，而董事会决策偏好$M_1$的均值仅为0.31，这表明董事更加积极地发挥监督管理作用。另外，样本企业的平均社会责任水平为4.37，这一数值与评价体系的总分相差较大，即企业社会责任水平相对较低，$Y_1$的标准差为4.55，这表明样本企业之间社会责任水平差距较大；然而，企业经济绩效的均值为1.45，即样本企业市值为重置资本的1.45倍，这表明企业经营发展状况较好，$Y_2$标准差的状况也表明，样本企业拥有良好的经济绩效。

根据表4.8中的相关性分析结果可以发现，四类股东持股大都显著影响企业经济绩效和社会责任。国有股东$X_1$显著正向影响企业社会责任$Y_1$，但是对企业经济绩效$Y_2$产生消极影响，外资股东$X_2$与企业双重任务之间的相关关系与之相同；然而，面对企业社会责任和经济绩效双重任务时，机构和个人股东的表现与$X_1$、$X_2$相反，他们有利于提升企业经济绩效，但是与社会绩效负相关。通过比较外资、机构、个人股东的结果可以发现，前两类股东相关系数更高，对企业双重任务的影响更大。另外，异质股东持股与董事会功能偏好大都显著相关，具体来说，在促进董事会发挥运营决策功能的同时，国有股东、外资股东和个人股东都会抑制董事会对企业的监督管理，机构股东则恰好相反。分析董事会功能偏好与企业双重任务的相关性可以发现，董事会的监督管理功能会降低企业的经济绩效和社会责任水平，而其决策偏好对两者产生积极

表4.8 描述性统计分析及相关系数

| 变量 | 均值 | 标准差 | $X_1$ | $X_2$ | $X_3$ | $X_4$ | $M_1$ | $M_2$ | $Y_1$ | $Y_2$ |
|---|---|---|---|---|---|---|---|---|---|---|
| $X_1$ | 49.70 | 14.86 | 1 | | | | | | | |
| $X_2$ | 4.29 | 9.51 | -0.02 | 1 | | | | | | |
| $X_3$ | 5.07 | 5.03 | -0.18*** | -0.17*** | 1 | | | | | |
| $X_4$ | 1.41 | 2.82 | -0.26*** | -0.07** | -0.06* | 1 | | | | |
| $M_1$ | 0.31 | 0.14 | 0.09*** | 0.09*** | -0.05* | 0.10*** | 1 | | | |
| $M_2$ | 0.64 | 0.16 | -0.01 | -0.13*** | 0.07** | -0.13*** | -0.74*** | 1 | | |
| $Y_1$ | 4.37 | 4.55 | 0.12*** | 0.30*** | -0.05 | -0.16*** | 0.18*** | -0.16*** | 1 | |
| $Y_2$ | 1.45 | 1.41 | -0.12*** | -0.19*** | 0.15*** | 0.29*** | 0.10*** | -0.09*** | -0.17*** | 1 |

注：***、**、*分别表示在1%、5%、10%水平下显著。

影响。总之，表4.8 的结果基本支持了本节所提出的假设，下面将进行对董事会功能偏好的中介效应进行检验。

2. 回归分析

（1）直接效应检验

首先，国有股东（$\beta = 0.026$，$p < 0.01$）和外资股东（$\beta = 0.126$，$p < 0.01$）的回归结果分别验证了假设 H1a 和 H1b，两者基于自身意愿希望企业积极承担社会责任，因而对社会责任水平产生积极影响。近年来，政府和社会对企业社会责任水平提出了更高的要求，与此同时，企业社会责任制度体系逐渐建立，这都使得央企股东更加关注并积极促进企业履行社会责任；外资对企业进行投资并持股，为企业带来资本的同时也提供了新的管理方法和思路，这促进其提高社会责任水平。与假设H4.9c 不同的是，机构持股者仅能够促进企业经济绩效（$\beta = 0.018$，$p < 0.05$）的提升，不能对承担社会责任（$\beta = -0.070$，$p < 0.05$）产生积极影响，这一回归结果验证了 Borghesi 等[1]的观点，由于机构投资者的资金来源于投资方，这使其对投资的经济效益有着更高的要求，在我国经济承压的情况下，面对投资绩效的压力，机构股东更加注重企业经济绩效，相对忽略企业社会责任的承担。正如假设 H1d 所述，个人股东对企业社会责任（$\beta = -0.186$，$p < 0.01$）产生消极影响，这是因为个人投资者的"有限理性"使其更加追求经济回报，倾向于做出自利决策，可能会因此阻碍企业承担社会责任。在异质股东与企业经济绩效的研究中，机构股东（$\beta = 0.018$，$p < 0.05$）、个人股东（$\beta = 0.096$，$p < 0.01$）的回归结果验证了假设 H4.9c 和 H4.9d，两者均促进了企业经济绩效的提升，而国有股东（$\beta = -0.007$，$p < 0.01$）和外资股东（$\beta = -0.014$，$p < 0.01$）对经济绩效产生了消极影响，未能验证假设 H1a 与 H1b，这表明相对于央企股东和外国投资者，机构和个人投资者在持股时更加重视企业的经济绩效。根据以上结果，对其原因进行分析，首先，随着经济新常态的提出，政府更加注重企业在社会责任方面的表现，并推出一系列政策促使企业积极承担社会责任，央企

---

[1] Borghesi, R., Houston, J. F. and Naranjo, A., "Corporate Socially Responsible Investments: CEO Altruism, Reputation, and Shareholder Interests", *Journal of Corporate Finance*, 2014, 26 (2): 164–181.

表4.9 异质股东对企业双重任务直接影响效应检验

| | 模型1 $Y_1$ | 模型2 $Y_1$ | 模型3 $Y_1$ | 模型4 $Y_1$ | 模型5 $Y_2$ | 模型6 $Y_2$ | 模型7 $Y_2$ | 模型8 $Y_2$ |
|---|---|---|---|---|---|---|---|---|
| $X_1$ | 0.026*** (2.75) | | | | | | | |
| $X_2$ | | 0.126*** (9.11) | | | | | | |
| $X_3$ | | | -0.070** (-2.52) | | | | 0.018** (2.35) | |
| $X_4$ | | | | -0.186*** (-3.83) | -0.007*** (-2.70) | -0.014*** (-3.62) | | 0.096*** (7.35) |
| $K_1$ | 0.305 (1.33) | 0.268 (1.21) | 0.336 (1.47) | 0.285 (1.25) | -0.024 (-0.38) | -0.201 (-0.33) | -0.032 (-0.51) | -0.012 (-0.20) |
| $K_2$ | 7.413*** (2.97) | 8.161*** (3.40) | 7.420*** (2.97) | 7.547*** (3.04) | 3.182*** (4.68) | 3.205*** (4.74) | 3.190*** (4.68) | 2.945*** (4.43) |
| $K_3$ | 1.620*** (7.05) | 1.402*** (6.28) | 1.775*** (7.63) | 1.553*** (6.75) | -0.116* (-1.85) | -0.100 (-1.59) | -0.156** (-2.46) | -0.069 (-1.12) |
| $K_4$ | -0.060 (-1.06) | -0.017 (-0.30) | -0.054 (-0.95) | -0.036 (-0.63) | 0.026* (1.66) | 0.019 (1.26) | 0.024 (1.55) | 0.015 (1.01) |

续表

| | 模型 1 $Y_1$ | 模型 2 $Y_1$ | 模型 3 $Y_1$ | 模型 4 $Y_1$ | 模型 5 $Y_2$ | 模型 6 $Y_2$ | 模型 7 $Y_2$ | 模型 8 $Y_2$ |
|---|---|---|---|---|---|---|---|---|
| $K_5$ | 4.081*** (6.19) | 3.312*** (5.15) | 3.956*** (5.94) | 3.757*** (5.64) | -3.418*** (-18.99) | -3.351*** (-18.49) | -3.388*** (-18.65) | -3.222*** (-18.06) |
| $K_6$ | -0.071** (1.09) | -0.095*** (-3.37) | -0.101*** (-3.45) | -0.100*** (-3.42) | 0.013 (1.54) | 0.020*** (2.56) | 0.021*** (2.64) | 0.021*** (2.66) |
| F值 | 15.99*** | 27.83*** | 15.81*** | 17.12*** | 63.29*** | 64.46*** | 62.93*** | 72.70*** |
| $R^2$ | 0.0962 | 0.1563 | 0.0952 | 0.1022 | 0.2963 | 0.3002 | 0.2952 | 0.3260 |
| $Adj. R^2$ | 0.0902 | 0.1506 | 0.0891 | 0.0963 | 0.2916 | 0.2955 | 0.2905 | 0.3216 |

注：表中输入的是系数 $\beta$ 值与 $t$ 值及其显著性水平；\*\*\*、\*\*、\* 分别表示在1%、5%、10%水平下显著。

也因此更加强调社会责任表现,这使得其做出部分损失经济利益的决策。其次,外国投资者投资的首要目的是获得投资回报,持股可能仅仅是这类股东参与市场的手段,因此并不积极为企业提供资源并参与治理,同时,外资股东可能会存在利益攫取的行为,使得企业的经济绩效因此降低。另外,外资股东为企业带来新的技术和设备,这些投资需要经过较长的运作期才能展现其效益,因此可能会为短期经济绩效带来不利影响。

其次,异质股东与董事会功能偏好的回归结果显示,与假设 H3a 相反,国有股东对董事会发挥决策($\beta = 0.001$,$p < 0.1$)和监管($\beta = 0.000$,$p > 0.1$)功能有积极影响,现实也是如此,我国的国有企业由政府掌管,能够对董事会决策产生重要影响,同时督促董事会发挥监管功能。与假设 H3b 和 H3d 相同,外资和个人持股股东均显著促进董事会发挥运营决策功能,但是,在一定程度上抑制其对企业的监督管理。究其原因,这两类股东倾向于参与企业决策,因此促使董事会形成决策功能偏好,一方面,为了实现股权投资的目的,外资和个人股东具有决策偏好,在为企业提供相关资源后,希望参与并影响决策来保证实现自身经济利益;另一方面,由于这两类股东持股比例较少,因此,在选举监管董事过程中的投票权较少,这使得他们的监管积极性不高。机构股东的回归结果部分验证了假设 H3c,机构股东促进董事会对企业进行监督管理($\beta = 0.003$,$p < 0.01$),而相对忽视了决策功能($\beta = -0.002$,$p < 0.05$)的发挥,与更加注重经济绩效的原因相似,机构股东加强董事会的监管偏好来表达自身的监管意愿,促进企业的有序运营和进一步发展,以保证自己能够获得足够的投资回报。

表4.10　　　　异质股东对董事会功能偏好直接影响效应检验

|  | 模型9 | 模型10 | 模型11 | 模型12 | 模型13 | 模型14 | 模型15 | 模型16 |
|---|---|---|---|---|---|---|---|---|
|  | $M_1$ | $M_1$ | $M_1$ | $M_1$ | $M_2$ | $M_2$ | $M_2$ | $M_2$ |
| $X_1$ | 0.001*<br>(1.73) |  |  |  | 0.000<br>(1.23) |  |  |  |

续表

|  | 模型9 $M_1$ | 模型10 $M_1$ | 模型11 $M_1$ | 模型12 $M_1$ | 模型13 $M_2$ | 模型14 $M_2$ | 模型15 $M_2$ | 模型16 $M_2$ |
|---|---|---|---|---|---|---|---|---|
| $X_2$ |  | 0.002*** (3.36) |  |  |  | -0.002*** (-4.78) |  |  |
| $X_3$ |  |  | -0.002** (-2.19) |  |  |  | 0.003*** (2.71) |  |
| $X_4$ |  |  |  | 0.005*** (2.87) |  |  |  | -0.007*** (-4.07) |
| $K_1$ | 0.007 (0.97) | 0.007 (0.92) | 0.008 (1.08) | 0.008 (1.08) | -0.001 (-0.15) | -0.000 (-0.03) | -0.002 (-0.25) | -0.002 (-0.26) |
| $K_2$ | -0.017 (-0.21) | -0.014 (-0.17) | -0.012 (-0.15) | -0.051 (-0.63) | -0.012 (-0.13) | -0.050 (-0.57) | -0.049 (-0.55) | 0.008 (0.09) |
| $K_3$ | -0.001 (-0.20) | -0.004 (-0.50) | 0.003 (0.33) | 0.003 (0.34) | -0.003 (-0.37) | 0.003 (0.37) | -0.006 (0.461) | -0.007 (-0.82) |
| $K_4$ | 0.001 (0.71) | 0.002 (1.05) | 0.001 (0.77) | 0.001 (0.60) | -0.005*** (-2.72) | -0.006*** (-3.00) | -0.005*** (-2.61) | -0.005** (-2.37) |
| $K_5$ | -0.042** (-1.97) | -0.051** (-2.36) | -0.047** (-2.16) | -0.029 (-1.34) | 0.027 (1.16) | 0.046** (1.96) | 0.038 (1.63) | 0.012 (0.52) |
| $K_6$ | -0.003*** (-3.32) | -0.004*** (-4.13) | -0.004*** (-4.20) | -0.004*** (-4.20) | 0.005*** (4.06) | 0.004*** (3.82) | 0.004*** (3.91) | 0.004*** (3.92) |
| F值 | 4*** | 5.21*** | 4.27*** | 4.76*** | 3.73*** | 6.84*** | 4.58*** | 5.93*** |
| $R^2$ | 0.0259 | 0.0335 | 0.0276 | 0.0307 | 0.0242 | 0.0435 | 0.0296 | 0.0379 |
| Adj. $R^2$ | 0.0194 | 0.0271 | 0.0211 | 0.0243 | 0.0177 | 0.0372 | 0.0231 | 0.0315 |

注：表中输入的是系数 $\beta$ 值与 $t$ 值及其显著性水平。***、**、*分别表示在1%、5%、10%水平下显著。

(2) 中介效应检验

根据表4.11中模型25、模型26、模型35、模型36的回归结果可知，董事会发挥决策功能能够显著提升经济绩效（$\beta = 0.702$，$p <$

0.01），并促进企业积极承担社会责任（$\beta = 6.027$，$p < 0.01$），与假设相反的是，董事会的监督管理对企业社会责任水平（$\beta = -4.686$，$p < 0.01$）和经济绩效（$\beta = -0.595$，$p < 0.05$）的提升具有消极影响。基于以上结果可以得出：第一，董事会发挥运营决策功能在促进企业取得更好经济效益的同时，也提升了社会责任水平，这是因为不同利益相关者的诉求不同，企业在经营决策的过程中需要综合考虑，因此更加注重承担社会责任情况，以保障部分相关者的利益。第二，在中国的现实情况中，国有企业具有一定的政治背景，难以实现市场化，这在一定程度上削弱了董事发挥监督管理功能的效果，使监管董事难以对企业完全监管，因此影响了董事会监管偏好对企业双重任务的促进作用，未能实现理想中的效果。同时，创新成为我国经济新的增长点，原本的发展方式已经难以实现企业越来越高的经济目标，因此企业开始积极寻求创新发展方式，这种新的尝试加大了企业风险，基于对风险的厌恶，监管董事可能在一定程度上限制企业创新行为，使得企业经济绩效降低。

本书根据模型 1、模型 13、模型 18 的结果对董事会监管偏好进行研究，检验其是否在国有股东对企业社会责任的影响中发挥中介作用。前文研究结果表明，国有股东持股对董事会监督管理功能的影响并不明显，因此不适用逐步回归的检验方法，本书选择 Sobel 检验来研究董事会监管偏好的中介效应。根据模型 13 的结果，用 $\hat{a}$ 表示国有股东与企业社会责任的回归系数，其标准误用 $s_a$ 表示，根据模型 18，用 $\hat{b}$ 表示董事会监管偏好与企业社会责任的回归系数，其标准误用 $s_b$ 表示，在此基础上构建检验量 $z$，且 $z = \hat{a}\hat{b} / \sqrt{\hat{a}^2 s_b^2 + \hat{b}^2 s_a^2}$。将模型中相关变量的指标代入公式后得出 $z = -0.133$，$p > 0.1$，这表明，董事会监管偏好未通过 Sobel 检验，中介效应不明显。同理，综合模型 5、模型 13 和模型 28，研究董事会监管偏好是否在国有股东与经济绩效的关系中发挥中介作用，最终也未能通过检验，因此，在国有股东对公司经济绩效和社会责任的影响中，董事会监督偏好不起中介作用。以上结果表明，相对于非国有性质股份，国有股份在股权结构中具有绝对优势，这一优势能够支持其对企业产生实质性影响，因此，国有股东不会督促董事会对企业进行监督管理，反而可能通过影响董事会参与运营决策来实现自身目的，这也使得董事会不能形成对国有股东的有效监督，其监管水平相对较弱，董事会的功能并未起作用。董事会发挥决策功能可以促进企业双重任务的结果，也证明了国有股东更倾向于董事会参与运营决策，而忽视监督管理。

除上述模型外，其余的回归系数都通过了显著性检验，中介效应存在，并可以直接计算。比如，在国有股东对企业社会责任的影响中，可以通过模型1、模型9和模型17中的相关系数，直接计算董事会决策偏好发挥了多少中介效应，计算过程为：$0.001 \times 5.905 \div 0.026 = 22.71\%$，即董事会决策偏好在其中产生了22.71%的影响。同理计算其他中介效应，结果表明，董事会决策偏好能够解释国有股东对企业经济绩效影响作用的10.6%，在外资股东与企业社会责任、经济绩效的关系研究中，董事会决策偏好分别起到8.29%和11.53%的中介效应，董事会监管偏好分别起到5.80%和10.50%的中介效应，在机构股东与企业社会责任、经济绩效的关系研究中，董事会决策偏好分别起到2.55%和8.3%的中介效应，董事会监管偏好分别起到19.44%和10.77%的中介效应，在个人股东与企业社会责任、经济绩效的关系研究中，董事会决策偏好分别起到17.19%和2.83%的中介效应，董事会监管偏好分别起到19.49%和2.84%的中介效应。根据以上结果可以发现，在四类股东与企业社会责任、经济绩效的关系中，董事会决策和监管偏好大都发挥了中介效应，验证了假设H4.12。

将董事会功能偏好在四类股东与企业双重任务关系之间中介效应结果进行对比，可以发现，在不同股东的影响中，决策和监督偏好的中介效果存在明显差异。董事会决策偏好在国有、外资、个人三类股东与企业责任之间的中介效应更明显，相反，董事会监管偏好在机构股东与企业责任之间的中介效应更明显。由董事会决策偏好起到更明显的中介作用可以得出，大部分股东会通过促进董事会发挥运营决策功能对企业双重任务产生影响，以表达自己的任务偏好。

表 4.11　董事会功能偏好的中介效应检验

| | 模型 17 $Y_1$ | 模型 18 $Y_1$ | 模型 19 $Y_1$ | 模型 20 $Y_1$ | 模型 21 $Y_1$ | 模型 22 $Y_1$ | 模型 23 $Y_1$ | 模型 24 $Y_1$ | 模型 25 $Y_1$ | 模型 26 $Y_1$ |
|---|---|---|---|---|---|---|---|---|---|---|
| $X_1$ | 0.023** (2.45) | 0.028*** (2.99) | | | | | | | | |
| $X_2$ | | | 0.118*** (8.61) | 0.118*** (8.46) | | | | | | |
| $X_3$ | | | | | −0.058** (−2.13) | −0.058** (−2.11) | | | | |
| $X_4$ | | | | | | | −0.215*** (−4.51) | −0.222*** (−4.62) | | |
| $M_1$ | 5.905*** (6.35) | | 5.224*** (5.77) | | 5.893*** (6.32) | | 6.395*** (6.90) | | 6.027*** (6.47) | |
| $M_2$ | | −4.783*** (−5.60) | | −3.653*** (−4.35) | | −4.536*** (−5.28) | | −5.179*** (−6.05) | | −4.686*** (−5.47) |
| $K_1$ | 0.262 (1.17) | 0.299 (1.33) | 0.232 (1.07) | 0.267 (1.22) | 0.289 (1.29) | 0.327 (1.45) | 0.224 (1.05) | 0.274 (1.22) | 0.268 (1.19) | 0.307 (1.36) |
| $K_2$ | 7.515*** (3.07) | 7.358*** (2.99) | 8.232*** (3.48) | 7.979*** (3.35) | 7.489*** (3.05) | 7.198*** (2.92) | 7.875*** (3.24) | 7.590*** (3.11) | 6.917*** (2.83) | 6.623*** (2.70) |
| $K_3$ | 1.628*** (7.22) | 1.605*** (7.09) | 1.422*** (6.47) | 1.413*** (6.39) | 1.760*** (7.71) | 1.747*** (7.61) | 1.537*** (6.82) | 1.519*** (6.71) | 1.675*** (7.43) | 1.662*** (7.34) |

续表

| | 模型17 | | 模型18 | | 模型19 | | 模型20 | | 模型21 | | 模型22 | | 模型23 | | 模型24 | | 模型25 | | 模型26 | |
|---|---|---|---|---|---|---|---|---|---|---|---|---|---|---|---|---|---|---|---|---|
| | $Y_1$ | | $Y_1$ | | $Y_1$ | | $Y_1$ | | $Y_1$ | | $Y_1$ | | $Y_1$ | | $Y_1$ | | $Y_1$ | | $Y_1$ | |
| $K_4$ | -0.068 (-1.22) | | -0.087 (0.056) | | -0.027 (-0.49) | | -0.039 (-0.70) | | -0.062 (-1.12) | | -0.078 (-1.38) | | -0.043 (-0.77) | | -0.060 (-1.08) | | -0.060 (-1.08) | | -0.076 (-1.36) | |
| $K_5$ | 4.331*** (6.68) | | 4.211*** (6.47) | | 3.577*** (5.63) | | 3.480*** (5.44) | | 4.231*** (6.46) | | 4.130*** (6.28) | | 3.942*** (6.04) | | 3.821*** (5.83) | | 4.441*** (6.84) | | 4.336*** (6.65) | |
| $K_6$ | -0.051* (-1.65) | | -0.049 (-1.59) | | -0.075*** (-2.67) | | -0.081*** (-2.87) | | -0.077*** (-2.67) | | -0.083*** (-2.83) | | -0.074*** (-2.58) | | -0.079*** (-2.73) | | -0.076*** (-2.63) | | -0.081*** (-2.79) | |
| F值 | 19.55*** | | 18.31*** | | 29.26*** | | 27.14*** | | 19.34*** | | 17.67*** | | 21.60*** | | 20.06*** | | 21.38*** | | 19.50*** | |
| $R^2$ | 0.1295 | | 0.1223 | | 0.1822 | | 0.1712 | | 0.1283 | | 0.1185 | | 0.1412 | | 0.1325 | | 0.1245 | | 0.1148 | |
| $Adj. R^2$ | 0.1229 | | 0.1156 | | 0.1759 | | 0.1649 | | 0.1217 | | 0.1118 | | 0.1346 | | 0.1259 | | 0.1187 | | 0.1089 | |
| | 模型27 | | 模型28 | | 模型29 | | 模型30 | | 模型31 | | 模型32 | | 模型33 | | 模型34 | | 模型35 | | 模型36 | |
| | $Y_2$ | | $Y_2$ | | $Y_2$ | | $Y_2$ | | $Y_2$ | | $Y_2$ | | $Y_2$ | | $Y_2$ | | $Y_2$ | | $Y_2$ | |
| $X_1$ | -0.007*** (-2.85) | | -0.007*** (-2.61) | | | | | | | | | | | | | | | | | |
| $X_2$ | | | | | -0.015*** (-3.94) | | -0.016*** (-4.04) | | | | | | | | | | | | | |
| $X_3$ | | | | | | | | | 0.019** (2.54) | | 0.019*** (2.57) | | | | | | | | | |
| $X_4$ | | | | | | | | | | | | | 0.093*** (7.14) | | 0.093*** (7.09) | | | | | |

续表

| | 模型27 $Y_2$ | 模型28 $Y_2$ | 模型29 $Y_2$ | 模型30 $Y_2$ | 模型31 $Y_2$ | 模型32 $Y_2$ | 模型33 $Y_2$ | 模型34 $Y_2$ | 模型35 $Y_2$ | 模型36 $Y_2$ |
|---|---|---|---|---|---|---|---|---|---|---|
| $M_1$ | 0.742*** (2.88) | | 0.807*** (3.13) | | 0.747*** (2.89) | | 0.543** (2.14) | | 0.702*** (2.72) | |
| $M_2$ | | −0.572** (−2.42) | | −0.735*** (−3.10) | | −0.646*** (−2.73) | | −0.390* (−1.67) | | −0.595** (−2.52) |
| $K_1$ | −0.029 (−0.47) | −0.024 (−0.39) | −0.026 (−0.42) | −0.021 (−0.34) | −0.038 (−0.61) | −0.033 (−0.53) | −0.016 (−0.27) | −0.013 (−0.21) | −0.031 (−0.50) | −0.026 (−0.42) |
| $K_2$ | 3.195*** (4.71) | 3.175*** (4.68) | 3.216*** (4.77) | 3.169*** (4.70) | 3.199*** (4.71) | 3.158*** (4.65) | 2.973*** (4.48) | 2.948*** (4.44) | 3.387*** (5.00) | 3.352*** (4.95) |
| $K_3$ | −0.115* (−1.84) | −0.118* (−1.88) | −0.097 (−1.55) | −0.098 (−1.56) | −0.158** (−2.50) | −0.160** (−2.53) | −0.071 (−1.15) | −0.072 (−1.16) | −0.130** (−2.08) | −0.132** (−2.10) |
| $K_4$ | 0.025 (1.61) | 0.023 (1.46) | 0.018 (1.16) | 0.015 (0.97) | 0.023 (1.49) | 0.021 (1.33) | 0.015 (0.98) | 0.014 (0.89) | 0.022 (1.44) | 0.020 (1.30) |
| $K_5$ | −3.387*** (−18.85) | −3.403*** (−18.94) | −3.310*** (−18.29) | −3.317*** (−18.35) | −3.353*** (−18.48) | −3.363*** (−18.55) | −3.206*** (−17.98) | −3.217*** (−18.04) | −3.422*** (−19.03) | −3.433*** (−19.09) |
| $K_6$ | 0.016* (1.83) | 0.016* (1.83) | 0.024*** (2.95) | 0.023*** (2.92) | 0.024*** (3.00) | 0.024*** (2.96) | 0.023*** (2.92) | 0.022*** (2.84) | 0.024*** (2.95) | 0.023*** (2.91) |
| $F$值 | 56.79*** | 56.37*** | 58.10*** | 58.06*** | 56.50*** | 56.33*** | 64.41*** | 64.07*** | 63.31*** | 63.10*** |
| $R^2$ | 0.3018 | 0.3002 | 0.3066 | 0.3065 | 0.3007 | 0.3001 | 0.3290 | 0.3278 | 0.2964 | 0.2957 |
| $Adj. R^2$ | 0.2965 | 0.2949 | 0.3014 | 0.3012 | 0.2954 | 0.2948 | 0.3239 | 0.3227 | 0.2917 | 0.2910 |

注：表中输入的是系数 $\beta$ 值与 $t$ 值及其显著性水平。***、**、*分别表示在1%、5%、10%水平下显著。

(3) 稳健性检验

在稳健型检验过程中,从和讯网中收集相关指标作为企业社会责任的数据来源,并用 $Y_1'$ 表示,同时,选用新的方法对托宾 $Q$ 进行测度,用 $Y_2'$ 表示,以此来衡量企业经济绩效,随后,使用新的变量数据重复前文研究,得出了相同的结论,检验结果如表 4.12 和表 4.13 所示。

表 4.12　异质股东对企业双重任务直接影响效应的稳健性检验

|  | $Y_1'$ | $Y_1'$ | $Y_1'$ | $Y_1'$ | $Y_2'$ | $Y_2'$ | $Y_2'$ | $Y_2'$ |
| --- | --- | --- | --- | --- | --- | --- | --- | --- |
| $X_1$ | 0.211*** (3.63) |  |  |  | −0.007*** (−2.73) |  |  |  |
| $X_2$ |  | 0.706*** (8.38) |  |  |  | −0.014*** (−3.51) |  |  |
| $X_3$ |  |  | −0.412*** (−2.83) |  |  |  | 0.018** (2.30) |  |
| $X_4$ |  |  |  | −1.089*** (−3.71) |  |  |  | 0.099*** (7.53) |
| $K_1$ | 2.031 (1.48) | 1.842 (1.37) | 2.253 (1.63) | 1.933 (1.40) | −0.026 (−0.41) | −0.023 (−0.37) | −0.034 (−0.54) | −0.014 (−0.22) |
| $K_2$ | 4.827*** (3.78) | 5.084*** (4.07) | 4.356*** (3.72) | 4.164*** (3.74) | 3.252*** (4.70) | 3.282*** (4.77) | 3.266*** (4.71) | 3.003*** (4.44) |
| $K_3$ | 1.663*** (8.43) | 1.373*** (7.80) | 1.876*** (9.10) | 1.587*** (8.18) | −0.115* (−1.80) | −0.100 (−1.56) | −0.155** (−2.40) | −0.066 (−1.05) |
| $K_4$ | −0.241 (−0.70) | 0.025 (0.07) | −0.186 (−0.54) | −0.079 (−0.23) | 0.025 (1.62) | 0.019 (1.22) | 0.024 (1.50) | 0.015 (0.95) |
| $K_5$ | 2.537*** (4.66) | 2.018*** (3.71) | 2.330*** (4.44) | 2.189*** (4.20) | −3.496*** (−19.09) | −3.431*** (−18.60) | −3.467*** (−18.75) | −3.292*** (−18.15) |
| $K_6$ | −0.336* (−1.79) | −0.544*** (−3.17) | −0.576*** (−3.26) | −0.569*** (−3.23) | 0.011 (1.32) | 0.019** (2.35) | 0.020** (2.43) | 0.019** (2.44) |
| $F$ 值 | 18.88*** | 27.95*** | 18.06*** | 18.98*** | 63.93*** | 64.91*** | 63.49*** | 73.87*** |
| $R^2$ | 0.1116 | 0.1568 | 0.1073 | 0.1121 | 0.2984 | 0.3016 | 0.2970 | 0.3295 |
| Adj. $R^2$ | 0.1057 | 0.1512 | 0.1013 | 0.1062 | 0.2938 | 0.2970 | 0.2923 | 0.3251 |

注:表中输入的是系数 $\beta$ 值与 $t$ 值及其显著性水平。***、**、* 分别表示在 1%、5%、10% 水平下显著。

表4.13 董事会功能偏好的中介效应的稳健性检验

| | $Y_1'$ | $Y_1'$ | $Y_1'$ | $Y_1'$ | $Y_1'$ | $Y_1'$ | $Y_1'$ | $Y_1'$ | $Y_1'$ | $Y_1'$ |
|---|---|---|---|---|---|---|---|---|---|---|
| $X_1$ | 0.193*** (3.37) | 0.222*** (3.88) | | | | | | | | |
| $X_2$ | | | 0.661*** (7.90) | 0.656*** (7.76) | | | | | | |
| $X_3$ | | | | | −0.407** (−2.47) | −0.404** (−2.44) | | | | |
| $X_4$ | | | | | | | −1.251*** (−4.33) | −1.297*** (−4.45) | | |
| $M_1$ | 3.651*** (5.81) | | 2.174*** (5.29) | | 3.720*** (5.80) | | 3.804*** (6.37) | | 3.662*** (5.97) | |
| $M_2$ | | −2.542*** (−5.34) | | −2.021*** (−4.12) | | −2.732*** (−4.96) | | −3.559*** (−5.72) | | −2.786*** (−5.16) |
| $K_1$ | 1.796 (1.33) | 1.997 (1.47) | 1.643 (1.24) | 1.836 (1.38) | 1.991 (1.46) | 2.201 (1.61) | 1.647 (1.22) | 1.869 (1.38) | 1.842 (1.35) | 2.059 (1.51) |
| $K_2$ | 5.391*** (3.88) | 5.409*** (3.81) | 5.781*** (4.15) | 5.636*** (4.03) | 5.342*** (3.80) | 5.301*** (3.68) | 5.500*** (3.94) | 5.411*** (3.82) | 5.127*** (3.54) | 5.071*** (3.42) |
| $K_3$ | 1.651*** (8.59) | 1.610*** (8.48) | 1.281*** (7.98) | 1.235*** (7.90) | 1.793*** (9.18) | 1.719*** (9.09) | 1.597*** (8.27) | 1.559*** (8.16) | 1.696*** (8.86) | 1.724*** (8.77) |

第四章 国有企业混合所有制董事会结构与双重任务的实证分析 / 145

续表

| | $Y_1'$ | $Y_1'$ | $Y_1'$ | $Y_1'$ | $Y_1'$ | $Y_1'$ | $Y_1'$ | $Y_1'$ | $Y_1'$ | $Y_1'$ |
|---|---|---|---|---|---|---|---|---|---|---|
| $K_4$ | -0.284 (-0.84) | -0.392 (-1.16) | -0.032 (-0.10) | -0.102 (-0.31) | -0.233 (-0.69) | -0.321 (-0.95) | -0.119 (-0.35) | -0.220 (-0.65) | -0.220 (-0.65) | -0.313 (-0.92) |
| $K_5$ | 2.019*** (5.08) | 1.985*** (4.91) | 1.602*** (4.14) | 1.486*** (3.98) | 1.860*** (4.88) | 1.817*** (4.73) | 1.729*** (4.53) | 1.655*** (4.35) | 2.528*** (5.30) | 2.265*** (5.14) |
| $K_6$ | -0.226 (-1.22) | -0.212 (-1.13) | -0.430** (-2.51) | -0.461*** (-2.69) | -0.445** (-2.54) | -0.471*** (-2.68) | -0.426** (-2.44) | -0.449*** (-2.57) | -0.438** (-2.49) | -0.464*** (-2.63) |
| $F$ 值 | 21.25*** | 20.52*** | 28.58*** | 26.95*** | 20.49*** | 19.22*** | 22.31*** | 21.20*** | 22.44*** | 21.02*** |
| $R^2$ | 0.1392 | 0.1351 | 0.1787 | 0.1702 | 0.1349 | 0.1276 | 0.1451 | 0.1389 | 0.1299 | 0.1227 |
| $Adj. R^2$ | 0.1327 | 0.1285 | 0.1724 | 0.1639 | 0.1284 | 0.1210 | 0.1386 | 0.1324 | 0.1241 | 0.1169 |
| | $Y_2'$ | $Y_2'$ | $Y_2'$ | $Y_2'$ | $Y_2'$ | $Y_2'$ | $Y_2'$ | $Y_2'$ | $Y_2'$ | $Y_2'$ |
| $X_1$ | -0.008*** (-2.89) | -0.007*** (-2.64) | | | | | | | | |
| $X_2$ | | | -0.015*** (-3.82) | -0.016*** (-3.95) | | | | | | |
| $X_3$ | | | | | 0.019** (2.49) | 0.019** (2.54) | | | | |
| $X_4$ | | | | | | | 0.097*** (7.33) | 0.097*** (7.25) | | |

续表

| | $Y_2'$ | $Y_2'$ | $Y_2'$ | $Y_2'$ | $Y_2'$ | $Y_2'$ | $Y_2'$ | $Y_2'$ | $Y_2'$ | $Y_2'$ |
|---|---|---|---|---|---|---|---|---|---|---|
| $M_1$ | 0.741*** (2.82) | | 0.803*** (3.06) | | 0.744*** (2.83) | | 0.534** (2.07) | | 0.700*** (2.66) | |
| $M_2$ | | −0.608** (−2.53) | | −0.771*** (−3.19) | | −0.683*** (−2.84) | | −0.418* (−1.77) | | −0.632*** (−2.63) |
| $K_1$ | −0.031 (−0.50) | −0.027 (−0.42) | −0.029 (−0.45) | −0.023 (−0.37) | −0.040 (−0.63) | −0.036 (−0.56) | −0.018 (−0.29) | −0.015 (−0.24) | −0.033 (−0.52) | −0.029 (−0.45) |
| $K_2$ | 3.264*** (4.73) | 3.244*** (4.70) | 3.293*** (4.80) | 3.243*** (4.73) | 3.274*** (4.74) | 3.232*** (4.67) | 3.031*** (4.49) | 3.007*** (4.45) | 3.463*** (5.03) | 3.427*** (4.97) |
| $K_3$ | −0.114* (−1.79) | −0.117* (−1.83) | −0.097 (−1.51) | −0.097 (−1.53) | −0.157** (−2.44) | −0.159** (−2.48) | −0.067 (−1.07) | −0.069 (−1.09) | −0.129** (−2.03) | −0.131** (−2.06) |
| $K_4$ | 0.024 (1.56) | 0.022 (1.40) | 0.018 (1.12) | 0.015 (0.92) | 0.023 (1.44) | 0.020 (1.27) | 0.014 (0.91) | 0.013 (0.82) | 0.022 (1.39) | 0.020 (1.24) |
| $K_5$ | −3.465*** (−18.95) | −3.480*** (−19.04) | −3.390*** (−18.40) | −3.395*** (−18.45) | −3.432*** (−18.58) | −3.441*** (−18.65) | −3.276*** (−18.07) | −3.287*** (−18.13) | −3.501*** (−19.12) | −3.511*** (−19.19) |
| $K_6$ | 0.014 (1.61) | 0.014 (1.63) | 0.022*** (2.73) | 0.022*** (2.72) | 0.023*** (2.78) | 0.023*** (2.76) | 0.022*** (2.69) | 0.021*** (2.64) | 0.022*** (2.73) | 0.022*** (2.71) |
| $F$值 | 57.30*** | 57.02*** | 58.42*** | 58.57*** | 56.92*** | 56.93*** | 65.37*** | 65.15*** | 63.85*** | 63.81*** |
| $R^2$ | 0.3037 | 0.3027 | 0.3078 | 0.3083 | 0.3023 | 0.3023 | 0.3323 | 0.3315 | 0.2982 | 0.2980 |
| $Adj.R^2$ | 0.2984 | 0.2974 | 0.3025 | 0.3031 | 0.2970 | 0.2970 | 0.3272 | 0.3264 | 0.2935 | 0.2934 |

注：表中输入的是系数$\beta$值与其$t$值及其显著性水平；***、**、*分别表示在1%、5%、10%水平下显著。

## 三 董事会结构与双重任务的结论和启示

### (一) 结论启示

1. 董事社会网络视角

依据上述的研究结论可以进一步提出董事社会网络在股权混合调节的干预之下作用影响企业双重任务的作用机理（见图4.10）。针对其作用机理的具体说明如下所述：

依照三类不同的样本，即全部企业、商业竞争类型与特殊功能类型企业的检验，可以得到三点结论。

第一，企业家型董事和政府官员型董事两种类型的社会网络对于企业绩效和社会责任的影响偏好产生的作用截然不同，创业型董事社会网络与企业绩效呈正相关，与企业社会责任呈正相关，而政府官方董事社会网络与企业绩效呈负相关，与企业社会责任呈正相关。这表明，当政府官员在网络中占据中心地位并在决定整个网络中发挥有效作用时，这种社会网络更有可能表现出政府干预企业，进而可能导致企业绩效下降，进而抑制企业的后续发展。但是企业家主管社交网络的主管出生在一家企业，他们所着重强调的通常是企业绩效的提高，但是却因为企业的社会责任不能使得企业在短期内或者以直接的方式获得收益，这不利于着重发展经济的企业家型董事履行企业社会责任，在这一社会网络建立的过程中，企业家型董事是基于自己的工作经历呈现出提高经济绩效、抑制企业责任履行的特征。

第二，股权混合度这一偏好在实际中有利于经济绩效的提高，企业社会责任的履行，另外有助于调节董事社会网络和企业双重任务的部分关系。企业家型董事在进行社会网络资源发挥的实际行动中，企业家型董事和持有一定比例股票的参股非国有股东都会把企业双重任务的目标围绕企业经济发展为中心制定，可以得出结论，股权混合程度的提升对于企业家型董事的发挥会产生较大幅度的积极提升。而政府官员重视企业对社会的贡献，他们具有重视企业对社会的贡献、珍惜企业外部声誉的性质，在我国的经济转型期间，体现主张维系各参与群体的相关利益，具备企业保障的属性，在这一层面同非国有企业股东追求利益的这一目标存在冲突，可以得出结论，非国有股东的增加以及持股比例的增加，不利于官员型董事

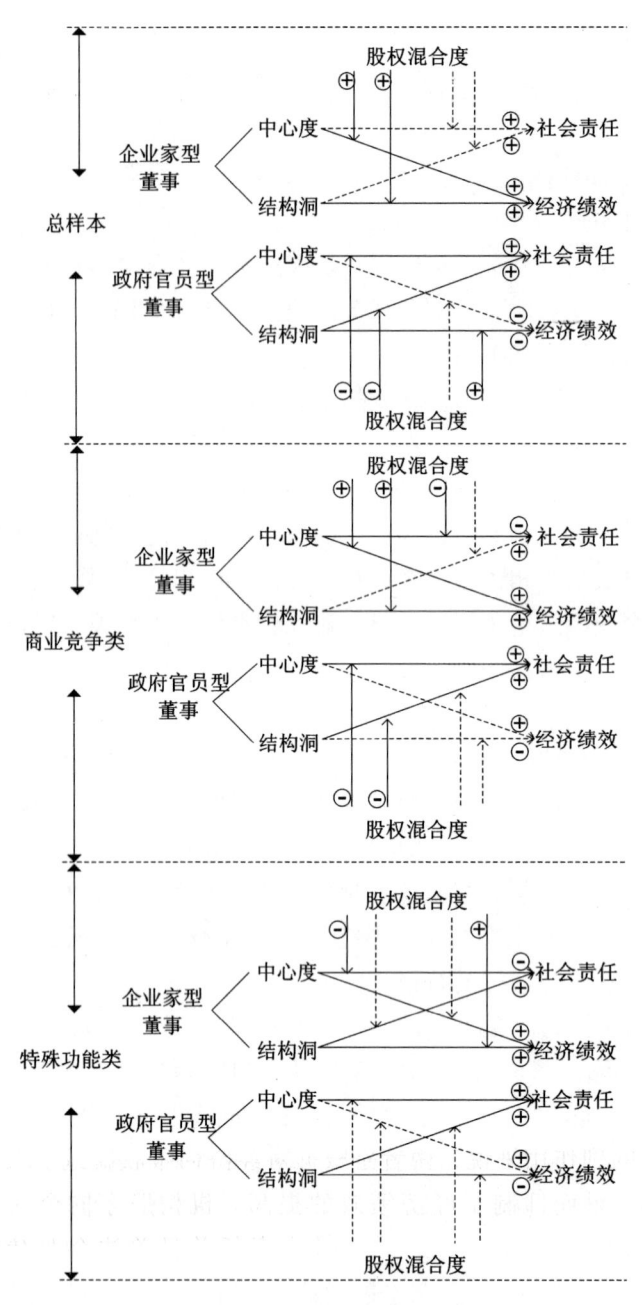

**图 4.10　董事社会网络作用**

注：—表示发挥显著作用，⋯⋯表示发挥不显著作用；＋表示产生正向作用；－表示产生负向作用。

社会网络的作用辐射,使得非国有股东借助股权混合度这一方式参与到官员型董事对双重任务选择倾向和偏好的设计之中。甚至转变其选择,改变其偏好,转而将主要目标着重于企业经济效益的提升。

第三,总样本和商业竞争类型企业,特殊功能类型的企业比较起来存在相对特殊性,大体印证了这类调节效应,单就企业家型董事社会网络中心度和双重任务间存在的相互作用关系来说,股权混合度所产生的调节效应显著,在其他情况下,对所有权组合没有显著的调节作用。可以进一步得出结论,现阶段中国政府强调国有企业应在公共利益中发挥保护作用,而当企业对公共利益的保护要求更高时,政府官员董事和国有股东的目标将更加单一和明确,即追求企业的双重使命,在这个阶段,非国有企业对其的干涉程度将会降低。

### 2. 董事会功能偏好视角

根据同现有研究的对比,本书以委托—代理理论为基础,研究了董事会的职能偏好以及异质股东与公司双重任务之间的关系,以认知理论的基础,综合阐明董事会功能的作用发挥的过程即其内生作用机理。研究发现,在董事会和公司双重角色的基础上,异质性股东凭借其自身的独特属性对董事会的职能偏好和公司的双重角色都产生了影响,特别是在作用偏好和作用强度方面,不同种类的异质股东产生的效应也不同。研究最后得出结论:国有股东的重点在于企业绩效的提高。此外,还能稳定社会责任。国有股东对于人民生活水平与社会利益的维系和保障使得国民经济发展平稳度过过渡期,发挥了强有力的国家保障效应。由此我们可以推断,在我国的混合所有制改革的推进形成之中,较长的一段期限不会干涉国有股东在国有企业之中发挥着重要的核心作用。对于企业双重业务的作用而言,国有企业同外资企业有相似之处,但是,从本质来说,两者的初衷和内在动机不同。从经济绩效的副作用来说,两者是根据对经济回报收益过度关注的个体利益行为,继而抑制了经济绩效的提高。机构股东同个人股东一样是更加纯粹的投资者,存在排斥社会责任并且关注企业绩效的属性。从对董事会功能选择的角度来说,只有国有股东和决策偏好与监管偏好正相关,但是现在发展阶段的社会股东持股比例较低、决策影响力较弱,导致其他股东都更加容易做出功能偏好这一选择。其中,董事会决策偏好正向影响不能离开外资股东和个人股东,这也表明了对于企业权力更强的需求。除了上述提到的角度以外，董事会功能偏好对企业双重任务的作用过程中产生了与经验相违背的结果，对于企业的经济绩效以及企业社会责任来说，董事会监管偏好对其产生负向影响，这也就表明了在国有企业之中，通过对国有企业国有股东的绝对控制，可以实现对降低董事监督职能的盲目追求。研究的最终结论是，在国有股东和企业的任务中，我们无法验证董事会的监督偏好作为中介变量是否显著，但这一中介变量对股东形象中的企业双重任务具有显著影响，而且这种中介效应的强度根据股东和企业的不同任务而呈现出不同的形式。其中，董事会的决策偏好具有较强的中介效应，原因可能是董事会的决策偏好对企业的双重任务具有正向影响，这一发现也能进一步呈现出现阶段国有企业内部强调董事会决策的重要性十分合理。

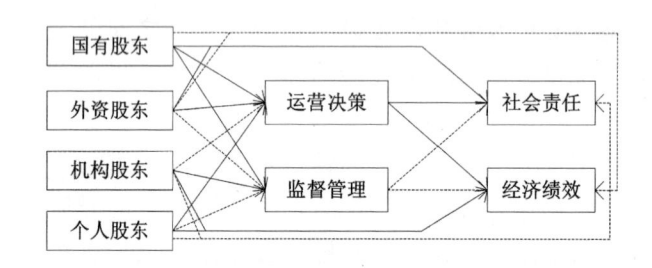

图 4.11 董事会功能偏好中介关系

### （二）完善国有企业董事制度的政策启示

1. 合理构建与利用董事社会网络资源

首先，在公司层面上积极形成连锁董事网络且保持规模适当的同时，着重关注优化社会网络内部结构，这是根据内部诉求和外部压力的共同协作驱动所决定的。企业网络等非正式的网络关系建立和发挥效用的重要性不断被提升，这一点在我国经济市场化程度不断加深的过程中得到了体现，不同地域以及不同行业的上市公司对这一重要性的关注度也日益增加。在两者比较而言，企业连锁董事网络的董事兼任并建立的属性存在着相对稳定的特征和提高绩效的显著优势。一方面是国有企业这一经济动力强劲享有庞大利益相关群的企业；另一方面经济活力相对较弱的其他企业组织，在我国不论哪类企业都为了企业自身的健全发展日益成熟和提高绩效作用的发挥，都有必要关注连锁董事网络的构建，尤其是规模和结构的优化。

其次，连锁企业为了保证其自身在连锁董事网络中的重要地位，不仅需要积极靠近整个网络结构的内部圈层，构建更多更密集的连锁相关关系，还要提高对丰富的结构洞位置的抢占。关系和结构两大维度对连锁董事网络的绩效作用运作产生了至关重要的作用，这基于连锁董事衡量的两大维度对于企业绩效的提升产生了积极的作用。因此，我们可以得出结论，我国的上市公司为了构建和拓展连锁董事网络，不仅要重视个体网络外延和拓展，即量层级的发展；也要对结构洞位置积极进行抢占，降低网络对其的约束限制，即质层级的提高。

最后，企业应当积极增加例如连锁董事网络这一非正式关系的运用，尤其是在企业面临不确定性比较高的经济环境时，在网络发挥作用的基础上进一步提高绩效作用的运作以及提高企业自身对于不确定环境的适应性。现阶段我国经济进入了"新常态"发展，在"新常态"这一环境下，上市公司群体首先应当关注经济环境动态变化复杂性的原因及其应对方案和提高重视程度，传统竞争要素的反应存在时间长不灵活的特点；但是，对于非正式网络关系如连锁董事网络而言，企业应对多变的市场信息、舆论走向、行业动态和资源配置流向等动态可以借助网络属性来高效获取并掌握，进一步有利于企业商议调整竞争策略和制订方案来应对复杂多变的经济环境动态，适应经营环境，维持并提高企业自身的经营活力，提升企业绩效和维持稳定发展。

2. 充分发挥独立董事的综合作用

拥有不同经历的董事对于企业绩效的作用不同，不同异质股东董事的董事代理人偏好选择也不同，因此，在本章第二节董事职能背景的研究结论的基础上，本书探讨股东对于董事会强力干预的最大程度削弱方案，强化在国有企业董事会中不同职能的独立董事的影响并且提供政策启示。

非国有股东与国有股东势力均衡的情形或存在的大股东损害小股东的个体利益情形都可能出现在混合所有制国有企业之中，面对这种情况，我们会完善独立董事制度，优先聘用具有丰富商业经验或曾担任公司董事或经理（在其他公司工作或离开公司）的独立董事，通过其专业技能和知识，借助其独有的经营管理角度，对于公司的经营和战略问题提出多方面多层次的决策建议，有利于降低公司的战略风险；公司重大战略的实施和执行需要依靠独立董事发挥监督作用，进一步保证战略运作的准确性和有效性。独立董事的自身属性使他们能够独立冷静地评价和判断股东之间存在争议的重大事项，从第三方的角度向企业提出决策建议，进一步维护公司战略发展的合理性和平衡性。

加强对于独立董事的资格认证，需要制定并且实施明确纯粹的任职规则。不难发现，独立董事是公司架构的必要存在，这一特征使得独立董事需要掌握公司相关业务的专业技能和知识，熟练相关业务进程，具备根据企业功能发展需要来明确分析的能力，同时要具备一定程度的管理、经济、战略等方面的思维与知识保证。除此之外，最重要的任职资格必须要规定独立董事的人格品质，即所聘请的独立董事必须维持诚实可靠的优良品质。在《中华人民共和国公司法》中，建议通过概括和枚举相结合的方式，对独立董事的任职标准进行严格的界定。

其次，为了维持机制的运作效率，独立董事的选取任职程序应当适当改革。股东提出任命的独立董事持股比例应当进一步被降低，从而可以减少其对企业运营的干预程度，特别是，它将有助于削弱异质股东对董事会决策的控制，为中小股东提供提名独立董事的适当渠道，并建立独立董事协会。协会应负责全国独立董事资格的发放，并建立全国独立董事合格成员信息数据库，有助于各企业，包括混合所有制国有企业在建立的合格成员信息数据库中选择任职具有资格认证的独立董事；此外还可以借助猎头公司等第三方力量来获取独立董事的信息渠道确定人选。

3. 完善董事会和董事考评制度

由于本章第二节已经探讨过董事委托人对于企业绩效的作用存在明显的干预影响，如同上述假设分析，在一定程度上说，董事考评标准的设定中设置了异质追求是股东董事委托人的目标，进一步说，董事会所存在的决策权可能会因此而受到威胁继而消失。并且，本章第一节和第二节的研究所得出的结论充分阐述了董事职能不同作用偏好不同，所以本书围绕完善董事会考评制度得到政策启示。

第一，完善董事会和董事的考核评价标准，确保标准的统一。一般来说，国有企业董事会的相关评价和在任董事的评价主要通过股东和利益相关者进行，而国有企业则采用董事会评价和董事自我评价的方法来形成企业的评价。投资者就董事会对董事的评价做出相关决定是必然的、合理的,董事会同股东及经理层之间的关系正是委托—代理关系这种实质是合同契约关系的存在,评价所做出的关键性贡献就是企业绩效的实际成果检验。评价国有企业的董事会和考核董事这一行为,这在很大程度上有助于促进公司治理体系的完善。董事会和董事得到了客观、公正的评价和考核,这意味着董事会的委托意识和责任感得到关注和加强,进一步确保了董事会的稳定和规范运行,提升了董事会的价值。

一般来说,全球的董事会和董事都会受到企业的评价和考核,但是,实际操作中存在一定的障碍,尤其是对于企业董事会和董事所做出的决策和措施缺乏评价和衡量的统一标准,以及董事会、董事之间缺乏科学有效的自我评价机制。实际工作之中,由于各方利益的不同对于董事的评价也是无法统一标准。基于这个原因,许多企业对于董事会及董事的评价与考核形成了形式主义甚至会直接放弃对其考核评价,进一步降低了董事会的目标,即股东利益增值的作用积极性,导致了董事消极心态的产生和发展,甚至会严重地侵害股东的权益。

第二,对董事会和董事的评价指标进行量化,特别是对任期的评价。由于国有企业的特殊性,应注意保护相关利益主体的权益,注意企业战略发展决策过程与管理者选拔的联系等,并注意董事会在决策和建议中应充分考虑相关问题。

在企业内部董事会对于经理层的业绩也存在着相应的考核评价,这与股东对董事会的业绩考核指标并不存在根本上的差异,实际上较大的不同之处在于董事会的考核评价关注的是现存眼前利益的风险,这有助于保护企业在长期的经营发展过程中的稳定性。在实务中,如果能通过改变目标下达的流程,并且设置构建有效的约束机制来鼓励或限制相关人员的行为,国有企业便更有利于实现股东权益的切实保障。

董事自评、股东(大)会评价与社会第三方评价等方式是国有企业内部较为流行的评价考核渠道,以股东为主成立股东、监事会与外部专家考评小组,综合考虑公司中长、中、短期目标,并结合上述的相关政策建议对公司的董事会制定合适的量化标准,做出公正有效的考评。运用公司战略有效延伸发展和年度经营业绩效果来衡量董事会的当期绩效,使用董事任职期经营业绩效果来度量董事会三年经营绩效的评价,董事会自身也可以借助企业的考核评价,进一步提高自身的决策素养和质量，适当根据各方的需求调整决策的运作效率，以评价方式引导董事会为相关各方发挥自身职能，更有效地创造更多利益。

董事会和董事的评价指标制定和机制完善需要更进一步加强董事会的股东授权。在现行法律规定的相关权力授予中，在大部分的国有企业中，股东由于多方面的考量仍然保有部分未转授董事会的权力，这一行为导致股东权力过大，不利于股东和董事会的合作，使得董事会对于股东对自身的信任程度产生怀疑，同时也不利于其约束和制衡经理人。股东保有部分权力不转授的主要担忧是对于董事会的不信任，尤其是担心出现相对应的代理无效问题。股东对董事会的相关授权和董事会对经理人的相关授权是考评董事会的关键，这与上述股东保有部分权力出现了矛盾，相关制度和规则的明确和切实约束是实现评价的基本前提。董事会的独立性和有效性对于上市公司来说是至关重要的。公司的运营绩效同董事会自身对于管理层的绩效评价存在着必然联系，专业委员会独立性的完善是董事会工作重心，其一是要根据线下有关监管部门所明确规定的相关要求来运作；其二是要对全体股东对经理层的监督负责；其三是防止小股东权益及持有的公司资产被大股东侵害侵占。通过上述的分析我们可知，董事会作用发挥的决定因素在于董事会的规模、结构及其独立性，而董事会的行为对于董事会的作用发挥产生了影响。

第三，以董事集体参与的董事会为主体注重对董事素质的考核评价。董事考核评价的基本是对于董事会的考核评价，只有董事会具有决策质量和效率的前提成立，评价考核董事才具有着客观公正性。通过全体董事提高效率，董事会实现高效运作，董事会的董事长和董事会的质量和效率对于决策的制定和实施发挥着决定性作用。

董事会中个体董事的贡献与价值创造研究与开发主要集中在对董事会客观公正的评价，对董事的领导能力、洞察力、熟悉相关知识的评价与量化，此外还有应对技能、素养等方面。另外，我们应该更加注意服务企业的专业背景与当前行业发展过程的匹配以及管理的复杂性。基于此我们可知董事会绩效评价指标的衡量因素应当纳入董事会履行职责、价值创造能力与对董事会能力业务绩效的考核，只有通过这样的指标制定，才能够有效、全面、效率地对于董事会做出合理的评价考核。

评价考核董事会应当通过董事会的主要作用发挥来进行，关联任期目标的考量标准，由董事长牵头组织评价董事会的组成部分，包括部分董事、监事、股东,依据维度考评年度述职。通过上述的评价考核机制的审查后,对于未达标的不称职董事,股东可以做出不再续聘的决定,对于贡献突出绩效良好的董事进行奖励或晋升,尤其是对于出自内部的部分董事进行鼓励和进步引导,使其为公司的后期发展和可持续性的保持发挥出进一步的积极效用,呈现出更大的贡献。

第四,董事会和董事的考核评价结果应当被重视并正确对待。董事会可以借助评价结果来规范自己的运作,并且可以提高自己的业务水平和义务履行的基础规范,进一步提高与促进经营效率和董事会运作,这也是董事会和董事进行考核评价的必要性。根据评价结果可以进一步揭示企业的运作效果,揭示信息是进行评价的主要目的,有助于公司运营透明性的进一步揭露,有利于多方对于公司整体运作的监督程度提高。一般情况下,被考核者的当期报酬会受到评价结果的影响,但是,董事会的报酬不应该因为对董事会和董事进行评价并基于结果进行波动。其一是因为存在大体等同任期的董事工作评价周期的存在;其二是因为一部分董事的报酬并不自公司领取,所以报酬的波动并不受到影响。实际上信息披露对于较高地位董事的评价的影响远大于对其报酬的影响。

## 四 本章小结

本章主要分析了国有企业董事会结构的特点及其双重任务的作用。根据高阶理论、分众分类法理论和信息决策理论,得出国有企业董事也具有异质性职能特征的结论,这一特征进一步导致影响企业发展的企业决策者和社会资源董事的职能偏好对企业存在的差异产生影响。

在实证分析部分,确立了国有企业董事的基础,这是国有企业董事独特经验和背景的前提。一方面,从资源角度分析了社会网络资源对国有企业双重任务的影响;另一方面,从多样性角度出发,重点研究了董事会不同职能偏好在异质性股东和企业双重任务中的中介作用。政府官员董事的社会网络结构有利于社会责任的进一步扩展,企业家董事的社会网络结构有利于经济绩效和效率的提高。与监管职能偏好相比,董事会经营决策职能偏好在股东与双重任务关系之间起着更为重要的中介作用,即具有明显决策职能的董事会承担着更高层次的股东代理任务。本书的研究结论将高阶理论和社会分类理论与当前国有企业的现状联系起来，表明在当前国有企业混合所有制型董事会结构下，董事的资源和职能特征在一定程度上会影响企业的使命和决策偏好。此外，还对国有企业董事会的选择和设立提出了建议和意见。

在研究结论启示和政策建议启示的部分，明确阐述了在董事职能和资源差异基础下构成的董事会结构造成的国有企业双重业务异质性效应，进一步提出借助董事网络资源、发挥独立董事作用和健全董事考核评价机制三个方面来促使国有企业混合所有制董事会结构的完备，最后可以更好地保护双重任务的实施和均衡。

# 第五章　国有企业混合所有制管理层结构与双重任务的实证分析

长期与管理层相关的研究热点和难点都是以企业业务有效提高为目标，进一步实现配置职能合理的高管团队以及科学激励高管[1]，据此延伸的相关重要议题是国有企业在改革进程中优化完善管理层组织结构。基于此本章主要关注点在于高管团队职能背景和高管激励，借助这两方面开展国有企业混合所有制管理层结构对双重任务的实证研究，框架如图5.1所示。

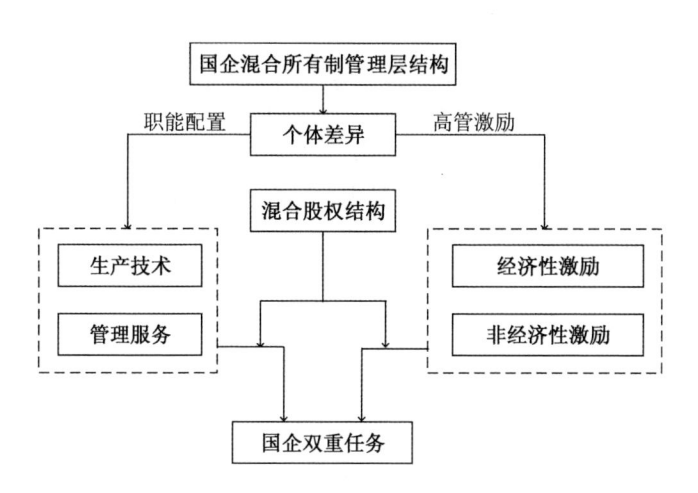

图5.1　国有企业混合所有制管理层结构与双重任务的研究框架

---

[1] Sahaym, A., Cho, S. Y., and Sang, K. K., "Mixed Blessings: How Top Management Team Heterogeneity and Governance Structure Influence the Use of Corporate Venture Capital by Post-IPO Firms", *Journal of Business Research*, 2016, 69 (3): 1208–1218.

高管异质性的存在近似于股东异质性，却存在着众多的不同，尤其是职业背景和认知上，每位高管都具有不同的经理经验和选择偏好，所以相同职业背景的高管会搭建形成高管关系，这一关系最终会进一步演化为组织，最终高管的行为也较为贴合个人的认知[1]。此外，根据社会类化理论，所有的个体都具有与其他人想不通的特征属性，高管会高度认可和激励自己所在的团队，而对自己团队以外的团队抱有排斥和地处，进一步会导致不同的团队之内会具有相较不同的思想观念和行为准则。不同职能背景造成的团队间差异越来越明显，主要原因在于进行合作和做出决策高管职业背景经历的基础不同。相较于单独的高管，各个高管团队对于企业都存在"集聚效应"的影响程度，但高管团队展现出"集聚效应"及其内涵的高管职能背景经历不同是否有利于企业进一步发展仍然没有明确。因此，在已有的分类思想、方法与名称的基础上[2]，根据功能背景的分类，可以分为"生产技术型"和"管理服务型"两种类型，因此本书选择进一步研究不同功能背景对企业任务选择的影响机制，调整变量选择中的公平混合程度，分析和研究功能背景与任务选择关系的调节机制。

除通过职能背景不同来选取适当的企业任务战略的高管团队之外，为了完成企业任务来激励高管的行为也是十分必要的。结合政府对于国有企业的高管明确规定的"限薪令"，不论是理论界还是实务界都极其注重国有企业高管的激励方式。对于高管进行激励的方式分为多种，总结来说可以分为两大类：经济型激励方式和非经济型激励方式两大类。高管对于两种不同的激励手段会存在不同的偏好，并且对于这两种激励手段的响应效果也不同。尤其是国有企业这种既要注重政治也要兼顾市场的特殊企业，高管的激励手段选择也会受到异质股东参与的影响。综上，在综合企业的社会价值和经济绩效的前提下，选择适当的高管激励手段需要进一步研究来进行解答。

---

[1] 刘新民、于文成、王垒：《企业家集群、产业集群与经济增长的关系研究》，《山东科技大学学报》（社会科学版）2016年第3期。
[2] 鲁倩、贾良定：《高管团队人口统计学特征、权力与企业多元化战略》，《科学学与科学技术管理》2009年第5期。

## 一　高管团队职能背景与双重任务

### （一）理论分析与假设提出

1. 生产技术型职能背景与双重任务

生产技术功能有两个主要优势，一是保证企业平稳运行，二是帮助企业保持自身的核心竞争力。具有生产、研发和销售等技术职能背景的高层管理人员具有强烈的自我意识，能够专注于技术开发、质量控制和生产效率的重要性[①]，还能有利于企业利润的增加，帮助扩充企业在市场上占据的份额进一步提升品牌所带来的效益。除此之外，生产技术型职能的高管具有很强的自信心，坚信自身决策的合理性，勇于承担决策所带来的风险，这也就致使高管团队通过这一方式实现更多的直接利益。现有研究证明生产技术型高管和企业的绩效存在正相关关系[②]。虽然生产技术型有利于提高企业内部的运营效率，进一步提高企业绩效，但这导致了此类高管将较少的注意力放到相关利益者上[③]。此外，决策回报的取得速度受到企业社会责任的滞后性和公益性的限制，所以生产技术型高管难免会轻视企业社会责任。根据上述分析，提出下列假设：

H5.1：高管团队中生产技术型职能背景高管占比与企业经济绩效正相关。

H5.2：高管团队中生产技术型职能背景高管占比与企业社会责任负相关。

2. 管理服务型职能背景与双重任务

管理服务型高管是指职能牵涉到金融、管理和法律等类型的高管，换言之，这种类型的高管一般不牵连公司内部最为核心和最一线的相关业务。与上述类型相比，达成既定目标后所获得的全部收益是管理服务

---

[①] 孙俊华、贾良定：《高层管理团队与企业战略关系研究述评》，《科技进步与对策》2009年第9期。

[②] 王雪莉、马琳、王艳：《高管团队职能背景对企业绩效的影响：以中国信息技术行业上市公司为例》，《南开管理评论》2013年第4期。

[③] 黄祥芳、周伟、张立中：《高管团队特征对企业社会责任的影响——基于农业上市公司的实证研究》，《内蒙古财经大学学报》2015年第2期。

型更加关注的问题，任职在政府或其他机构的高管同一般的高管相比来说更加重要[①]。在经营环境动态变化比较复杂的情况下，高管的决策牵连到多方的利益所以需要更加慎重，企业的战略决策选择不仅需要生产相关的专业知识技能还需要除去生产以外的多维度知识和经验做基础，只有这样企业才能够维持科学稳定且长久的继续发展。管理服务型的高管通过多领域的经验和专业知识技能可以针对管理相关问题做出合理解释，能够对整个运作市场进行全方位的分析，进一步根据分析得出有利于企业提高绩效的结论后进行合理决策[②]。在实际中，我们需要将服务管理型高管存在的良好社会人际关系纳入考虑范畴，在这个前提下这类高管通过自身的人脉网络关系为企业注入有利于提高企业绩效的资源。根据上述分析，提出下列假设：

H5.3：高管团队中管理服务型职能背景高管占比与企业经济绩效正相关。

H5.4：高管团队中管理服务型职能背景高管占比与企业社会责任正相关。

3. 股权混合度、高管团队职能背景与双重任务

一般来说，目前国有企业大体构成了社会股东和国有股东共同进行企业治理的现状。企业股东的构成越复杂越有利于企业绩效的提高[③]。但是目前多个大股东对于企业承担社会责任的影响是否存在仍旧没有明确。国有企业的双重任务表明国有企业一方面要追求自身利润的实现；另一方面要承担起企业相对应的社会责任。社会股东的构成结构既包含了外资也包含机构股东，这些股东的首要目的是为了经济利益的实现，明显的表现了其自身具有的"经纪人"属性，基于此会选择相对忽视社会责任的承担、一定程度上损害经济利润的项目来进行相关投资。

由于委托—代理的存在，股东们追逐的经营目标被施加到高管层

---

① 张正勇、吉利：《企业家人口背景特征与社会责任信息披露——来自中国上市公司社会责任报告的经验证据》，《中国人口·资源与环境》2013年第4期。

② Wang, C., Xie, F., and Zhu, M., "Industry Expertise of Independent Directors and Board Monitoring", *Journal of Financial and Quantitative Analysis*, 2015, 50 (5): 929 – 962.

③ Romano, G. and Guerrini, A., "The Effects of Ownership, Board Size and Board Composition on the Performance of Italian Water Utilities", *Utilities Policy*, 2014, 31 (31): 18 – 28.

级，股东混合度不仅被股东用来争夺对高管控制权利的博弈，也是股东经济利益的博弈。当处在股权混合度较为强的运作环境之下时，社会股东会注重经济效益而轻视社会责任，生产技术型高管对于经济效益和社会责任的选择偏好一般来说是与社会股东相近似，由此可知如果股权混合度越高，生产技术型高管会追求更多的经济利益回报，同时会更加的减轻社会责任的承担程度。与生产技术型相比，管理服务型高管更加注重经济利益的追求，同时他们也会承担一定程度的社会责任，但是当股权混合度提高时会对管理服务型高管这一效用进行限制。因此，提出以下假设：

H5.5a：股权混合度加强生产技术型职能背景高管占比与经济绩效的关系。

H5.5b：股权混合度加强生产技术型职能背景高管占比与社会责任的关系。

H5.6a：股权混合度加强管理服务型职能背景高管占比与经济绩效的关系。

H5.6b：股权混合度削弱管理服务型职能背景高管占比与社会责任的关系。

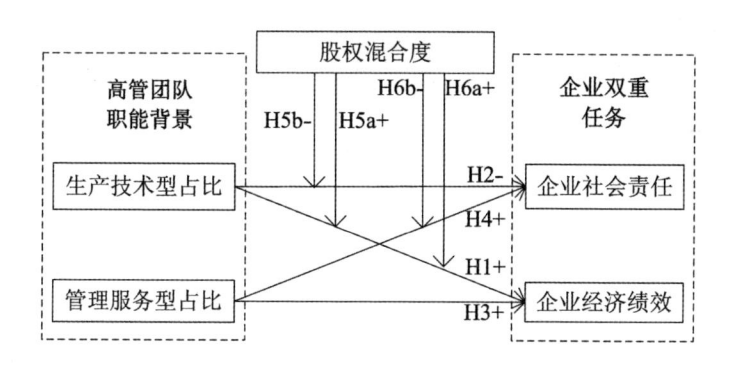

图5.2 高管团队职能背景与双重任务的假设关系

## （二）高管团队职能背景与双重任务的研究设计

1. 数据来源与样本选择

本书数据选自国泰安数据库中2010—2017年中央企业控股并且在沪深两市上市的公司数据。对数据进行相关处理，筛选剔除信息存在缺失、被特别处理的ST、公司经历过合并或重组的数据样本，最终选定

1016家企业的平衡面板数据用作本书的研究。本书进行了1%的Winsorize缩尾处理来避免误差。

2. 变量设计

（1）企业双重任务

企业社会责任变量$Y_1$借助国泰安企业社会责任数据库以及《中国企业社会责任白皮书》来进行构建。参考现有文献①相关研究，采取了内容分析法来进行相关的分数赋值，指标被披露的话赋值1分，总计得分便视为社会责任的得分。指标包括：责任管理、环境责任、社会责任和市场责任。企业经济绩效$Y_2$借用了企业托宾Q值来度量，实际计算采取市值和总资产的比值作为$Y_2$计算的方式。

（2）高管团队职能背景

生产技术型高管占比Production technology $X_1$用生产技术型高管的人数与总人数的比值来衡量，其中生产技术型高管是指职业背景具有生产、营销等职能的高管。管理技术型高管占比Management technique $X_2$用管理技术型高管的人数与总人数的比值来衡量，其中管理技术型高管是指职业背景具有人力资源和金融等职能的高管。

（3）股权混合度

公司所有权结构以社会股东与国有股东的比例来衡量，前10位股东按背景分为两类。国有股东包括持有样本公司股权的股东，社会股东包括外国股东、机构股东和自然股东。

（4）控制变量

借鉴以往研究②，设定控制变量公司规模$K_1$（将总员工数量取对数）、主营收入增长率$K_2$（本年主营业务收入减去本年初主营业务收入即本年主营业务收入的变动值除以本年年初主营业务收入）、公司成立天数$K_3$（将公司成立日到2017年12月31日的差值取对数）、独立董

---

① 王海妹、吕晓静、林晚发：《外资参股和高管、机构持股对企业社会责任的影响——基于中国A股上市公司的实证研究》，《会计研究》2014年第8期。

② 陈德萍、陈永圣：《股权集中度、股权制衡度与公司绩效关系研究——2007—2009年中小企业板块的实证检验》，《会计研究》2011年第1期；叶勇、蓝辉旋、李明：《多个大股东股权结构与公司业绩研究》，《预测》2013年第2期；王海妹、吕晓静、林晚发：《外资参股和高管、机构持股对企业社会责任的影响——基于中国A股上市公司的实证研究》，《会计研究》2014年第8期。

事比例 $K_4$（独立董事人数占董事会总人数的比例）、和资产负债率 $K_5$（期末总负债与总资产的比值）。

### （三）高管团队职能背景与双重任务的实证分析

1. 描述性统计分析

表 5.1 具体展现了变量的描述性统计和相关系数的分析。首先从整体来看管理服务型和生产技术型两种不同的高管间占据的平均比例相对来说比较接近，这说明选取的样本企业中的高管团队是由两类职能背景高管较为均衡地构成的。其次在企业双重任务的基础下，企业经济绩效的均值是 1.302，企业社会责任的均值是 4.825，样本企业在度量下是获得经济利润的，但是相较于其他的企业来说，样本企业对于社会责任的承担程度较低。这一现象需要进一步的进行改正完善。最后，表 5.1 展示的相关性分析表明了变量之间的相关关系显著。在变量间相关性分析发现 $X_1$ 和 $X_2$ 呈现显著负相关关系，进一步说明了本书前述根据高管职能背景来对高管团队进行分类和前提假设均是合理准确且切实有效的。

表 5.1　　　　　　　　描述性统计分析及相关系数

| 变量名 | 均值 | 标准差 | 1. $X_1$ | 2. $X_2$ | 3. $M$ | 4. $Y_1$ | 5. $Y_2$ |
| --- | --- | --- | --- | --- | --- | --- | --- |
| 1. $X_1$ | 0.435 | 0.259 | 1 | | | | |
| 2. $X_2$ | 0.473 | 0.249 | -0.634* | 1 | | | |
| 3. $M$ | 0.231 | 0.135 | 0.536* | -0.522* | 1 | | |
| 4. $Y_1$ | 4.825 | 4.839 | -0.615** | 0.611* | -0.557** | 1 | |
| 5. $Y_2$ | 1.302 | 1.076 | 0.500** | 0.476* | 0.489** | -0.504* | 1 |

注：**、* 分别表示在 1%、5% 水平下显著。

2. 模型检验

本节首先设定了以下四个模型并按顺序依次进行了检验。其中，因变量 $Y$，自变量 $X$、调节变量 $M$ 和去中心化之后相乘形成交互项。设定模型前首先明确交互项的系数显著这一条件变量存在的前提，表 5 呈现了自变量 $X_1$ 与自变量 $X_2$ 之间存在显著的相关性，为了剔除模型估计所带来的结果偏误，特意分别将两个自变量各自带入设定的模型中进行相关验证。

$$Y = c_0 + c_1 Controls + \varepsilon \quad (5.1)$$

$$Y = c_0 + c_1 X + c_2 Controls + \varepsilon \quad (5.2)$$

$$Y = c_0 + c_1 X + c_2 M + + c_3 Controls + \varepsilon \quad (5.3)$$

$$Y = c_0 + c_1 X + c_2 M + c_3 \bar{X} \times \bar{M} + c_4 Controls + \varepsilon \quad (5.4)$$

(1) 直接效应检验

通过表5.2 的分析，其中模型1 和模型5 说明前设控制变量有效。$Y_1$ 与 $M$ 是负相关（$\beta = -2.031$，$p < 0.01$），$Y_2$ 和 $M$ 是正相关（$\beta = 1.242$，$p < 0.01$）。这一关系的产生表明了企业股权混合度的提升以及社会股东参股程度的提高有助于国有企业的经营发展，有助于企业自身提高经济效益，但由于社会股东自身具有的高度利益倾向偏好，导致股权混合程度的提高会对股东承担社会责任的程度有所削弱。$Y_2$ 与 $X_1$ 之间存在正相关关系（$\beta = 0.939$，$p < 0.01$），$X_1$ 和 $Y_1$ 之间存在负相关关系（$\beta = -1.504$，$p < 0.01$），而 $Y_2$ 与 $X_2$ 之间存在正相关关系（$\beta = 0.565$，$p < 0.1$），但是 $Y_2$ 和 $X_2$ 之间存在正相关关系（$\beta = 1.053$，$p < 0.1$），即前提假设中的 H5.1 至 H5.4 均成立。

表5.2　　　　　　　　　　　直接效应检验

|   | 模型1 $Y_1$ | 模型2 $Y_1$ | 模型3 $Y_1$ | 模型4 $Y_1$ | 模型5 $Y_2$ | 模型6 $Y_2$ | 模型7 $Y_2$ | 模型8 $Y_2$ |
|---|---|---|---|---|---|---|---|---|
| $X_1$ |  | -1.504*** (-2.89) |  |  |  |  | 0.939*** (2.94) |  |
| $X_2$ |  |  |  | 1.053* (1.90) |  |  |  | 0.565* (1.66) |
| $M$ |  |  | -2.031*** (-3.06) |  |  | 1.242*** (3.04) |  |  |
| $K_1$ | -5.862** (-2.21) | -5.750** (-2.18) | -6.144** (-2.33) | -5.849** (-2.21) | 0.031 (0.02) | -0.037 (-0.02) | 0.207 (0.13) | 0.038 (0.02) |
| $K_2$ | 0.050 (0.51) | 0.055 (0.56) | 0.053 (0.54) | 0.066 (0.67) | -0.156*** (-2.58) | -0.159*** (-2.65) | -0.158*** (-2.63) | -0.147** (-2.44) |

续表

|  | 模型1 $Y_1$ | 模型2 $Y_1$ | 模型3 $Y_1$ | 模型4 $Y_1$ | 模型5 $Y_2$ | 模型6 $Y_2$ | 模型7 $Y_2$ | 模型8 $Y_2$ |
| --- | --- | --- | --- | --- | --- | --- | --- | --- |
| $K_3$ | 0.073 (0.15) | -0.019 (-0.04) | 0.003 (0.01) | 0.009 (0.02) | -0.894*** (-3.04) | -0.838*** (-2.86) | -0.850*** (-2.90) | -0.928*** (-3.15) |
| $K_4$ | 0.320* (1.78) | 0.311* (1.73) | 0.301* (1.68) | 0.322* (1.79) | -0.422*** (-3.81) | -0.386*** (-3.49) | -0.410*** (-3.72) | -0.421*** (-3.81) |
| $K_5$ | 3.693*** (3.29) | 3.773*** (3.38) | 3.708*** (3.32) | 3.642*** (3.25) | 0.132 (0.19) | 0.084 (0.12) | 0.123 (0.18) | 0.105 (0.15) |
| $C$ | 0.565 (0.38) | 1.498 (1.00) | 1.400 (0.93) | -0.029 (-0.02) | 6.607*** (7.27) | 6.037*** (6.55) | 6.086*** (6.61) | 6.288*** (6.78) |
| $F$ | 4.51*** | 5.37*** | 5.20*** | 4.38*** | 10.23*** | 10.18*** | 10.07*** | 9.01*** |
| $R^2$ | 0.0359 | 0.0505 | 0.0490 | 0.0416 | 0.0777 | 0.0916 | 0.0907 | 0.0819 |

注：表中输入的是 $\beta$ 值与 $t$ 值及其显著性水平。***、**、*分别表示在1%、5%和10%水平下显著。

（2）调节效应检验

通过表5.2的分析，其中模型9和模型10说明前设股权混合度能够对生产技术型高管和企业社会责任之间关系产生显著调节作用。调节效应的主效应呈现负相关的关系，表明企业社会责任变化方向和生产技术型高管的存在呈现负向变动关系，并且社会责任同交互项之间呈现负相关的关系（$\beta = -3.883$，$p < 0.1$），$\Delta R^2 = 0.0045$。我们可以得出结论，股权混合度会负向作用于社会责任的承担，另外随着股权混合度的增加，生产技术型高管会进一步削弱社会责任的承担。相较于模型13和模型14，交互项作用企业经济绩效的影响呈现显著正相关关系（$\beta = 2.426$，$p < 0.1$），$\Delta R^2 = 0.0046$，表明股权混合度的程度越高，生产技术型高管对于经济效益的追求会更加强烈。前述假设H5成立。

根据模型11和模型12的相关分析得出结论为管理服务型高管与社会责任的系数为正，交互项系数为负（$\beta = -6.754$，$p < 0.01$），$\Delta R^2 = 0.0132$，这表明股权混合度的程度越高，管理服务型高管对于经济效益的追求会受到抑制。相较于模型15和模型16我们可知，管理服务型高管和经济绩效系数为正，股权混合度和经济绩效系数为正（$\beta = 1.220$，

表 5.3　调节效应检验

| | 模型 9 $Y_1$ | 模型 10 $Y_1$ | 模型 11 $Y_1$ | 模型 12 $Y_1$ | 模型 13 $Y_2$ | 模型 14 $Y_2$ | 模型 15 $Y_2$ | 模型 16 $Y_2$ |
|---|---|---|---|---|---|---|---|---|
| $X_1$ | -1.334** (-2.56) | -1.599*** (-2.95) | | | | 0.670** (2.01) | | |
| $X_2$ | | | 1.025* (1.86) | 1.253** (2.27) | 0.836*** (2.61) | | 0.583* (1.72) | 0.620* (1.82) |
| $M$ | -1.829*** (-2.74) | -2.085*** (-3.06) | -2.011*** (-3.03) | -2.216*** (-3.34) | 1.116*** (2.73) | 0.955** (2.28) | 1.254*** (3.08) | 1.220*** (2.98) |
| $M \times X_1$ | | -3.883* (1.72) | | | | 2.426* (1.75) | | |
| $M \times X_2$ | | | | -6.754*** (-2.93) | | | | 1.096 (-0.77) |
| $K_1$ | -6.011** (-2.29) | -6.082** (-2.32) | -5.738** (-2.18) | -5.677** (-2.17) | 0.126 (0.08) | 0.082 (0.05) | -0.031 (-0.02) | -0.021 (-0.01) |
| $K_2$ | 0.057 (0.59) | 0.058 (0.59) | 0.070 (0.72) | 0.062 (0.63) | -0.160*** (-2.68) | -0.160*** (-2.68) | -0.150** (-2.50) | -0.151** (-2.52) |
| $K_3$ | -0.072 (-0.15) | -0.029 (-0.06) | -0.080 (-0.17) | -0.023 (-0.05) | -0.804*** (-2.76) | -0.777*** (-2.67) | -0.872*** (-2.98) | -0.863*** (-2.94) |

续表

|  | 模型 9 $Y_1$ | 模型 10 $Y_1$ | 模型 11 $Y_1$ | 模型 12 $Y_1$ | 模型 13 $Y_2$ | 模型 14 $Y_2$ | 模型 15 $Y_2$ | 模型 16 $Y_2$ |
|---|---|---|---|---|---|---|---|---|
| $K_4$ | 0.304* (1.69) | 0.305* (1.70) | 0.310* (1.68) | 0.304* (1.69) | -0.379*** (-3.44) | -0.395*** (-3.59) | -0.385*** (-3.49) | -0.396*** (-3.56) |
| $K_5$ | 3.777*** (3.40) | 3.805*** (3.43) | 3.722*** (3.34) | 3.755*** (3.39) | 0.081 (0.12) | 0.098 (0.14) | 0.055 (0.08) | 0.060 (0.09) |
| $C$ | 2.145 (1.42) | 2.388 (1.57) | 0.910 (0.59) | 1.254 (0.82) | 5.632*** (6.05) | 5.783*** (6.20) | 5.703*** (6.06) | 5.759*** (6.10) |
| $F$ | 5.58*** | 5.27*** | 5.12*** | 5.60*** | 9.79*** | 8.98*** | 9.18*** | 8.10*** |
| $R^2$ | 0.0607 | 0.0652 | 0.0559 | 0.0691 | 0.1017 | 0.1063 | 0.0960 | 0.0969 |

注：表中输入的是 $\beta$ 值与 $t$ 值及其显著性水平。***、**、*分别表示在 1%、5% 和 10% 水平下显著。

$p<0.01$），但是相较而言可以发现两者之间交互项是正想不显著的（$\beta=1.096$，$p>0.1$），这足以表明股权混合度对于企业绩效和管理服务型高管之间关系中并不发挥调节效应而是存在着直接效应。本结论并不与前述假设 H5.6 相一致，经过分析我们发现原因是相关系数的大小含义是指管理服务型高管对企业承担社会责任的影响程度，说明其影响的范畴更多在于企业绩效的目标，其影响程度也弱于生产技术型高管对于经济绩效产生的影响大小。由于管理服务型高管并不是能够影响企业经济绩效获得的最核心因素，参股的社会股东也不会刻意直接干预管理服务型高管针对经济绩效的管理监督行为，这些社会股东是国有企业进行经营活动的直接投资者，所以他们关注的核心目标在于干预高管团队的决策进而实现他们经济绩效的获得。

本书为了更加清晰明确地分析和阐释股权混合度的调节作用，运用了调节效应图来进行展示（见图5.3至图5.5）。图5.3所示的倾斜程度足以表明，在所有权组合水平较低的情况下，由于生产技能高级管理人员的比例增加，企业的社会责任被削弱；在股权混合度处于较高水平时，作用的影响相关度呈现着明显的削弱趋势，这说明股权混合度的提升会进一步削弱生产技术型高管承担社会责任的程度。图5.4与图5.5说明股权混合度的提高一方面有利于生产技术型高管实现经济绩效利益的目标；另一方面进一步促使管理服务型高管降低社会责任的承担程

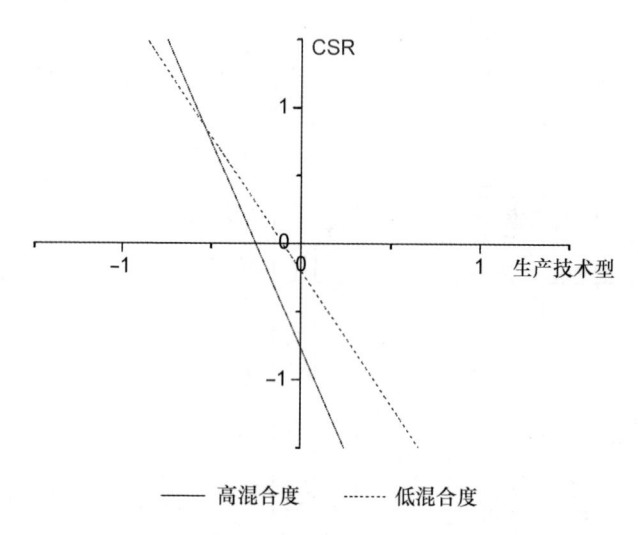

图5.3　股权混合度对生产技术型高管占比与企业社会责任之间关系的调节

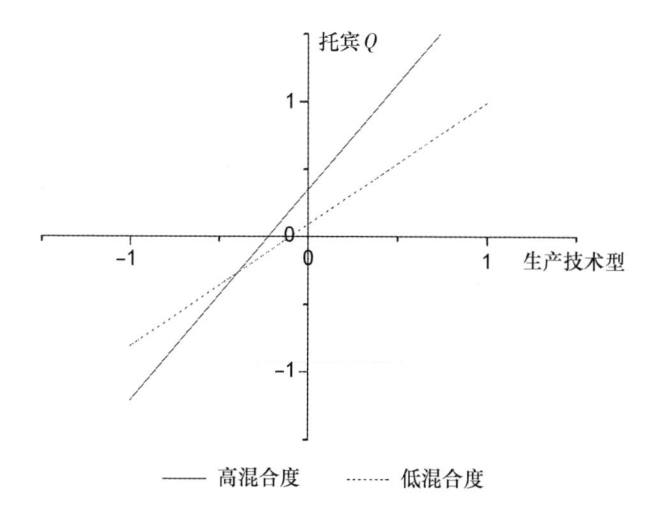

第五章 国有企业混合所有制管理层结构与双重任务的实证分析 / 169

图 5.4 股权混合度对生产技术型高管占比与企业经济绩效之间关系的调节

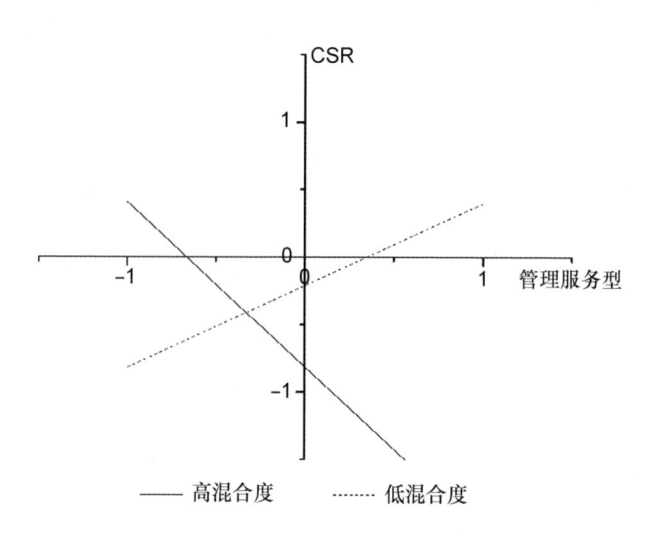

图 5.5 股权混合度对管理服务型高管占比与企业社会责任之间关系的调节

度。图 5.5 的基本分析环境是处于股权混合度水平相对薄弱的条件下，管理服务型高管和社会责任承担之间不是正相关关系而是存在负相关关系，处于股权混合度水平相对雄厚的条件下，管理服务型高管对于社会责任承担的影响会产生负向作用而非正向，这足以表明作用在股权混合度是两者之间关系的至关重要的影响因素。分析其原因在于股权混合度较小，意味社会股东相较于国有股东来说享有的权利是非常小的，大多数企业

表5.4　商业竞争类国企中的实证结果

| 变量名 | $Y_1$ | $Y_1$ | $Y_1$ | $Y_1$ | $Y_2$ | $Y_2$ | $Y_2$ | $Y_2$ |
|---|---|---|---|---|---|---|---|---|
| $X_1$ | -1.566**<br>(-2.48) | -1.522**<br>(-2.44) | | | 0.983**<br>(2.38) | 0.968**<br>(2.35) | | |
| $X_2$ | | | 2.531***<br>(3.62) | 2.818***<br>(3.95) | | | 0.981**<br>(-2.12) | 0.881*<br>(-1.86) |
| $M$ | -2.889***<br>(-3.67) | -3.224***<br>(-4.12) | -2.662***<br>(-3.39) | -3.084***<br>(-3.79) | 0.888*<br>(1.72) | 0.996*<br>(1.92) | 0.844<br>(1.63) | 0.698<br>(1.29) |
| $M \times X_1$ | | -15.225***<br>(-3.48) | | | | 4.946*<br>(1.71) | | |
| $M \times X_2$ | | | | -4.772*<br>(-1.90) | | | | 1.656<br>(-0.99) |
| $K_1$ | -6.635**<br>(-2.15) | -5.492*<br>(-1.80) | -5.548*<br>(-1.81) | -5.682*<br>(-1.86) | 3.334*<br>(1.65) | 2.962*<br>(1.46) | 2.824<br>(1.40) | 2.778<br>(1.37) |
| $K_2$ | -0.033<br>(-0.28) | -0.014<br>(-0.13) | 0.031<br>(0.27) | 0.031<br>(0.27) | -0.178**<br>(-2.35) | -0.184**<br>(-2.43) | -0.201***<br>(-2.61) | -0.201***<br>(-2.61) |
| $K_3$ | -0.799<br>(-1.30) | -0.857<br>(-1.42) | -0.946<br>(-1.55) | -0.886<br>(-1.46) | -1.431***<br>(-3.56) | -1.412***<br>(-3.52) | -1.381***<br>(-3.42) | -1.360***<br>(-3.37) |

续表

| 变量名 | $Y_1$ | $Y_1$ | $Y_1$ | $Y_1$ | $Y_2$ | $Y_2$ | $Y_2$ | $Y_2$ |
|---|---|---|---|---|---|---|---|---|
| $K_4$ | 0.513* <br> (1.76) | 0.539* <br> (1.88) | 0.469 <br> (1.62) | 0.406 <br> (1.40) | −0.465** <br> (−2.44) | −0.473** <br> (−2.49) | −0.448** <br> (−2.35) | −0.470** <br> (−2.44) |
| $K_5$ | 1.453 <br> (1.24) | 1.216 <br> (1.05) | 1.282 <br> (1.10) | 1.313 <br> (1.14) | 0.269 <br> (0.35) | 0.346 <br> (0.45) | 0.334 <br> (0.44) | 0.345 <br> (0.45) |
| $C$ | 2.598 <br> (1.10) | 2.978 <br> (1.28) | 0.591 <br> (0.25) | 0.908 <br> (0.39) | 6.627*** <br> (4.30) | 6.504*** <br> (4.23) | 7.549*** <br> (4.85) | 7.659*** <br> (4.91) |
| $F$ | 4.89*** | 5.93*** | 5.96*** | 5.71*** | 8.37*** | 7.72*** | 8.18*** | 7.28*** |
| $R^2$ | 0.0884 | 0.1188 | 0.1057 | 0.1148 | 0.1423 | 0.1493 | 0.2224 | 0.1420 |

注：表中输入的是 $\beta$ 值与 $t$ 值及其显著性水平。***、**、* 分别表示在1%、5%和10%水平下显著。

表 5.5　特殊功能类国企中的实证结果

| 变量名 | $Y_1$ | $Y_1$ | $Y_1$ | $Y_1$ | $Y_2$ | $Y_2$ | $Y_2$ | $Y_2$ |
|---|---|---|---|---|---|---|---|---|
| $X_1$ | -1.379*<br>(-1.74) | -1.501*<br>(-1.70) | | | 0.787*<br>(1.87) | 0.644<br>(1.24) | 0.842*<br>(1.89) | 0.841*<br>(1.88) |
| $X_2$ | | | 2.221***<br>(2.97) | 2.223***<br>(2.97) | | | | |
| $M$ | -1.211<br>(-1.11) | -1.371<br>(-1.25) | -1.194<br>(-1.12) | -1.176<br>(-1.09) | 1.372**<br>(2.14) | 1.286**<br>(1.99) | 1.623**<br>(2.56) | 1.610**<br>(2.51) |
| $M \times X_1$ | | 4.077<br>(1.12) | | | | | | |
| $M \times X_2$ | | | | 0.434<br>(0.13) | | 2.201<br>(1.02) | | |
| $K_1$ | 0.095<br>(0.71) | -1.020<br>(-0.22) | -1.950<br>(-0.44) | -1.981<br>(-0.44) | -2.955<br>(-1.11) | -2.683<br>(-1.00) | -3.568<br>(-1.34) | -3.547<br>(-1.33) |
| $K_2$ | 0.095<br>(0.71) | 0.098<br>(0.73) | 0.090<br>(0.69) | 0.091<br>(0.69) | -0.162**<br>(-2.06) | -0.161**<br>(-2.04) | -0.149*<br>(-1.90) | -0.149*<br>(-1.90) |
| $K_3$ | 0.502<br>(0.70) | 0.620<br>(0.86) | 0.361<br>(0.51) | 0.353<br>(0.50) | -0.399<br>(-0.95) | -0.335<br>(-0.79) | -0.533<br>(-1.26) | -0.528<br>(-1.24) |
| $K_4$ | 0.746*<br>(1.69) | 0.689<br>(1.55) | 0.766*<br>(1.76) | 0.774*<br>(1.76) | -0.513**<br>(-1.97) | -0.544**<br>(-2.07) | -0.580**<br>(-2.24) | -0.586**<br>(-2.24) |

续表

| 变量名 | $Y_1$ | $Y_1$ | $Y_1$ | $Y_1$ | $Y_2$ | $Y_2$ | $Y_2$ | $Y_2$ |
|---|---|---|---|---|---|---|---|---|
| $K_5$ | 14.525*** (5.90) | 14.392*** (5.85) | 14.121*** (5.81) | 14.134*** (5.80) | -0.305 (-0.21) | -0.377 (-0.26) | -0.411 (-0.28) | -0.420 (-0.29) |
| $C$ | -7.339* (-1.94) | -6.875* (-1.81) | -8.835** (-2.41) | -8.902** (-2.40) | 6.958** (3.13) | 7.208*** (3.22) | 7.461*** (3.42) | 7.507*** (3.40) |
| $F$ | 6.92*** | 6.22*** | 8.05*** | 7.02*** | 3.45*** | 3.15*** | 3.62*** | 3.16*** |
| $R^2$ | 0.1587 | 0.1627 | 0.1799 | 0.1799 | 0.0858 | 0.0895 | 0.0897 | 0.0898 |

注：表中输入的是 $\beta$ 值与 $t$ 值及其显著性水平。***、**、* 分别表示在1%、5%和10%水平下显著。

的绝对控股权被国有股东牢牢把握,所以可以知道他们对于管理服务型高管的影响的作用是非常广泛深刻的,但是随着股权混合度的增加,即社会股东持股比例的不断提高,反过来社会股东对于管理服务型高管的作用程度日益攀升,尤其是在于选聘高管这一程序中作用效果得到体现,这致使管理服务型高管在制定相关决策时应当将社会股东的利益纳入到考量范围之内。

(3)样本分类检验

本书依照《关于完善中央企业功能分类考核的实施方案》中相关标准,将样本划分为特殊功能类国有企业及商业竞争类国有企业。最终检验结果表明,与前述研究结果相一致的只有商业竞争类国有企业的实证结果,且股权混合度这一调节变量在特殊功能类企业中的作用未能显现出来。由此我们认为后者的企业中的异质委托—代理是广泛存在的,同时其发展是遵循市场规律的,企业管理层会考虑到各种各样股东的存在来调整对企业任务的选择,而特殊功能类国有企业的管理层如果要妨碍企业任务的进行,需要获得更多的自主权。而当特殊功能类国有企业接受政府评估时,其国有资产的增值保值将会被优先考虑。另外,由于国家将会特别关注该企业为国家战略所做出的贡献,因而该企业将会受到政府的进一步强力干预,比如提高企业中非社会股东的持股比例,削弱社会股东对企业的影响及控制。另外,由于政府可以完全控制国有企业的高管任免,那么这些国有企业内部的大股东的意愿将会完全由企业管理层表现出来。

## 二 高管激励方式与双重任务

### (一)理论分析与假设提出

1. 经济激励方式与双重任务

目前学术界对于企业业绩与高管薪酬之间关系的讨论具有较为一致的观点,认为高管薪酬水平与企业经营绩效存在显著正相关关系[1]。管

---

[1] Chalevas, C. G., "The Effect of the Mandatory Adoption of Corporate Governance Mechanisms on Executive Compensation", *International Journal of Accounting*, 2011, 46 (2): 138 – 174; Martin, J. and Conyon, L. H., "Executive Compensation and Corporate Fraud in China", *Journal of Business Ethics*, 2016, 134 (4): 669 – 691; Freund, S., Latif, S., and Phan, H. V., "Executive Compensation and Corporate Financing Policies: Evidence from CEO Inside Debt", *Journal of Biological Chemistry*, 2017, 277 (18): 15992 – 16001.

理层的高薪一方面可以引导更多优质人才参与企业就业；另一方面可以对高管行为起到一定约束作用同时提高企业业绩。企业业绩改善，股东的财富就会提高。因而，代理商成本的削减，也取决于高管薪酬与公司业绩的关联。这不仅提高了对管理层的约束，同时还对代理人进行了激励。在这种情况下，前述两者之间存在着显著的正相关关系，即管理层薪酬的增加可以提高企业业绩。让高管持有企业股份是调整企业管理层和股东利益最有效的方法。公司管理层大多数为风险厌恶者，而公司的股东对风险是中立的。管理层在不持有公司股份的情况下，为了确保业绩报酬的稳定性，将从事低风险、低收益的投资项目。此外，在持股的情况下，公司的利益关系到公司管理层的利益，管理者个人利益的增加取决于公司价值的增加或公司业绩的改善。因此，当高层和公司的利益更加紧密地联系在一起时，就意味着他们的持股比例会持续增加。这时，高管为了增加业绩报酬，会追求高收益的投资项目。因此，董事持有的股份比例增加的话，公司业绩和董事报酬的相关关系就会提高，报酬对业绩的影响也会变大。

而且，高级管理人员的报酬中包括基本工资和奖金，其中基本工资通常是高级管理人员报酬的基本要素，所以高级管理人员对奖金往往更敏感。奖金通常与企业业绩相关，企业履行社会责任是为了利益相关者利益最大化的长期过程。因此，基于绩效的激励薪酬能否有效地改善企业的社会责任绩效值得怀疑。企业在决定奖金的数额之前，倾向于对管理干部的短期目标完成情况进行全面的业绩评价，但管理干部仍然比社会责任业绩更关注财务业绩[1]。最后，企业社会责任支出的增加并不一定会导致企业短期财务绩效的改善，因此，企业高管在履行社会责任后，需要关注企业的潜在机会成本（或风险）。

企业管理可以自由控制的非货币性收入称为实际消费。从效率的观点来看，它可以作为一种补偿激励形式，主要是由所有者和运营者的利益不完全一致所引起的。但是，工作中的消费是不可避免的，监督工作

---

[1] Callan, S. J. and Thomas, J. M., "Executive Compensation, Corporate Social Responsibility, and Corporate Financial Performance: A Multi-equation Framework", *Corporate Social Responsibility & Environmental Management*, 2011, 18 (6): 332 – 351.

中消费的成本是巨大的①。因此，在工作中的消费几乎不影响公司业绩的情况下，有必要让员工享受特定的特权、额外的补贴和利益。此外，Rajan 和 Wulf② 发现，工作消费促进了高管工作效率的改善，从而改善了企业的业绩。

此外，经营者与股东之间的信息不对称问题，也就是随着管理层的工作消费水平的增加，股东与管理层之间的代理问题更加严重，从而进一步保护企业利益相关者的社会责任所引起的损失。Gopalan 和 Jagaraman③ 指出管理层的工作上的消费越高，那么随着企业的收益管理的程度越高，收益的透明性下降，实现企业的社会责任水平的下降，并且这种关系在不注重投资者保护的企业中更加强烈。

H5.7：高管薪酬水平与企业经济绩效正相关，与企业社会责任负相关。

H5.8：高管在职消费与企业经济绩效正相关，与企业社会责任负相关。

2. 非经济激励方式与双重任务

有学者指出，高管长期任职对企业业绩的改善没有贡献④。经营者的思维方式、对工作的关心程度、在职期间不同时间段管理层获取信息的路径和详情都有明显的差异。同时，管理层在生命周期各个阶段的管理绩效也呈现出明显的分布差异。管理层对工作充满热情，为了学习与企业和商业环境相关的知识而努力工作，经常在很多方面学习知识，对经营者的思维比较开放，这通常是管理层生命周期的起始点。现在，当商业环境的要求发生变化时，为了应对企业战略和产品的变化，管理层将轻而易举地改变计划以适应这种变化⑤。换句话说，管理层任期时间

---

① Wang, A. G. and Xiang-Zhen, X. U. , "Executive Compensation, On-the-job Consumption, Salary Gap and Enterprise Performance—Evidence from Central SOEs Listed in Shanghai and Shenzhen Stock Exchanges form 2010 to 2012", *Finance Research*, 2015（2）：48 – 56.

② Rajan, R. G. and Wulf, J. , "Are Perks Purely Managerial Excess?", *Journal of Financial Economics*, 2004, 79（1）：1 – 33.

③ Gopalan, R. and Jayaraman, S. , "Private Control Benefits and Earnings Management: Evidence from Insider Controlled Firms", *Journal of Accounting Research*, 2012, 50（1）：117 – 157.

④ Miller, D. and Shamsie, J. , "Learning Across the Life Cycle: Experimentation and Performance Among the Hollywood Studio Heads", *Strategic Management Journal*, 2001, 22（8）：725 – 745.

⑤ Brown, J. A. , Anderson, A. , and Salas, J. M. , "Do Investors Care About Director Tenure? Insights from Executive Cognition and Social Capital Theories", *Organization Science*, 2017, 28（3）：471 – 494.

长短一般会与公司的业绩呈现正相关关系。随着高管在职时间的延长,当今的管理陷阱从过去的成功中逐渐进化而来①,并且变得比以前更加重要。自信最终会变成盲目的自信。在面临企业开发需求的情况下,认为不需要实质性的变更。现有的成功的管理模式,不介意管理实务测试,持续适合企业发展的需要。另外,在职时间一长,对工作的热情可能会降低,对商业环境的变化不太注意,经营者的想法也会变得保守,信息内容也会变多。如果进行谨慎的筛选和过滤,就会变得单调和贫乏,信息源也会越来越狭窄,企业和环境的匹配度降低,企业业绩下降。

企业承担社会责任的程度同时也会受到管理层在职时间长短的影响:随着管理层的在职时间变长,其在思考问题的时候便越会考虑公司的长期利益,也就是说管理层对企业的忠诚度会变高。在短期内,企业承担社会责任可能会对企业业绩产生负面影响,但从长远来看管理层任期越长其越有可能选择让企业承担更多的社会责任,提高企业的竞争力②;此外,随着管理层任期的变长,其对公司特定利益相关者的需求和重要性的理解也会增强,从而更容易做出承担企业社会责任的决定③。有研究表明,当公司社会绩效变好时,管理层便会选择留在公司工作更长时间④。缪悦⑤指出,管理层任期与其在伦理和慈善活动方面的作为呈现显著正相关关系,管理层认识时间越长其对公司的归属感增强,对公司的长期发展的关注度也提高,因而促进企业发展的意愿和能力提高。

---

① Kolev, K., Wiseman, R. M., and Gomez – Mejia, L. R., "Do CEOs Ever Lose? Fairness Perspective on the Allocation of Residuals Between CEOs and Shareholders", *Journal of Management*, 2017, 43 (2): 610 – 637.

② Oh, W. Y., Chang, Y. K., and Cheng, Z., "When CEO Career Horizon Problems Matter for Corporate Social Responsibility: The Moderating Roles of Industry-Level Discretion and Blockholder Ownership", *Journal of Business Ethics*, 2016, 133 (2): 279 – 291.

③ Hong, B., Li, Z., and Minor, D., "Corporate Governance and Executive Compensation for Corporate Social Responsibility", *Journal of Business Ethics*, 2016, 136 (1): 199 – 213.

④ Bergh, D. D., "Executive Retention and Acquisition Outcomes: A Test of Opposing Views on the Influence of Organizational Tenure", *Journal of Management*, 2001, 27 (5): 603 – 622.

⑤ 缪悦:《高管团队社会责任战略选择与企业绩效过程机制实证研究》,《系统工程》2012 年第 9 期。

作为企业重要属性的质量信号,可以通过获得口碑来表现,获得好评不仅会降低企业签订明确合同的成本,还会影响签订廉价合同的隐性能力。声誉和个人关系网络可以促进我国公司的快速成长,公司大股东和外部投资者之间的代理冲突也可以通过声誉机制减轻[1]。媒体对管理层的舞弊行为进行负面报道,即行使舆论监督功能时,企业和管理层的腐败行为会被纠正,可以提高企业业绩[2]。而且,企业的良好口碑不仅能提高公司业绩,还能削减公司的各种合同成本。此外,通过补偿机制可以有效地减少企业与利益相关者之间的信息不对称。惩戒机制可以抑制管理层的机会主义行为,使企业从产品市场和因素市场中获得利益,从而提高企业业绩。评价的激励也会给经营带来正面的效果,让他们更加努力地工作,增加股东的财富,获得良好的口碑。

根据马斯洛需求层次理论,对于管理层声誉的激励对企业社会责任的作用我们可以知道,人类需求中生理、安全需求可以通过获得财富来满足,但较高层次的需求像交际、自我实现、尊重等需求主要反映在对个人成就感和社会声誉的追求等方面,它反映在心理的追求上。同时,国有企业管理层大多具备一定的政治背景,与其他市场化的管理者相比,对经济层面的追求较低,而追求更高层次的尊重和自我实现需求。由边际效用递减定律可知,当单位报酬的边际效用递减时,企业管理层的金钱报酬水平逐渐增加。在这种情况下,企业管理层会更加注意自己的评价,评价给企业管理层带来的边际效用也会上升,这就会使他们能够更加主动地承担企业社会责任。

H5.9:高管任期与企业经济绩效负相关、与企业社会责任正相关。

H5.10:高管声誉与企业经济绩效正相关、与企业社会责任正

---

[1] Jennings, W. and Green, J., "Party Reputations and Policy Priorities: How Issue Ownership Shapes Executive and Legislative Agendas", *British Journal of Political Science*, 2017 (3): 1 – 24.

[2] Miller, G. S., "The Press as a Watchdog for Accounting Fraud", *Journal of Accounting Research*, 2006, 44 (5): 1001 – 1033; Alexander, D., Natalya, V., and Luigi, Z., "The Corporate Governance Role of the Media: Evidence from Russia", *The Journal of Finance*, 2008, 63 (3): 1093 – 1135.

第五章　国有企业混合所有制管理层结构与双重任务的实证分析　/　179

相关。

3. 股权混合度的调节作用

与之前研究一样，股权混合度的提升会削弱企业中国有股东的作用，增强该企业内非国有股东的地位，从而影响管理层的激励选择和行为。一般来说股权混合度会对管理层激励和企业业绩积极的作用具有促进作用，并且削弱管理层激励对企业社会责任的影响。基于此提出假设并绘制如下关系图：

H5.11：股权混合度会强化高管激励与企业经济绩效的影响、削弱高管激励与企业社会责任的影响。

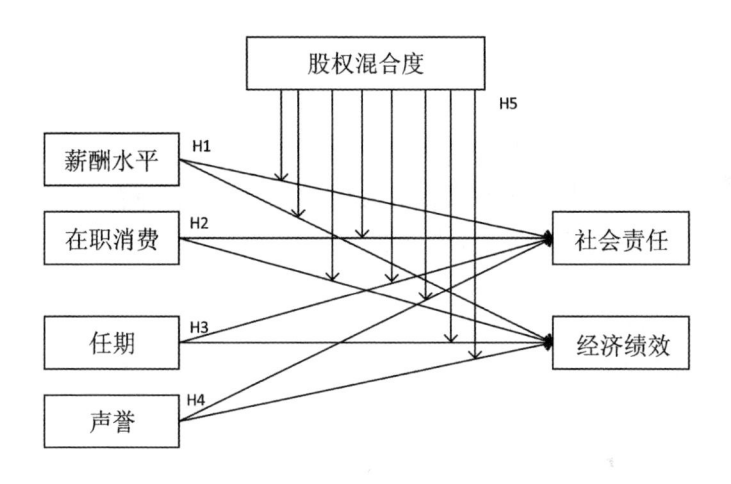

图 5.6　高管激励方式与双重任务的假设关系

## （二）高管激励方式与双重任务的研究设计

1. 数据来源和样本选择

本书的研究样本选取了沪深股市中 2010—2017 年由我国中央企业控股的上市公司，数据来自和讯网数据库和国泰安数据库。通过对数据的初步审查，我们排除了数据缺失和 ST、PT 的样本，并且在 99% 水平上对主要变量进行了缩尾调整。最后，获得 1200 个最终样本，形成面板数据，并使用固定效应进行回归检验。另外，本书选择的调查对象是企业管理层的成员，将各成员的相应工资水平核算后进行平均。

2. 变量设计

（1）企业双重任务

变量 $Y_1$ 为企业社会责任，该变量选择使用和讯网的企业社会责任指数作为度量变量，变量 $Y_2$ 为企业经济绩效，该变量选用相应企业的托宾 Q 值。

（2）激励方式

工资水平的测定包括股票报酬和工资报酬两部分。首先，将公司每股的年度价格乘以该员工持有的股份数，获得其股票薪酬数，然后将股票报酬和工资报酬作为董事的报酬激励额进行合计并取对数，最终确定该高管的薪酬激励，作为其薪酬激励变量 Salary $X_1$。

高管在职消费 On-the-job consumption $X_2$，通过其公司的管理费用率进行测度。

高管任期，用其当前任期与 2017 年的年差值，得到高管的任期水平变量 Tenure $X_3$。

高管的声誉激励变量记为 Reputation $X_4$，是基于该高管其当年在人民代表大会、政治协商会议及高等院校等社会兼职，每存在一个社会任职那么该变量记为 1，将社会任职的累计数作为对该高管声誉激励水平的测量。

（3）股权混合度

将样本企业前十大股东根据股东性质划分为高管股东、外资股东、国有股东及机构股东，并利用赫芬达尔指数依照其持股数量计算股权混合度（$M$）为 $Mix = 1 - HHI = 1 - \sum_{i=1}^{4} S_i^2$，$S_i$ 为各类股东的持股比例。

（4）控制变量

本书参考前人研究选取五个控制变量：资产负债率 $K_1$（该企业期末总负债与期末总资产的比值）、公司规模 $K_2$（该企业员工数的对数值）、独立董事占比 $K_3$（独立董事人数占该公司董事会总人数的比例）、主营收入增长率 $K_4$（该公司本年主营业务收入减本年初主营业务收入得到的值同本年年初主营业务收入的比值）、公司成立天数 $K_5$（公司成立日到 2017 年 12 月 31 日的差值取对数）

（三）高管激励方式与双重任务的实证分析

1. 描述性统计分析

由表 5.6 可知，当企业承担社会责任水平不高时，企业基本是盈利

表5.6 描述性结果

|  | Means | S.D. | Min | Max | 1. | 2. | 3. | 4. | 5. | 6. | 7. |
|---|---|---|---|---|---|---|---|---|---|---|---|
| 1. $X_1$ | 14.333 | 0.656 | 11.184 | 17.239 | 1 | | | | | | |
| 2. $X_2$ | 0.079 | 0.103 | 0 | 2.809 | 0.269* | 1 | | | | | |
| 3. $X_3$ | 6.038 | 2.762 | 0.247 | 17.476 | 0.099* | 0.062* | 1 | | | | |
| 4. $X_4$ | 1.225 | 1.733 | 0 | 13 | 0.163* | 0.140* | 0.413* | 1 | | | |
| 5. $M$ | 0.709 | 0.149 | 0.581 | 0.812 | 0.070* | 0.053* | 0.033* | -0.078* | 1 | | |
| 6. $Y_1$ | 38.112 | 25.491 | 14.415 | 70.091 | 0.040 | -0.041 | 0.166* | 0.159* | -0.168* | 1 | |
| 7. $Y_2$ | 1.447 | 1.501 | 0.237 | 2.985 | 0.122* | 0.093* | 0.028 | -0.144* | 0.147* | -0.133* | 1 |

注：*表示在10%水平下显著。

的而且不同企业之间存在较大差异,由于大部分企业中都存在混合股权情况,因此本书不做赘述。关于企业管理层的激励方式,管理层报酬水平的平均值为14.333,说明管理层的报酬水平比较好,当前管理层的报酬水平比较平均,整体差异较小。这表明,一方面是由于国有资产监督管理委员会对国有企业管理层下达的"限薪令"发挥了一定作用;另一方面也说明薪酬对于企业管理层来说具有较大的激励空间。变量高管在职消费 $X_2$ 均值为0.079,最大值为2.809,标准差为0.103,说明当前企业管理层的在职消费水平普遍较低,出现这种情况的原因可能是《中国共产党政治局关于改进工作方式和密切接触群众的规定》中对于企业管理层的限制。变量高管任期 $X_3$ 的均值为6.038,由此可知高管任期时间长,目前我国现行延长退休年龄政策的推进和对国有企业高管经营责任制度,将使高管的任职期限延长。变量高管的声誉激励 $X_4$ 均值为1.225,标准偏差为1.733,最大值是13,表明不同企业间的管理层社会声誉存在较大差距。

2. 模型检验

(1) 直接效应检验

由表5.7可知,五个控制变量均有效。另外,高层管理人员的工资水平和在职消费水平与企业的经济效益呈现显著的正相关,但与企业社会责任呈现显著负相关。但薪酬水平相较于变量在职消费,对双重任务影响较大,符合假设H5.7与H5.8,这表明企业管理层的在职消费和薪酬激励的提升会刺激其更加努力地改善企业收益。但是,随着自身利益的逐渐增加,企业管理层往往会忽视企业社会责任的存在,盲目追求经济效益所带来的经济回报。其次,在除了经济激励的手段以外,高管任期和声誉激励与企业社会责任和经济绩效呈现出显著正相关关系,但高管声誉与企业经济绩效呈现出正相关关系却不显著,这与假设H5.9和H5.10部分相符。最后,股权混合度与企业社会责任显著负相关,与经济绩效显著正相关,与前一章的分析和结论一致,也与假说H5.11一致。这再次表明非国有股东的引入将削弱国有股东的地位,推动企业会优先追求"重视经济,轻视责任"的单一任务偏好追求。

表 5.7　直接效应检验结果

| | 模型 1 $Y_1$ | 模型 2 $Y_2$ | 模型 3 $Y_2$ | 模型 4 $Y_2$ | 模型 5 $Y_1$ | 模型 6 $Y_1$ | 模型 7 $Y_1$ | 模型 8 $Y_1$ | 模型 9 $Y_2$ | 模型 10 $Y_2$ |
|---|---|---|---|---|---|---|---|---|---|---|
| $X_1$ | | | 0.017<br>(0.89) | | 0.081***<br>(3.32) | | | | | |
| $X_2$ | | | | 0.002<br>(0.10) | | 0.066***<br>(2.71) | | | | |
| $X_3$ | | | | | | | 0.139***<br>(4.95) | | 0.087***<br>(−3.49) | |
| $X_4$ | | | | | | | | 0.100***<br>(3.56) | | 0.012<br>(0.49) |
| $M$ | | | 0.111***<br>(3.78) | 0.108***<br>(3.71) | −0.135***<br>(−5.16) | −0.142***<br>(−5.39) | −0.116***<br>(−4.01) | −0.104***<br>(−3.60) | 0.144***<br>(5.45) | 0.139***<br>(5.32) |
| $K_1$ | 0.423***<br>(8.58) | 0.029<br>(0.61) | 0.021<br>(1.08) | 0.032<br>(1.33) | 0.414***<br>(11.70) | 0.416***<br>(11.76) | 0.408***<br>(11.67) | 0.407***<br>(11.53) | 0.028<br>(1.22) | 0.036<br>(1.48) |
| $K_2$ | −0.016***<br>(−2.74) | −0.000<br>(−0.04) | 0.000<br>(0.01) | 0.005<br>(0.19) | −0.024<br>(−1.09) | −0.022<br>(−1.08) | −0.023<br>(−1.04) | −0.025<br>(−1.18) | 0.006<br>(0.26) | 0.009<br>(0.31) |
| $K_3$ | 0.160***<br>(4.36) | −0.547***<br>(−14.80) | −0.539***<br>(−17.67) | −0.537***<br>(−17.52) | 0.154***<br>(4.88) | 0.154***<br>(4.88) | 0.157***<br>(5.05) | 0.139***<br>(4.44) | −0.540***<br>(−17.57) | −0.527***<br>(−17.12) |

续表

| | 模型 1 $Y_1$ | 模型 2 $Y_2$ | 模型 3 $Y_2$ | 模型 4 $Y_2$ | 模型 5 $Y_1$ | 模型 6 $Y_1$ | 模型 7 $Y_1$ | 模型 8 $Y_1$ | 模型 9 $Y_2$ | 模型 10 $Y_2$ |
|---|---|---|---|---|---|---|---|---|---|---|
| $K_4$ | 0.030 (1.23) | -0.027 (-1.48) | -0.028 (-1.34) | -0.020 (-1.01) | 0.032 (1.32) | 0.032 (1.31) | 0.040 (1.53) | 0.038 (1.46) | -0.030 (-1.35) | -0.035* (-1.65) |
| $K_5$ | -0.071*** (-2.48) | -0.007 (-0.21) | -0.034 (-1.45) | -0.043* (-1.79) | -0.040 (-1.51) | -0.041 (-1.52) | -0.030 (-1.17) | -0.027 (-1.11) | -0.037* (-1.56) | -0.048** (-1.99) |
| F | 19.25*** | 58.85*** | 71.72*** | 70.88*** | 29.09*** | 29.04*** | 33.39*** | 31.32*** | 69.19*** | 72.09*** |
| $R^2$ | 0.1655 | 0.3207 | 0.3511 | 0.3484 | 0.1795 | 0.1787 | 0.2009 | 0.1987 | 0.3430 | 0.3519 |
| $Adj.R^2$ | 0.1610 | 0.3170 | 0.3461 | 0.3434 | 0.1732 | 0.1724 | 0.1947 | 0.1855 | 0.3379 | 0.3470 |

注：表中输入的是 $\beta$ 值与 $t$ 值及其显著性水平。***、**、*分别表示在1%、5%和10%水平下显著。

## (2) 调节效应检验

由表 5.8 调节效应检验结果可知，总体而言，股权混合度的提升说明除了国有股东以外的股东在公司内影响力和地位的提升，将间接地对企业管理层的激励具有一定的影响。在对企业管理层的经济奖励的同时，股权混合度将增强在职消费和管理层的薪酬对企业绩效的促进。而对管理层的非经济性奖励，股权混合度只显著增强了其对企业绩效的促进，而对于高管任期和声誉激励对企业社会责任的作用却不显著，这一现象与假设 H6 不相符。关于这一点，可能是由于政府、国资委以及其他组织拥有对国有企业中高级干部任命和罢免的权力，且企业中管理层的任期和名声也在一定程度上受政府机构影响，非国有股东很难对国有企业高管的非经济激励产生显著影响。因为，管理层的任职长短和名声在一定程度上取决于社会民众对企业社会责任的判断，因此，企业管理层为了维护其声誉及相应的利益，将会更加积极地重视社会责任。

表 5.8　　　　　　　　　调节效应检验结果

|  | 模型 11 $Y_2$ | 模型 12 $Y_2$ | 模型 13 $Y_1$ | 模型 14 $Y_1$ | 模型 15 $Y_2$ |
|---|---|---|---|---|---|
| $X_1$ | 0.059 ** (2.41) |  | -0.111 *** (3.46) |  |  |
| $X_2$ |  | 0.054 ** (2.24) |  | -0.104 *** (3.67) |  |
| $X_4$ |  |  |  |  | 0.092 *** (3.68) |
| $M$ | 0.146 *** (5.52) | 0.136 *** (5.20) | -0.120 *** (-4.15) | -0.101 *** (-3.40) | -0.131 *** (5.03) |
| $X_1 \times M$ | 0.074 *** (2.94) |  | -0.157 *** (-5.54) |  |  |
| $X_2 \times M$ |  | 0.052 ** (2.19) |  | -0.143 *** (-4.69) |  |
| $X_4 \times M$ |  |  |  |  | -0.063 *** (-2.54) |

续表

|  | 模型 11 $Y_2$ | 模型 12 $Y_2$ | 模型 13 $Y_1$ | 模型 14 $Y_1$ | 模型 15 $Y_2$ |
| --- | --- | --- | --- | --- | --- |
| $K_1$ | 0.020 (1.01) | 0.035 (1.45) | 0.409*** (11.71) | 0.405*** (11.51) | 0.037* (1.54) |
| $K_2$ | 0.009 (0.32) | 0.006 (0.27) | −0.023 (−1.09) | −0.027 (−1.16) | 0.011 (0.43) |
| $K_3$ | −0.536*** (−17.63) | −0.530*** (−17.29) | 0.154*** (4.96) | 0.134*** (4.27) | −0.520*** (−16.88) |
| $K_4$ | −0.030 (−1.39) | −0.020 (−1.02) | 0.036 (1.40) | 0.034 (1.32) | −0.029 (−1.34) |
| $K_5$ | −0.032 (−1.40) | −0.035 (−1.46) | −0.032 (−1.22) | −0.030 (−1.17) | −0.044* (−1.89) |
| $F$ | 64.36*** | 62.84*** | 29.48*** | 27.74*** | 64.28*** |
| $R^2$ | 0.3576 | 0.3522 | 0.2033 | 0.1936 | 0.3573 |
| Adj. $R^2$ | 0.3520 | 0.3465 | 0.1963 | 0.1865 | 0.3517 |

注：表中输入的是 $\beta$ 值与 $t$ 值及其显著性水平。\*\*\*、\*\*、\* 分别表示在1%、5%和10%水平下显著。

(3) 分样本检验

我们对分样本商业竞争类企业进行检验，发现结果与总样本基本相似，但也存在一些不同，在职消费对企业承担社会责任没有太大影响，声誉激励对企业业绩也由不显著变为了显著正相关，而管理层的在职消费对企业社会责任承担由显著转变为不显著。而且股权混合度的影响也更为明显，除了对在职期限的不具备调节作用外，其他激励方法均会强化对经济绩效的追求，削弱对社会责任的追求。可以这样理解，在分样本商业竞争企业中，企业的主要目的是追逐企业利益最大化。而政府、股东等则希望企业管理层会关注企业业绩的实现，因此对于需要牺牲企业经济绩效的任务，企业管理层为了升值便会放弃或排斥这些情况。因此，在商业竞争企业中，股东会根据任务偏好合理设定高管激励，高管也会形成合理的任务激励。

表 5.9　商业竞争类企业中的直接效应检验

| | $Y_1$ | $Y_2$ | $Y_1$ | $Y_2$ | $Y_2$ | $Y_1$ | $Y_2$ | $Y_1$ | $Y_1$ | $Y_2$ | $Y_2$ |
|---|---|---|---|---|---|---|---|---|---|---|---|
| $X_1$ | | | -0.071** (-1.87) | | | | | | | | |
| $X_2$ | | | | 0.013 (0.52) | 0.328*** (7.21) | 0.200*** (5.22) | | | | | |
| $X_3$ | | | | | | | | 0.002 (0.08) | | 0.092** (2.43) | |
| $X_4$ | | | | | | | | | 0.136*** (3.49) | | 0.129** (2.25) |
| M | | | -0.106*** (-2.71) | -0.118*** (-2.96) | 0.100*** (2.78) | 0.128*** (3.37) | | -0.119*** (-2.98) | -0.126*** (-3.16) | | 0.145*** (3.69) |
| $K_1$ | 0.471*** (6.47) | 0.006 (0.10) | 0.485*** (9.77) | 0.478*** (9.61) | -0.022 (-0.79) | 0.012 (0.33) | | 0.469*** (9.47) | 0.452*** (9.07) | 0.001 (0.02) | 0.007 (0.16) |
| $K_2$ | -0.030*** (-3.47) | 0.018** (2.01) | -0.060 (-0.99) | -0.039 (-1.11) | -0.001 (-0.04) | 0.018 (0.47) | | -0.038 (-1.11) | -0.044 (-1.24) | 0.021 (0.71) | 0.030 (0.77) |
| $K_3$ | 0.243*** (4.51) | -0.452*** (-9.67) | 0.240*** (5.35) | 0.243*** (5.39) | -0.444*** (-10.80) | -0.442*** (-10.29) | | 0.245*** (5.45) | 0.227*** (5.07) | -0.452*** (-9.22) | -0.448*** (-9.10) |

续表

| | $Y_1$ | $Y_2$ | $Y_1$ | $Y_2$ | $Y_1$ | $Y_2$ | $Y_1$ | $Y_2$ | $Y_1$ | $Y_2$ |
|---|---|---|---|---|---|---|---|---|---|---|
| $K_4$ | 0.037 (1.04) | -0.060** (-2.37) | 0.030 (0.84) | -0.045 (-1.32) | 0.035 (1.02) | -0.030 (-0.99) | 0.041 (1.08) | -0.054 (-1.42) | 0.039 (1.06) | -0.067 (-1.51) |
| $K_5$ | -0.023 (-0.68) | 0.025 (1.01) | -0.001 (-0.02) | -0.003 (-0.07) | -0.003 (-0.07) | -0.020 (-0.69) | 0.001 (0.03) | -0.003 (-0.07) | 0.015 (0.38) | -0.007 (-0.18) |
| $F$ | 9.40*** | 31.05*** | 17.86*** | 38.76*** | 17.21*** | 28.16*** | 18.31*** | 22.69*** | 19.49*** | 22.86*** |
| $R^2$ | 0.1850 | 0.2256 | 0.2063 | 0.3576 | 0.2004 | 0.2889 | 0.2104 | 0.2473 | 0.2207 | 0.2487 |
| $Adj.\ R^2$ | 0.1766 | 0.2177 | 0.1948 | 0.3483 | 0.1889 | 0.2787 | 0.2010 | 0.2363 | 0.2094 | 0.2379 |

注：表中输入的是 $\beta$ 值与 $t$ 值及其显著性水平。***、**、* 分别表示在1%、5%和10%水平下显著。

表 5.10　　　　　商业竞争类企业中的调节效应检验

| | $Y_1$ | $Y_2$ | $Y_2$ | $Y_1$ | $Y_1$ |
|---|---|---|---|---|---|
| $X_1$ | -0.049<br>(-1.29) | 0.291***<br>(6.87) | | | |
| $X_2$ | | | 0.172***<br>(4.48) | | |
| $X_4$ | | | | -0.018<br>(-0.32) | 0.118***<br>(2.96) |
| $M$ | -0.139***<br>(-3.18) | 0.155***<br>(3.99) | 0.096***<br>(2.54) | -0.127***<br>(-3.20) | -0.128<br>(-3.23) |
| $X_1 \times M$ | -0.079**<br>(-1.98) | 0.141***<br>(3.69) | | | |
| $X_2 \times M$ | | | 0.128***<br>(3.31) | | |
| $X_4 \times M$ | | | | -0.159***<br>(-2.79) | -0.062*<br>(-1.72) |
| $K_1$ | 0.480***<br>(9.71) | -0.015<br>(-0.59) | 0.017<br>(0.39) | 0.462***<br>(9.88) | 0.449***<br>(9.33) |
| $K_2$ | -0.024<br>(-0.74) | -0.011<br>(-0.32) | 0.022<br>(0.61) | -0.038<br>(-1.11) | -0.052<br>(-1.32) |
| $K_3$ | 0.227***<br>(5.03) | -0.422***<br>(-9.41) | -0.433***<br>(-9.18) | 0.239***<br>(4.39) | 0.229***<br>(4.14) |
| $K_4$ | 0.037<br>(1.08) | -0.057*<br>(-1.75) | -0.027<br>(-0.91) | 0.032<br>(0.79) | 0.037<br>(1.01) |
| $K_5$ | -0.000<br>(-0.01) | -0.004<br>(-0.12) | 0.007<br>(0.17) | 0.003<br>(0.06) | 0.019<br>(0.37) |
| $F$ | 16.09*** | 36.56*** | 26.53*** | 17.20*** | 17.37*** |
| $R^2$ | 0.2128 | 0.3761 | 0.3057 | 0.2239 | 0.2255 |
| $Adj. R^2$ | 0.2018 | 0.3659 | 0.2942 | 0.2111 | 0.2127 |

注：表中输入的是 $\beta$ 值与 $t$ 值及其显著性水平。\*\*\*、\*\*、\* 分别表示在1%、5%和10%水平下显著。

表5.11 特殊功能类企业中的直接效应检验

| | $Y_1$ | $Y_2$ | $Y_1$ | $Y_1$ | $Y_2$ | $Y_2$ | $Y_1$ | $Y_1$ | $Y_2$ | $Y_2$ |
|---|---|---|---|---|---|---|---|---|---|---|
| $X_1$ | 0.355*** (4.31) | | -0.062 (-0.65) | | 0.190*** (4.95) | | | | | |
| $X_2$ | | | | 0.086 (0.79) | | 0.101 (0.59) | | | | |
| $X_3$ | | | | | | | 0.160*** (3.75) | | | |
| $X_4$ | | | | | | | | 0.140*** (3.23) | | 0.040 (1.01) |
| M | | | -0.102** (-2.34) | -0.100** (-2.31) | 0.147*** (2.68) | 0.148*** (2.71) | -0.100** (-2.41) | -0.083** (-2.01) | 0.152*** (3.70) | 0.133*** (3.25) |
| $K_1$ | -0.006 (-0.17) | -0.015 (-0.39) | 0.330*** (5.83) | 0.331*** (5.87) | 0.022 (0.59) | 0.015 (0.35) | 0.321*** (5.74) | 0.332*** (6.96) | 0.014 (0.31) | 0.013 (0.31) |
| $K_2$ | | 0.014 (0.37) | -0.015 (-0.35) | -0.023 (-0.52) | 0.025 (0.58) | 0.039 (1.01) | -0.022 (-0.55) | -0.019 (-0.46) | 0.033 (0.85) | 0.034 (0.78) |
| $K_3$ | 0.057 (1.12) | -0.535*** (-9.83) | 0.049 (1.09) | 0.044 (1.00) | -0.527*** (-11.51) | -0.518*** (-11.03) | 0.049 (1.05) | 0.035 (0.81) | -0.522*** (-11.04) | -0.510*** (-10.99) |

续表

|  | $Y_1$ | $Y_2$ | $Y_1$ | $Y_2$ | $Y_1$ | $Y_2$ | $Y_1$ | $Y_2$ | $Y_1$ | $Y_2$ | $Y_1$ | $Y_2$ |
|---|---|---|---|---|---|---|---|---|---|---|---|---|
| $K_4$ | -0.056<br>(-1.18) | 0.039<br>(0.87) | -0.054<br>(-1.29) | 0.041<br>(1.05) | -0.059<br>(-1.30) | 0.039<br>(1.01) | -0.061<br>(-1.35) | 0.037<br>(0.92) | -0.029<br>(-0.69) | 0.011<br>(0.29) | | |
| $K_5$ | -0.196***<br>(-4.14) | 0.064<br>(1.35) | -0.170***<br>(-3.73) | 0.047<br>(1.09) | -0.163***<br>(-3.60) | 0.031<br>(0.77) | -0.133***<br>(-2.98) | 0.025<br>(0.59) | -0.140***<br>(-3.11) | 0.012<br>(0.28) | | |
| $F$ | 18.33*** | 29.24*** | 14.80*** | 31.40*** | 15.19*** | 27.61*** | 17.08*** | 26.36*** | 16.32*** | 28.74*** | | |
| $R^2$ | 0.1844 | 0.2808 | 0.2017 | 0.3447 | 0.2058 | 0.3169 | 0.2241 | 0.3071 | 0.2174 | 0.3254 | | |
| $Adj. R^2$ | 0.1747 | 0.2722 | 0.1883 | 0.3338 | 0.1925 | 0.3055 | 0.2111 | 0.2955 | 0.2043 | 0.3141 | | |

注：***、**、*分别表示在1%、5%和10%水平下显著；表中输入的是β值与t值及其显著性水平。

但是，特殊功能类企业的实证结果和样本整体存在一定差异。第一，在对企业管理层的经济激励中，只有管理层薪酬与经济绩效具有显著的正相关关系；第二，对企业管理层的非经济激励只与企业社会责任具有显著的正相关关系；第三，股权混合度对于企业社会责任和企业管理层激励的抑制作用均不存在，但仍存在企业管理层薪酬对企业经济业绩的促进作用。综上所述我们可以了解：首先，对于特殊功能类企业，企业管理层在承担企业社会责任过程中被给予了更多激励，并且由于对特殊功能类企业的特殊定位，这类企业管理层的考核也需要从企业社会责任承担去考虑，这促进了企业高层管理者对于企业社会责任的重视，而忽视了对经济效益的盲目追求。此外，由于政府和国有股东对具有特殊职能的国有企业拥有强大的控制权，非国有股东很难对国有企业进行实质性的干预和影响。

表 5.12　　　　　　　　特殊功能类企业中的调节效应检验

|  | $Y_2$ | $Y_1$ | $Y_1$ |
| --- | --- | --- | --- |
| $X_1$ | 0.126 *** <br> (2.96) |  |  |
| $X_3$ |  | 0.158 *** <br> (2.69) |  |
| $X_4$ |  |  | 0.142 *** <br> (2.37) |
| $M$ | 0.161 *** <br> (3.86) | -0.100 ** <br> (-2.33) | -0.078 * <br> (-1.89) |
| $X_1 \times M$ | 0.145 *** <br> (2.74) |  |  |
| $X_3 \times M$ |  | 0.009 <br> (0.19) |  |
| $X_4 \times M$ |  |  | -0.034 <br> (-0.79) |
| $K_1$ | 0.022 <br> (0.58) | 0.322 *** <br> (5.74) | 0.331 *** <br> (6.51) |
| $K_2$ | 0.025 <br> (0.67) | -0.023 <br> (-0.49) | -0.021 <br> (-0.47) |
| $K_3$ | -0.529 *** <br> (-12.84) | 0.049 <br> (1.08) | 0.029 <br> (0.65) |

续表

|  | $Y_2$ | $Y_1$ | $Y_1$ |
| --- | --- | --- | --- |
| $K_4$ | 0.039<br>(1.01) | −0.059<br>(−1.37) | −0.027<br>(−0.62) |
| $K_5$ | 0.052<br>(1.26) | −0.134***<br>(−2.98) | −0.141***<br>(−3.00) |
| $F$ | 29.84*** | 14.70*** | 14.22*** |
| $R^2$ | 0.3649 | 0.2242 | 0.2187 |
| $Adj. R^2$ | 0.3527 | 0.2093 | 0.2037 |

注：表中输入的是 $\beta$ 值与 $t$ 值及其显著性水平。***、**、* 分别表示在 1%、5% 和 10% 水平下显著。

## 三 管理层结构与双重任务的结论和启示

### （一）结论启示

1. 高管团队职能背景视角

本书以委托—代理理论的多任务情境为切入点，探究了不同职能背景下的高管团队统领对企业业绩以及企业社会责任承担的影响作用。此外，在对国有企业混合所有制改革的前提条件进行深入分析和探讨之后，由高层管理团队执行的企业股权混合所有制改革对企业任务的影响。然后对两个具有商业竞争力的样本企业和特殊功能企业进行了再验证。进一步的研究表明，高层管理团队的职能背景是影响企业双重任务的一个重要变量，具有主观偏好，而且所有权组合对高层管理团队的职能背景和企业的双重任务关系具有显著的调整作用，这种调整不适用于职能特殊的国有企业，而只适用于具有商业竞争力的国有企业。进一步研究发现，生产技术型高管的占比与企业社会责任呈现自变量减少、与企业绩效呈现自变量增长，但管理服务型高管的占比和企业社会责任和企业绩效呈自变量增长，股权混合度在管理服务型高管占比和企业社会责任之间呈现减少，在生产技术性高管占比和企业绩效和社会责任之间呈现增加，但并未呈现出与企业经济绩效的调节作用。此外，股权混合度对高管团队与企业任务两者的调节之后体现在商业竞争类国有企业，却并未体现在特殊功能类国有企业。

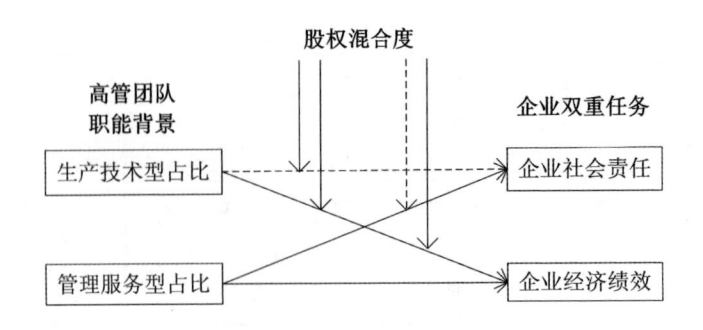

图 5.7　高管团队职能背景作用

通过实证分析得出的结果具有重要的实践意义和参考价值：（1）依照国有企业分类改革的初衷，混合所有制改革同样可以依照国有企业所处不同地区的实际情况，若企业的主要任务是进行市场较量以及经济输出，那么社会股东参与公司治理是个合理的选择；若企业以保障民生为主，那么实行混合所有制将会减少对于企业社会责任的影响。（2）高层管理团队的职能背景包括对企业社会责任和经济绩效的各种偏好与定位差异不同，需要根据不同企业的不同需求，合理地委托高层管理人员与团队。（3）充分肯定了处理高层管理人员和企业任务中股权混合度的调节作用，依据公司股东去改观企业高层管理人员在主观上的影响，从而促进企业决策的长远发展。

2. 高管激励方式视角

关于高管激励的两种方式经济激励和非经济激励与企业的经济绩效和社会责任这两项任务的关系，可以得到以下主要结论：（1）在职消费与薪酬作为高管的经济激励方式，它可以促进企业的经济效益、消除企业社会责任的作用。首先，现在的高管薪酬与企业业绩密切相关，《中央管理企业负责人薪酬制度改革方案》中有条款明确规定了企业业绩与高管薪酬的比例关系。其次，经济效益良好的企业一般会比较快速地发展，因此会导致增加了对管理费等营业外费用的投资，这就给企业高层管理者个人带来了获利的较大可能，因而会增加其对企业绩效的追求。对于高管的非经济激励即任职时间和声誉，则主要着眼于促进企业的社会责任，因此也具有一定程度的对企业绩效的激励作用。（2）一方面，随着公司股权混合度的增强，企业将更加重视自身的经济效

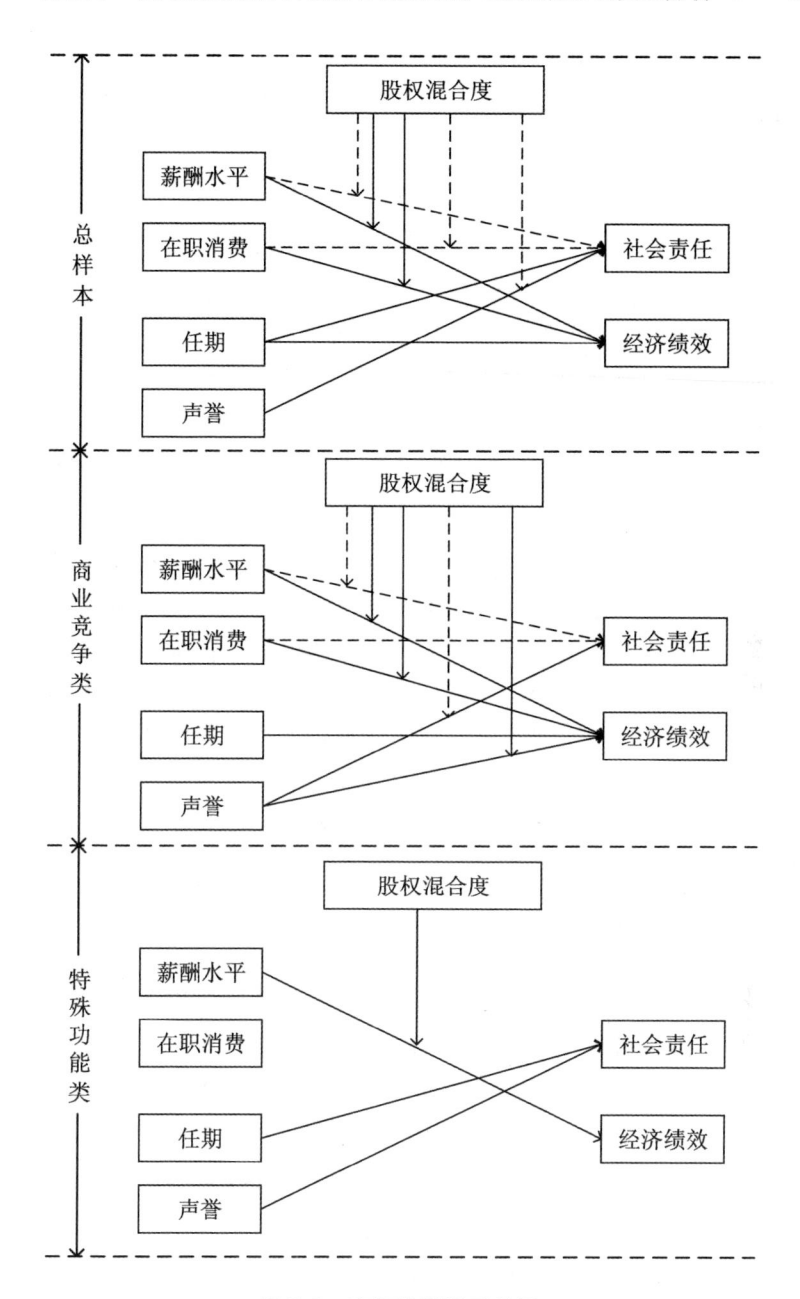

图 5.8　高管薪酬激励效果

益，并排斥自身应承担的社会责任，并表现出与非国有股东共进退的局面。由于非国有股东一般以追求利益最大化为主要任务，因而随着股权混合度的进一步增强，非国有股东能够在企业中获得更高的地位和影响力，对管理层的决策和激励进行干预，从而促进管理层按照非国有股东的意愿进行决策和行为。更有趣的是，任务与所有权组合和经营者任期激励之间的关系没有得到很好的调整，这可能是由于政府的强力参与和国有企业管理层的任免造成的，因此，社会股东的作用几乎没有影响。
(3) 高管激励方式的作用在商业竞争类企业和特殊功能类企业之间将会发生进一步变化。例如，在商业竞争类企业之间，在总样本中，企业管理层的声誉激励会与公司的经济绩效相关联，对公司的经济绩效产生正面影响。这类激励产生的变化对特殊功能类企业的影响更为明显，对这类企业来说他们的社会保障目的更为明显。因此，原高管对经济绩效的激励方式在此类企业中的作用微乎其微，但它让企业管理层更加注重社会责任的实施。在这类企业中，国有企业中更多地带有政府机构的影子，这就使得企业管理层不再像以往的市场管理者那样追求经济积累，而是更加注意在职期间的名声等政治获利，因而企业管理者的非经济激励作用大幅增加。另一方面，由于政府和国有股东对特殊功能类企业的控制程度较高，因而股权混合的作用难以发挥，因此非国有股东的作用受限。

**（二）构建国有企业高管综合激励和约束机制的政策启示**

依据本章第一节和第二节的内容可知，混合所有制国有企业重要的公司治理手段是合理的对异质性职能高管的制度约束和全面的薪酬激励。进一步合理管理国有企业管理层薪酬结构，加强管理层约束制度建设，确保干部队伍整体决策的有效性，这两点有助于充分发挥管理团队的作用，同时该举措有利于解决国有企业管理层与股东之间的利益冲突。

1. 设置符合企业功能需求的高管综合薪酬体系

(1) 薪酬设置统筹国有企业的经济目标和社会目标

国有企业一方面需要实现企业自身的经济目标；另一方面需要提供公共福利、实施国家产业政策、提供风险投资、确保就业、实现技术进步等特定的社会功能。而上述社会功能的实现对企业管理层的能力提出了更高的要求，但这种社会功能的效果需要一定时间才能显现出来。因此，对于国有企业管理层的长期激励，仅关注国有企业的长期业绩是片面的，国有企业的社会功能需要从长远考虑。因此，国有企业的经济目标和社会目标随着其所属类型和层级的变化是不同的，部分国有企业社会目标的比例占有大，但资源型产业的央企却不尽相同，竞争性地方国有企业的经济目标占比大。因而在制定激励计划时，为了更合理地配置经济目标和社会目标的比例，需要根据其特性来制定长期计划。

（2）相互结合以年薪为主的经济激励和任期为主的非经济激励

高管年薪是由基本工资和风险收入构成，最基本的条件是岗位，根据一年的基本工资标准和业绩来决定产生的变动收入。企业规模作为基本工资标准的基础，需要进一步确定居住地普通员工的基本工资水平和价格指数，由此基本上可以确定国有企业高管管理水平、人事管理能力和责任。

在研究国有企业管理层的长期激励计划时，人们特别注意薪酬激励这种措施，非薪酬激励从长期来看往往可以起到理想的效果值得我们探讨。同时，声誉、精神、职位晋升等作为高管在企业整个任期内的非薪酬激励方式，在一定时间内的业绩将对企业管理层的认可有了更高要求，因此长期激励效果更为有效。相较于其他类型的企业，国有企业实施非薪酬激励制度有着明显的固有优势。国有企业将以年收入为基础的薪酬激励、非薪酬激励相结合，这样可以更有效地为企业高管提供长期激励。

在混合所有制国有企业中，通过制定以年薪与任期激励相结合的企业管理层激励制度，一是管理层的收入同公司发展联系起来，这将带动国有企业管理层的工作热情与积极性，同时高管们将努力提高个人业绩以实现公司既定目标，如此就会对企业收益产生积极的正向影响，提高了企业在行业中的竞争力；二是在评价层面上，国有企业的干部能力的判断标准是任职时间和声誉；三是年薪制度等经济手段的推动和使用，以及与在职期限等非经济手段相结合的薪酬制度，为国有企业干部探索合理薪酬机制提供了实践经验。

2. 建立和完善职业经理人市场

"建立能够充分发挥企业家才能的职业经理人体系"，其作用是深化公司内部管理层、员工流动、薪酬增减的系统改革。随着混合所有制经济的发展，国有企业改革布局的深化，支持建立专业经理人制度的呼声越来越大，新型混合所有制企业的发展和运营满足新的要求。基于职业经理人市场和规范化企业运营的逐步建立和完善，去培养更熟练的企业家和经理人来管理运营。

企业经营者可能获得外部就职的机会，这种情况是由其所属的经理人市场决定的，这个决定可以由公司治理外部约束机制的角度来看。刚进入公司后或公司内部的底层经理人，如果要获得更好的工资条件或晋升的可能性，他们会选择努力工作，以获得在职业经理人道路上长足的发展进步。以上这些都能让很多人得到更好的发展，这给高层管理者带来了很大的压力，迫使这些高层为了不被超越而更加努力学习。在这种情况下，职业经理人市场鼓励所有人努力学习，体现自己的价值，为履行公司义务而努力工作。这也给公司的发展带来了巨大的资源和巨大的发展前景，如此就使得企业和管理者都有所获益。另外，当职业经理的个人业绩不太好时，其表现不好便导致了职业价值的市场反馈不佳，将会导致其在职业经理人市场另谋生路时带来不良反应，由此导致无法获得理想的工作，董事会将会通过其他途径填补其职位的缺失，由此企业经理人会选择努力工作。

以下将阐述完善经理人市场所需的基本工作支持：一是增加市场经理人的流动性，使经理人能够更自由地流动；二是通过相关的市场猎头公司或人力资本中介公司，促进专业经理人的参与，产生更加积极的效果，相互帮助。在这方面，相应的猎头公司和人力资本中介机构，可以从专业的角度对分类的详细的专业经理人数据库的建立做出巨大的贡献。这对于企业选择其所需要的职业经理是非常有帮助的。三是否能够满足职业经理的个人精神需求，职业经理人的成长和发展所需要的软环境需要全社会的共同努力共同营造，提升他们的社会地位和影响力。四是由政府出面牵头制定相应的职业经理人资格认证并出台相应的考试制度，引入合理的准入阈值，建立职业经理人预备资源库，培养后备人才。

3. 构建对国有企业高管的约束机制

(1) 建立违规惩罚机制

增加企业管理层违规的成本，并进一步强化惩罚措施，由此将会在一定程度上降低对股东利益的损害。建立一个与企业经理人市场进行信息共享的数据库，建立此数据库的目的是通过政府的授权在现如今大数据的环境下对公民的各类违规数据进行归类统计。其结果，当具有不良行为的公民在下一次就职时，其所产生的不良记录就会产生影响，其结果企业管理层将会按照业务规则，保持个人良好的信用记录。

（2）对信息披露机制的完善

混合所有制国有企业中的多重代理关系所导致信息不对称的存在，这一点并不令人惊讶。国有企业的管理层为了追求自己的利益，将尽可能的最大限度地利用自己的优势，由此会导致企业成本过高，如此会有效地限制企业管理层在生产经营过程中的违规操作，避免了企业管理层在操作过程中可能产生的逆向选择和道德风险。因此，这将对完善作为公司治理核心的信息披露系统提出了更大的要求，为了确保公司治理的有效运用，进一步降低代理。

（3）对法律约束措施的健全

在完善对国有企业管理层的法律约束方面，首先要完善《中华人民共和国公司法》等相关法规，强化规范国有企业管理层经营伦理等相关的规定和规则，在对企业管理层经营行为方面的约束规则必须基于维持企业整体稳定发展的角度出发；其次要保护民间经济投资者的个人资产。

4. 坚持分类改革与混改同步进行

根据前述第三章、第四章、第五章的子样本实证分析的结果来看，在商业竞争类企业和特殊功能类企业中，股东、董事、管理层的作用存在一定的区别，因而国有企业的分类改革也得到了肯定。因此，本书提出了遵循国有企业分类改革和混合所有制改革同步实施的政策建议。

这种分类像混合所有制一样，能够更好地进行进一步的分类。上述分析和对照结果显示，国有股东在国有企业中所占比例较高，其中分类治理存在差异的只有央属国有企业，而非国有股东一般持股较少，分类治理差异不存在显著性。在现实社会中，有关部门往往只注重我国国有企业混合所有制的实施力度，而忽视了混合所有制的实际需要。国有企业混合所有制改革需要引入相应的预警和监督机制，以切实防止违法行为的发生。政府应当引入非国有产权治理主题以针对商业竞争类国有企业去发挥自身的监督和制衡作用，来进一步提高企业治理的质量，另外，要极力防止国有资产不必要的削减。非国有股东为了追求个人利益最大化，利用制度不完善的缺陷，觊觎国有资产，这是由于中国产权保护制度薄弱而产生的。

从高层治理结构的角度来看，代表非国有股东的高管比例普遍较低，与不同类型的国有企业相比，并未存在着明显的差异。在这种情况下，这意味着在我国现阶段，混合所有制只是追求相同的外在，而没有深入内部进行学习。当今"混合所有制"在企业股权性质方面的混合舆论强度较强，但却在不经意间忽略了进一步发挥非国有产权主体治理作用的原始目标。而在决策权配置变动方面，为了充分发挥混合所有制的治理作用，需要在企业内部实现高层次的治理结构混合。因此，非国有股东进行决策时可以提出更多建设性意见和建议，一方面在管理权分配上，为了防止内部人员控制较多情况的发生，整合企业的内部决策机构。此外，还可以减少政府对企业的干预。

分类后，促进国有企业改革的具体如下：首先是进一步调整和改善股权结构。对采用集团公司而并未进行股份制改革的大型国有企业，在集团公司层面上所持有的股份进行改革，最终以建立国有资产监管部门（或专业的国有资产运营公司）直接控制上市公司的结构。对公司结构各业务部门相对独立运营、子公司分别上市国有企业集团为例，非上市子公司进一步分类，以实现整体上市，并因此而变成了国有投资公司，加强各子公司的市场主体地位。国有企业主要从事特殊职能或者政策性业务，不具备上市条件的，可以根据需要引入多个国有股东，并可以将这些子公司与同类地方国有企业合并，形成中央国有资产和地方国有资产的股权结构共有制。然后，从资本运营的角度看，国有资产监督管理部门（运营公司）要发挥出国有资本应有的活力，实现动态管理、灵活使用，提升国有资本保值增值的能力。对没有市场竞争力的国有企业（子公司），要坚决分离重组，避免国有资本进一步损失。同时，对于具备核心竞争力且能够产生协同效应，同时主营业务契合的非国有企业，相应的国有企业应当增强自身持续发展能力勇于进行市场化并购。此外，国有资产监管部门（国有资产运营公司）可以依照各种企业的资本市场估值，中长期发展趋势，在适当时机对上市公司的持股进行增减，从而提高国有资本的长期收益率。最后，从企业治理机制的角度出发，商业竞争类国有企业要保证非国有股东参与企业决策，按照其持股比例赋予相应的决策权，同时对中小投资者的正当的权利和利益要进行保护。为了吸引外资、民间资本、国有资本一起持股要进行持续合理的分红，营造利于国有企业长期发展的外部环境。公益类国有企业要进行稳健改革，以合理的价格提供优质的公共服务，并引入市场机制。可以使用特许经营的委托、运营和其他方式，区别一些竞争的商业环节，与国有企业以外的企业共同运营。

## 四　本章小结

本章将对国有企业混合所有制管理结构的特征以及双重任务的影响进行研究。重要的问题是选择合适的管理层，并给予其合理的激励。国有企业管理层的职能背景不同，因而造成了经营管理的差异也不同，由于企业管理层的异质性，当国有企业面临双重任务时，会存在经营者的激励偏好，因此本章主要针对这一问题进行研究，进一步探索管理结构的特点。

在实证分析部分中，我们对国有企业在双重任务中不同业务类型的高管团队的作用进行了分析。同时，为了全面判断不同高管激励形式的作用，我们从经济激励和非经济激励两大类进行探究。实证结果显示，管理服务型高管团队能够从全方位对双重任务的实施进行促进，而生产技术型的团队将企业业绩作为首要目标；企业管理层的在职消费和薪酬等金钱激励仅注重对企业业绩的实现，而企业管理层的任期和声誉激励偏好会实现企业社会责任并对企业绩效具有部分作用。这一系列结论不仅从业务功能的角度提供了高管团队的配置，而且根据企业的任务偏好提供了高管激励的合理选择。

本书得出的主要结论是企业应当根据自身任务合理选择聘用管理层，同时给予他们的激励方式是因人而异且"因任务而异"，为了优化混合所有制国有企业的经营结构，从激励机制、经理人市场、高管约束和分类改革四个方面提出意见建议。

# 第六章　有限理性行为假设下的多任务委托—代理模型拓展

随着社会分工的高度专业化和现代企业的所有权与经营权的逐渐分离，社会生产效率显著提高的同时导致很多工作需要高度专业化的技能，人们不可能在所有的工作中亲力亲为，于是就产生了委托—代理。委托—代理表现在企业层面为企业法人治理结构，即公司股东委托经理人代理公司事务，对公司进行经营管理；表现在国家层面为民众委托政府官员代理国家事务，形成国家公共政治机构和国有企业。目前，委托—代理理论和应用研究已经经历了40多年的发展，但是由于委托—代理无处不在的普遍性以及与时俱进的发展性，至今委托—代理理论和应用研究仍然不能满足社会实践的需求。

## 一　拓展背景与理论基础

### （一）问题背景

众所周知，信息不对称的情形无处不在，例如，股东与公司经理之间、监管者与受监管者之间、保险公司与投保人之间，以及信息不对称与纳税人之间都存在着信息不对称。信息不对称导致人们更倾向于基于自己的信息优势做出自私的选择和行为，更符合自身私人利益，进而导致处于信息劣势一方的利益发生损失。换而言之，当发生利益冲突时，代理人往往依据自身的信息优势产生"道德风险"行为，在信息不对称和发生利益冲突双重作用条件下，代理人的道德风险行为频频发生。尽可能的实现个人效用最大化是代理人在工作中的目标，这一目标可能与委托人的意愿相冲突。因此，在代理人与委托人之间建立一个有效的激励和约束机制，使得两者之间在公司经营过程中利益保持长期一致是当前委托—代理机制建设的重中之重。

经过心理学家和经济学家多年研究表明，人在经济活动中的行为受到其行为特征的影响。目前，经典的经济模型和理论的基本假设主要有完全理性、预期效用理论、偏好不变等。但是，由于人作为经济活动中的多变因素，导致理论与现实之间往往存在较大偏差。现实生活中，委托人委派给代理人的工作任务是多项的，在代理人工作过程中，代理人未必会只以最大化实现公司利益为自身行动指南，代理人往往会在工作中产生除最大化实现公司利益以外的其他动机，例如过度关注物质利益，在行为上表现出嫉妒、自傲、自豪以及自利等多种特征[①]。作为典型的经济人，委托双方都在公司经营过程中表现出不同心理特征，有可能出现双方都过度自信的情况。当代理人与委托人都存在过度自信时，多项任务情形下最优的合作契约应如何设计？面临代理人以职权进行过度在职消费、隐藏或者转移公司收益的情形，如何有效监管此类代理人以权谋私、侵犯公司利益的自私自利行为？这是当前委托—代理监管体制亟待解决的工作重点和难点。在动态多任务委托—代理激励契约的基本条件下，代理人的此类自利行为又将会对其产生怎样的实质性影响？如何在信息不对称的前提下设计一种薪酬制度，既可以减少企业的代理成本，又能达到规避道德风险的目标，最终实现员工与企业的互利共赢，这是一个深思熟虑的问题。

基于此，本书在研究委托双方的心理特点和行为特征的基础之上，梳理了委托—代理理论的发展研究过程，并阐述多任务委托—代理理论研究框架，在多任务委托—代理问题中导入委托人和代理人的自信倾向、代理人的在职消费和隐藏收益这两种自利行为，进一步研究有限理性行为如何对多任务激励契约产生的实质性影响，最终提出一套政策建议，这一系列建议兼具理论与实际的科学性与可操作性，以达到进一步充实委托—代理理论研究的目的，对企业等用人单位薪酬设计给予一定的启发和设计指导。

**（二）相关文献综述**

如何实现代理人追求企业利益最大化和委托人达到最满意预期效

---

[①] 郭心毅、蒲勇健、陈斌：《代理人存在非理性心理的委托—代理模型》，《山西财经大学学报》2008年第12期。

果？这是目前国内外学者设计激励机制时面临的普遍问题。除此之外，薪酬合同设计是企业依据时代发展和实践问题不断探索的重要领域。

1. 多任务委托—代理关系

1998年Holmstrom和Roberts[①]认为企业的经营管理活动基本是由相互影响、相互作用的两项以及两项以上的任务组成的活动，具有显著的复杂性、交织性特征，而目前委托—代理理论的研究过度集中于单一任务。Holmstrom和Milgrom[②]在1991年开始进行多任务委托—代理研究，揭开了多任务委托—代理研究的序幕，首次在前人对于单任务委托—代理模型研究的基础上确立多任务委托—代理的基本理论分析框架，建立起单期多任务委托—代理模型[③]。两人的研究结果包括：（1）委托人过度激励容易达到监督代理人工作的目的，但是过度激励直接打破代理人的努力与收获之间的平衡，进而导致资源配置不合理；（2）具有相互替代效应的两项任务之间，若有一项任务具有不易于被监督特点时，固定工资合约相比于可观测业绩的激励合约更具有优势；（3）资产所有权的意义；（4）在什么情况下雇佣制度比独立合约制更合适；（5）代理人受到委托人工作时间之外的限制程度；（6）如何通过不同的岗位职责将任务组合分解设计，进而实现效用最大化。在代理人面临多项任务时，单任务委托—代理模型并不适用此种情形是多任务委托—代理模型最重要的研究成果之一。

目前，众多学者从多个角度对于多任务委托—代理问题进行细化拓展研究：Garcia[④]不仅考虑隐藏行动还考虑隐藏信息行为；Dikolli和Kulp[⑤]则考虑了业绩指标存在交互性的情形下如何设计实现最优契约；

---

[①] Holmstrom, B. and Roberts, J., "The Boundaries of the Firm Revisited", *Journal of Economic Perspectives*, 1998, 12 (4): 73-94.

[②] Holmstrom, B. and Milgrom, P., "Multi-task Principal-agent Analyses: Incentive Contracts, Asset Ownership and Job Design", *Journal of Law, Economics and Organization*, 1991, 7: 24-52.

[③] Holmstrom, B. and Milgrom, P., "Aggregation and Linearity in the Provision of Intertemporal Incentives", *Econometrica*, 1987, 55 (2): 303-328.

[④] García, D., "Optimal Contracts with Privately Informed Agents and Active Principals", *Journal of Corporate Finance*, 2014, 29: 695-709.

[⑤] Dikolli, S. and Kulp, S., "Interrelated Performance Measure, Interactive Effort and Optimal Incentive", *Journal of Management Accounting Research*, 2002 (21): 125-275.

Sinclair[①]从提升激励机制可行性角度重点分析了代理人在多任务情形下的相关激励措施；Dewatripont 等[②]则注意到显性契约之外的隐形契约，并首次将隐形契约引入到委托—代理模型中。以上对于多任务委托—代理问题的研究从某种程度而言解决了单任务委托—代理模型面临的现实问题，但是，对于代理人面临的任务缺乏动态性认识，代理人任务的动态性具有普遍性，工作过程中的多任务多阶段均可以体现出代理人任务的动态性。基于此，在 1999 年 Indjejikian 和 Nanda 关注了代理人任务的动态性，构建了动态多任务契约委托—代理模型[③]。袁江天和张维[④]将代理人努力行为分为三种类型：经营性、政治性、满足上级偏好，并且在多任务委托—代理模型导入成本关联关系。田盈和蒲勇健[⑤]的假定前提为委托人收益因为任务不同而产生差异，这种差异在任务间存在 CES，由此得出任务的重要性、不确定性和多任务之间的替代关系对于激励系数会产生差异化影响。徐细雄和涂未宇[⑥]基于当代理人面对时间上的多个垂直任务情形，同时考虑到当前的财务业绩和企业能力，对多任务委托—代理模式进行动态激励契约分析。孔峰和刘鸿雁[⑦]则是假设委托人重视长期业绩而不是当前业绩，在长期工资激励办法研究过程中引入声誉奖励办法和任务之间的相关性。张万宽和焦燕[⑧]套用多任务委托—代理模型对于地方政府的考核指标设计进行深入分析。刘惠萍和张

---

① Sinclair, D. B., "How to Restore Higher Powered Incentives in Multitask Agencies", *Journal of Law, Economics & Organization*, 1999, 15 (2): 418–433.

② Dewatripont, M., Jewitt, I., and Tirole, J., "The Economic of Career Concerns, Part: Application to Missions and Accountability of Government Agencies", *Review of Economic Studies*, 1999, 66: 199–217.

③ Indjejikian, R. and Nanda, D., "Dynamic Incentives and Responsibility Accounting", *Journal of Accounting and Economics*, 1999, 27 (2): 177–201.

④ 袁江天、张维：《多任务委托代理模型下国企经理激励问题研究》，《管理科学学报》2006 年第 3 期。

⑤ 田盈、蒲勇健：《多任务委托—代理关系中的激励机制优化设计》，《管理工程学报》2006 年第 1 期。

⑥ 徐细雄、涂未宇：《基于多任务代理模型的管理者动态薪酬契约设计》，《中国管理科学》2008 年第 1 期。

⑦ 孔峰、刘鸿雁：《经理人声誉考虑、任务关联性和长期薪酬激励的效果研究》，《南开管理评论》2009 年第 1 期。

⑧ 张万宽、焦燕：《地方政府绩效考核研究——多任务委托代理视角》，《东岳论丛》2010 年第 31 期。

世英[①]、温新刚等[②]将动态激励模型作为分析的基石研究激励契约受到声誉效应的影响程度。

2. 基于经济人行为的委托—代理关系

传统的委托—代理理论以委托双方均为理性的经济人为假设前提，委托人与代理人的经济行为与心理观点表现出一致性的特点，但是这与实际企业经营过程中两者经济活动规律并不相同。事实上，委托—代理双方在行为上可能表现出非理性特征，在心理上可能表现出多变性与多样性特点。赵蒲和孙爱英[③]指出应结合实际情况将委托双方的某些非理性行为作为重要因素，在委托—代理模型激励契约设计中加以考虑。黄健柏等[④]指出心理学和行为经济学中相关优秀研究成果可以对委托双方的非理性行为和心理特点进行解释分析，进而尝试解决委托—代理问题冲突。截至目前，国内外从理论和实证证据两方面均证明了许多不同寻常的经济现象是合理的，这些理论和实证证据涉及过度自信、代理人的在职消费和隐藏收益的行为。

（1）过度自信委托—代理关系

心理学研究表明，过度自信是人们在参与到经济生活过程中普遍存在的现象。Weinstein[⑤]指出人们总是倾向于过度高估自己，包括自身所具备的能力、能力和对事情结果所做的贡献。Fischhoff 等[⑥]发现人们过度高估了他们所知道的信息的准确性，而人们所识别的不可避免事件的真实概率只有80%，不可能事件的真实概率是20%。Bernardo 和 Weleh[⑦]研究指出

---

[①] 刘惠萍、张世英：《基于声誉理论的我国经理人动态激励模型研究》，《中国管理科学》2005年第4期。

[②] 温新刚、刘新民、丁黎黎、秦岚：《动态多任务双边道德风险契约研究》，《运筹与管理》2012年第3期。

[③] 赵蒲、孙爱英：《产业竞争、非理性行为、公司致力于最优资本结构——现代资本结构理论发展趋势及理论前沿综述》，《经济研究》2003年第6期。

[④] 黄健柏、杨涛、伍如昕：《非对称过度自信条件下委托代理模型》，《系统工程理论与实践》2009年第4期。

[⑤] Weinstein, N. D., "Unrealistic Optimism About Future Life Events", *Journal of Personality and Social Psychology*, 1980 (37): 806–820.

[⑥] Fischhoff, B., Slovic, P., and Lichtenstein, S., "Knowing with Certainty: The Appropriateness of Extreme Confidence", *Journal of Experimental psychology: Human Perception and performance*, 1977 (3): 552–564.

[⑦] Bernardo, A. E. and Weleh, I., "On the Evolution of Over Confidence and Entrepreneurs", *Journal of Economics and Management Strategy*, 2001 (10): 301–330.

管理者和企业家均过度自信，行为不理性。Busenitz 和 Barney[①]发现过度自信现象同样存在于委托人之间，同代理人一样。目前，国外对过度自信委托—代理理论的拓展已经取得了许多研究成果。Shefrin[②]认为为了使客户的收入最大化，兼容性激励是必要的，但仍然不足以抵消过度自信的负面影响。有关过度自信的国内相关研究刚刚兴起，以过度自信为条件加入委托—代理理论的研究拓展相对而言较为缺乏，陈其安和刘星[③]研究表明合作团队成员如果存在过度自信的情况可以节省外部监督成本。陈其安和杨秀苔[④]在研究过程中也得出相似结论，即代理人如果存在过度自信可以使得道德风险的降低和监督成本的减少。张征争等[⑤]依据风险偏好将企业高管划分进行研究，设计了风险厌恶与风险中性的企业高管在过度自信情况下的最优激励契约。黄健柏等[⑥]依据单阶段单任务委托—代理模型，深入分析委托双方过度自信的不对称如何影响契约设计。康开托和向小东[⑦]将代理人过度自信且代理人之间存在的竞争引入单委托—多代理模型。李娟等[⑧]在委托双方持有不对称自信度的一系列组合中，分别给出了线性契约和阈值契约下的最优参数。

总结过去的研究，过分自信的委托—代理模型的扩张，有许多为单一任务委托—代理的理论基础，但考虑到现实中，很少有文献对代理人和代理人之间的过渡自信与代理的多任务相结合。本书将参考以往的研

---

① Busenitz, L. W. and Barney, J. B., "Differences Between Entrepreneurs and Managers in Large Organizations: Biases and Heuristics in Strategic Decision-making", *Journal of Business Venturing*, 1997, 12 (1): 9–30.

② Shefrin, H., "Behavioral Corporate Finance", *Journal of Applied Corporate Finance*, 2001, 14 (3): 113–124.

③ 陈其安、刘星：《基于过度自信和外部监督的团队合作均衡研究》，《管理科学学报》2005 年第 6 期。

④ 陈其安、杨秀苔：《基于代理人过度自信的委托代理关系模型研究》，《管理工程学报》2007 年第 1 期。

⑤ 张征争、黄登仕、谢静：《考虑过度自信的薪酬合同实验分析》，《上海交通大学学报》2008 年第 9 期。

⑥ 黄健柏、杨涛、伍如昕：《非对称过度自信条件下委托代理模型》，《系统工程理论与实践》2009 年第 4 期。

⑦ 康开托、向小东：《基于过度自信的多代理人委托代理模型研究》，《科技和产业》2013 年第 1 期。

⑧ 李娟、郝忠原、陈彩华：《过度自信委托代理人间的薪酬合同研究》，《系统工程理论与实践》2014 年第 1 期。

究文献研究多任务委托—代理双方的契约设计基于过度自信,然后分析过度自信的影响程度的委托人和代理人在代理的努力和性能主要提供的补偿系数。

(2) 自利行为委托—代理关系

从实际角度来看,当中国进行了一系列国有企业改革,一大批大型国有企业的管理层利用法律和法规的不足和政府监督不力以及计划经济分解后所留下的真空,实现了对于企业的内部控制。因此,他们不仅是企业的管理层,而且是企业在一定程度上的所有者,这种管理层出现的代理现象必须加以分析和解决[1]。

国外较早关注代理人的自利行为。Jensen 和 Meckling[2] 早在 1976 年就提出代理人的在职消费行为对公司经营具有负向影响,属于委托人和代理人之间的一种利益冲突的表现形式,这一行为会造成企业价值的降低。Fama[3] 发现不能依靠事后薪酬结构的调整达成弥补代理人在职消费行为造成的公司资源损失的目的。Hart[4] 指出,代理人的在职消费行为使得代理人获得额外收益,表明公司付出的货币成本超过了其收益的效率增量。Raghuram 和 Julie[5] 第一次实证分析了代理人在职消费行为,并发现在职消费行为不能排除委托—代理的概念的解释,而 Cai 等[6] 和 David[7] 的研究对这一概念进行了进一步的巩固。陈东华等[8] 指出在职消费

---

[1] 罗宏、黄文华:《国企分红、在职消费与公司业绩》,《管理世界》2008 年第 9 期。

[2] Jensen, M. C. and Meckling, W. H. , "Theory of the Firm: Managerial Behavior, Agency Costs and Ownership Structure", *Journal of Financial Economics*, 1976 (3): 305 – 360.

[3] Fama, E. F. , "Agency Problem and the Theory of the Firm", *Journal of Political Economics*, 1980, 88 (4): 288 – 307.

[4] Hart, O. D. , "Financial Contracting", *Journal of Economic Literatrue*, 2001, 39 (4): 1079 – 1100.

[5] Raghuram, G. R. and Julie, W. , "The Flattening Firm: Evidence from Panel Data on the Changing Nature of Corporate Hierarchies", *The Review of Economics and Statistics*, 2006, 88 (4): 759 – 773.

[6] Cai, H. B. , Fang, H. M. , and Xu, C. , "Eat, Drink, Firms, Government: An Investigation of Corruption from the Entertainment and Travel Costs of Chinese Firms", *Journal of Law and Economics*, 2011, 54 (1): 55 – 78.

[7] David, Y. , "Flights of Fancy: Corporate Jets, CEO Perquisites, and Inferior Shareholder Returns", *Journal of Financial Economics*, 2005, 80 (1): 211 – 242.

[8] 陈冬华、陈信元、万华林:《国有企业中的薪酬管制与在职消费》,《经济研究》2005 年第 2 期。

行为普遍存在于国有企业代理人之间。徐莉萍等[①]强调转型期经济的条件下，在中国法律并不健全，国有控股企业面临因为代理人的自利行为造成的更大的风险，私有产权控股的企业面临更大的风险在于控股股东隐藏转移企业资源。目前，关于在职期间的消费行为与委托—代理契约之间的关系有大量的实证研究。罗宏和黄文华[②]基于代理理论，分析了国有企业管理人员在职消费水平与企业绩效之间的关系。李焰等[③]使用了上市公司2003—2008年期间的面板数据，论证了无论在何种类型的企业，在职消费与代理人的薪酬之间存在正向相关关系，并且在国有企业中，在职消费行为能够显著提升代理人的工作努力程度，但过犹不及，如果代理人的薪酬水平继续增加，这种对于工作努力程度的激励效果会大打折扣。皮建才[④]对于企业管理中的关系和代理方的有效的激励进行了分析，提出当面临代理人存在的道德风险时，例如私下隐藏、转移企业收益，那么代理人与业绩挂钩的奖金部分与关系强度存在负向影响。何山等[⑤]将代理人在职消费以及隐藏收益行为引入了线性契约委托框架中，发现委托人提供的最优激励契约随着代理人自利行为的不同而存在差异。

综上所述，本书是基于任务的动态性，将代理人的两种自利的行为：在职消费、隐藏转移收益引入到多阶段多任务的委托—代理模型中。基于代理人的工作绩效直接决定代理人的收益的现实情况，深入研究在职消费和隐藏转移收益两种自利行为如何影响代理人最优的努力程度和最佳的报酬系数以及影响程度。在假设适当数据的情况下，进行数值模拟，验证模型数理，进一步推到出结论。

**（三）契约研究的理论基础**

契约，即支付、采取行动或不采取行动的债务，是在双方同意的情

---

① 徐莉萍、辛宇、陈工孟：《控股股东的性质与公司经营绩效》，《世界经济》2006年第10期。
② 罗宏、黄文华：《国企分红、在职消费与公司业绩》，《管理世界》2008年第9期。
③ 李焰、秦义虎、黄继承：《在职消费、员工工资与企业绩效》，《财贸经济》2010年第7期。
④ 皮建才：《关系、道德风险与经理人有效激励》，《南开经济研究》2011年第1期。
⑤ 何山、徐光伟、陈泽明：《代理人自利行为下的最优激励契约》，《管理工程学报》2013年第3期。

况下协调和刺激经济活动的协议。研究内容必须以严谨的科学理论为基础，本章试图分析相关理论，包括委托—代理理论，夯实后续章节研究的理论基础。

1. 信息不对称理论与道德风险

一般而言，理论的产生创立首先需要基本假设的形成和特定研究模板的存在，这是认识理论的先决条件。张维迎在《博弈论与信息经济学》[①] 一书中指出，拥有私人信息的参与者通常被称为"代理人"，没有私人信息的参与者通常被称为"委托人"。委托—代理理论核心围绕"经济人"假设，并基于两个基本假设。

一是委托和代理双方之间存在利益冲突。委托—代理理论指出，委托双方在经济活动中扮演经济人的角色，所采取的措施旨在使其自身利益最大化。在委托人权力下放过程中，代理人工作更努力，更有可能获得更高的报酬。然而，委托人的目标是最终的结果，而代理人则不是，他最关心自己的工作努力程度，而委托人并不关注。代理成本的金额直接决定了委托人的最终收益。代理成本与代理人为获得某一收益所作努力的程度有关，该收益等于客户支付给代理的报酬，也称为委托人成本。可以看出，委托人的利益和代理人的利益指向并不一致，甚至相互矛盾。由于双方的利益冲突，代理人很可能会利用其分配资源的权力来获得私人利益，即存在代理问题。因此，有必要采用建立一种机制（契约）来调和双方之间的利益冲突。

二是委托和代理双方之间存在信息不对称。委托—代理理论假设委托双方之间的信息是不对称的。在委托过程中，代理人的工作努力程度具有不可观测性，即代理人很清楚自己的工作水平和努力程度，但是委托人不能观察到代理人的努力程度，即使可以观察到，第三方也无法进行确认。根据委托—代理理论，公司的最终收益直接取决于代理人的努力水平，最终收益具有可观测性。由于委托人无法观察代理人的工作努力水平，代理人极可能会利用这一信息上的优势来最大化其自身利益，代理问题由此产生。无法证明和观测代理人的努力水平这一指标，导致这一指标从契约条款中缺失。假设条款中包括努力水平，第三方代理机构也无法证明代理人的实际努力水平与约定努力水平是否一致，是否存

---

① 张维迎：《博弈论与信息经济学》，上海人民出版社1997年版。

在违约。在代理关系中，如果客户和代理之间的信息是对称的，双方之间仍然存在利益冲突，双方都可以找到最好的合同，解决代理问题；在双方不存在利益冲突的情况下，尽管双方的信息不对称，但不存在代理问题；当客户和代理之间利益冲突和信息不对称都存在时，就会产生代理人的"道德风险"，代理人可以利用信息的优势，以牺牲委托人的利益为代价，最大限度地提高自身利益。由于委托双方之间的信息不对称和利益冲突是常见的，代理人的道德风险层出不穷，对于委托—代理的研究具有理论与现实上的双重意义。

信息不对称分为信息不对称时间和信息不对称内容两类。时间不对称，是指合同中参与人在合同发生前发生的不对称，称为"事前不对称"，或者在参与人签订合同后发生的不对称，称为"事后不对称"。信息经济学中不同模型的基本分类如表 6.1 所示。

表 6.1　　　　　　　　　　**不对称信息的基本分类**

|  | 隐藏行动 | 隐藏信息 |
| --- | --- | --- |
| 事前 |  | 逆向选择模型 |
|  |  | 信号传递模型 |
|  |  | 信息甄别模型 |
| 事后 | 隐藏行动的道德风险模型 | 隐藏信息的道德风险模型 |

2. 委托—代理与契约理论

委托—代理理论将经济学模型与公司的所有者和经营者行为相结合，研究如何完善公司治理，提升经济效率。当前在所有权与管理权分离的商业体系中，所有者与经营者之间的目标是不同的。所以在缺乏适当的制度和监管机制的情况下，经营者的经营决策可能会与所有者的预期结果相背离，进而损害企业经济效率。Berle 和 Means[①] 的著作 *The Modem Corporation and Private Property* 作为现代经典的委托—代理理论起源，深入剖析了"所有权与经营权分离"问题，认为公司的所有者与经营者为同一人的情况下，极有可能存在较大弊端，认为企业所有者应

---

① Berle, A. and Means, G., *The Modem Corporation and Private Property*, Macmillan: New York, 1933.

让渡经营权，保留剩余索取权。鼓励"所有权与经营权分离"，同时研究问题局限于此。1961年Stigler[1]在 The Journal of Political Economy 杂志上发表了"信息经济学"的论文；同一年，Vikrey[2]发表了一篇标志着信息经济学诞生的论文，论文的主要内容包括反投机、拍卖和竞争性密封招标。随着相关理论的建立和发展，学术界对于信息不对称信息的深入研究成为委托—代理理论的开创基础。委托—代理理论真正发展起来的时间为19世纪60年代末70年代初，最早是由Rose在1973年提出来现代意义上的委托—代理理论，委托—代理关系随着代理人为实现委托人的利益付出努力或是进行决策时而产生；Jensen和Heckling[3]指出委托—代理关系本质为契约，在契约中委托人将特定的决策、资源配置等权利赋予代理人，代理人可以依据所赋予的权利从事某些公司经营活动。Hart和Moore[4]提出了"专业化"是委托—代理关系的来源，当存在公司经营方面的"专业化"人才时，就很有可能存在一种关系。在这种关系中，代理人是拥有信息优势的一方，而委托人是拥有信息劣势的一方，代理人为委托人的利益付出努力。

委托—代理理论作为现代企业理论的一项必不可少的重要内容，在企业所有权与经营权分离的现实情况基础之上，重点突出委托双方存在的信息的不对称性和利益冲突问题。因此，利益冲突和信息不对称问题导致的委托—代理问题是委托—代理理论的研究核心。委托—代理理论经历了将近四十多年的研究发展，目前理论分析框架日趋清晰化。

委托—代理理论尝试将相关代理问题进一步转化为：委托人希望代理人采取相应措施实现委托人的利益，但代理人的行为不能直接观察到，委托人只能通过其他变量观察代理人的行为。然而，这些变量是由代理人和其他外生随机变量所采取的行动决定的，因此它们不能充分显示代理人行为的信息。就客户而言，问题是怎样利用可以观测到的相关信息诱导代理

---

[1] Stigler, G. J., "The Economics of Information", *The Journal of Political Economy*, 1961, 69 (3): 213 – 225.

[2] Vikrey, W., "Computer Speculation, Auctions, and Competitive Sealed Tenders", *Journal of Finance*, 1961, 16: 8 – 37.

[3] Jensen. M. C., and Heckling, W. H., "Theory of the Firm: Managerial Behavior, Agency Costs and Ownership Structure", *Journal of Financial Economics*, 1976, 3 (4): 305 – 360.

[4] Hart, O. and Moore, J., "Incomplete Contracts and Renegotiation", *Econometrica*, 1988, 56 (4): 755 – 785.

## 第六章 有限理性行为假设下的多任务委托—代理模型拓展

人,使得代理人采取有利于实现委托人利益最大化的行动。

一般而言,采用集合 A 代表代理人行动的可能性组合,$a \in A$ 代表代理人的其中一个特别行动,采用 $a$ 代表代理人的努力水平。本书为了分析方便,假定代理人的工作任务只有一项,所以 $a$ 实质上表示努力水平的一维变量。不受到参与者控制的外生随机变量比如市场波动、国家政策等等用 $\varepsilon$ 表示,简称为"自然状态"。$\Lambda$ 代表 $\varepsilon$ 取值范围,$\varepsilon$ 在 $\Lambda$ 上的分布函数为 $P(\varepsilon)$,密度函数为 $p(\varepsilon)$[①]。且有 $\varepsilon \sim N(\mu, \sigma^2)$。代理人采取特定行动 $a$ 后,$\varepsilon$ 相应与之实现。可观测变量 $x(a,\varepsilon)$ 和收益变量 $\pi(a,\varepsilon)$ 由这两个变量所决定,假设函数 $\pi$ 是关于 $a$ 的严格递增凹函数,关于 $\varepsilon$ 的严格增函数,因此,$\varepsilon$ 越大,代表自然状态越有利。委托人面临的问题是设计出一个激励合同 $w(x)$,依靠可观测变量 $x$ 的变动水平对代理人实施奖惩。代理人的效用函数用 $u[w(x) - c(a)]$ 代表,委托人的效用函数用 $v[\pi(x) - w(x)]$ 代表,其中代理人努力过程中产生的成本用 $c(a)$ 表示。

委托—代理模型可表示为:

$$\max_{a,\pi(x)} \int v(\pi(a,\varepsilon) - w(x(a,\varepsilon)))p(\varepsilon)d\varepsilon$$

$$s.t. \begin{cases} (IR) & \int u(w(x(a,\varepsilon)))p(\varepsilon)d\varepsilon - c(a) \geq \bar{w} \\ (IC) & a \in \text{argmax} \int u(w(x(a,\varepsilon)))p(\varepsilon)d\varepsilon - c(a) \end{cases} \quad (6.1)$$

委托人面临的首要问题就是为了使自身效用最大化如何设计 $a$ 和 $w(x)$,不过其设计过程中面临两个来自于代理人的约束条件。第一个约束条件是参与约束(IR),具体含义是指相比于不接受合同,代理人接受合同时可以获得的期望效用比之相等或者更大。用 $\bar{w}$ 表示代理人保留效用。第二个约束是代理人的激励约束(IC),代理人总是选择行动 $a$ 来实现自己的期望效用最大化的结果,由于 $a$ 是无法被委托人直接观测到的,因此委托人希望通过设计契约来诱使代理人选择符合其利益的行动。

若信息对称,即 $a$ 可以被委托人直接观测到,并可据此对代理人实施奖惩,即不存在激励相容约束。此时对称信息下的最优合同变为:

---

[①] 一般地假设 $\varepsilon$ 连续;如果 $\varepsilon$ 只有有限个可能值,$p(\varepsilon)$ 为概率分布。

$$\max_{a,\pi(x)} \int v(\pi(a,\varepsilon) - w(x(a,\varepsilon)))p(\varepsilon)d\varepsilon$$
$$s.t. \quad (IR) \quad \int u(w(x(a,\varepsilon)))p(\varepsilon)d\varepsilon - c(a) \geq \bar{w} \tag{6.2}$$

### (四) 多任务委托—代理基本模型构建

代理人受到时间和资源有限性的约束，在面临多项任务时，需要综合考虑任务业绩指标的可监督性、任务收益和努力成本等因素，在各项工作任务之间做出合理资源分配。如何设计激励合同才能达到预期各项任务完成的效益最大化结果，激励代理人努力工作的同时减少代理成本，降低道德风险，这是委托人面临的难题。

1. 模型假设

假设1：以 $n$ 表示且设定为代理人的多重工作项目，并使用 $e$ 代表代理人的对应努力水平，即 $e = (e_1, e_2, \cdots, e_n)'$ 为代理人在第 $n$ 项工作项目上的努力水平，其中 $e_i \geq 0$ 且 $i = 1, 2, 3, \cdots$；

假定2：以 $C(e)$ 表示且设定为代理人在多重工作项目中的努力成本，假定 $C(e)$ 是关于 $e$ 的严格递增凸函数，即 $\frac{\partial C(e)}{\partial e_i} > 0$ 且 $\frac{\partial^2 C(e)}{\partial e_i^2} \geq 0$；

假定3：以 $B(e)$ 表示委托人的收益函数，假定 $B(e)$ 是关于 $e$ 的严格递增凹函数，即 $\frac{\partial B(e)}{\partial e_i} > 0$ 且 $\frac{\partial^2 B(e)}{\partial e_i^2} \leq 0$；

假定4：代理人的努力程度并不能被委托人直接观测到，但是代理人的业绩具有直接观测性，以 $x = (x_1, x_2, \cdots, x_n)'$ 表示代理人业绩，且 $x = \mu(e_1, e_2, \cdots, e_n) + \varepsilon$，其中 $\varepsilon$ 代表与努力程度无关的随机向量，$\varepsilon$ 表示的随机向量不受参与者所能控制的环境冲击，$x = (x_1, x_2, \cdots, x_n)'$ 本质是 $n \times 1$ 维的列向量，服从均值为0，协方差矩阵 $\sum$ 服从正态分布，$\sum$ 是一个对称的 $n \cdot n$ 矩阵，因此 $x$ 服从均值为 $\mu(e_1, e_2, \cdots, e_n)$，协方差为 $\sum$ 的正态分布；

假定5：委托人支付的报酬是根据代理人的业绩确定的，薪酬函数为 $w(x) = \alpha + \beta'x$，其中 $\alpha$ 代表固定薪酬，$\beta'$ 代表业绩激励系数，薪酬函数实质为 $1 \times n$ 的行向量；

假定6：假定委托人的风险偏好为风险中性，而代理人是风险规避，其效用函数为不变绝对风险规避的效用函数，绝对风险规避系数用 $\rho$ 表示。

## 2. 模型建立

因为信息不对称情形的存在，委托人不能通过"经济"方法直接观测代理人在企业经营过程中的行为，采用契约的形式可以将委托人所支付的报酬与某个委托双方都承认的指标相结合。为了减少个人利益的损失，委托人只有通过间接的方式确立相关机制诱使代理人提升努力水平（直接显示机制）。委托人面临的问题，即激励机制设计将转化为如下两个约束最优化问题：

$$\max_{a,\beta^T} CE_p$$

$$s.t. \begin{cases} (IR) & y_a \geq \bar{w} \\ (IC) & e_2 \in \text{argmax} CE_a \end{cases} \tag{6.3}$$

其中，$\bar{w}$ 为代理人的保留收入；$y_a$ 为代理人薪酬函数；$CE_p$ 为委托人的期望收益。

将委托人和代理人的确定形等价收益代入上式得到：

$$\max_{a,\beta^T} B(e) - \alpha - \beta'\mu(e)$$

$$s.t. \begin{cases} (IR) & \alpha + \beta'\mu(e) - C(e) - \frac{1}{2}\rho\beta'\sum\beta \geq \bar{w} \\ (IC) & e_2 \in \alpha + \beta'\mu(e) - C(e) - \frac{1}{2}\rho\beta'\sum\beta \end{cases} \tag{6.4}$$

### （五）研究思路

本章依据信息不对称、道德风险和委托—代理理论，系统综合阐述了不同理论支撑下契约设计的作用及其地位。通过相关梳理可以看出，委托—代理关系的本质是契约关系，契约双方即代理人与委托人就契约相关内容协商，规划好各自义务以及报酬，委托人面临的难题就是如何激励代理人在公司经营过程中采取符合自身利益的行动。且委托人利益最大化意味着代理人接受合同时可以获得的期望效用大于等于不接受合同时可以获得的最大期望效用。契约双方即委托人与代理人间面临信息不对称以及利益冲突时，代理人的"道德风险"随之产生。委托人设计契约合同主要面临两个问题，一方面代理人的努力水平不具有可观测性；另一方面代理人会选择自身利益化的行为。委托人以此为条件设计契约，即根据参与约束和激励约束。因此，委托—代理理论会随着契约理论的发展而发展，契约理论的发展是委托—代理理论发展的前提条件之一。最后，本章分析了多任务委托—代理模型基本框架，为后文的研究提供了理论基础。

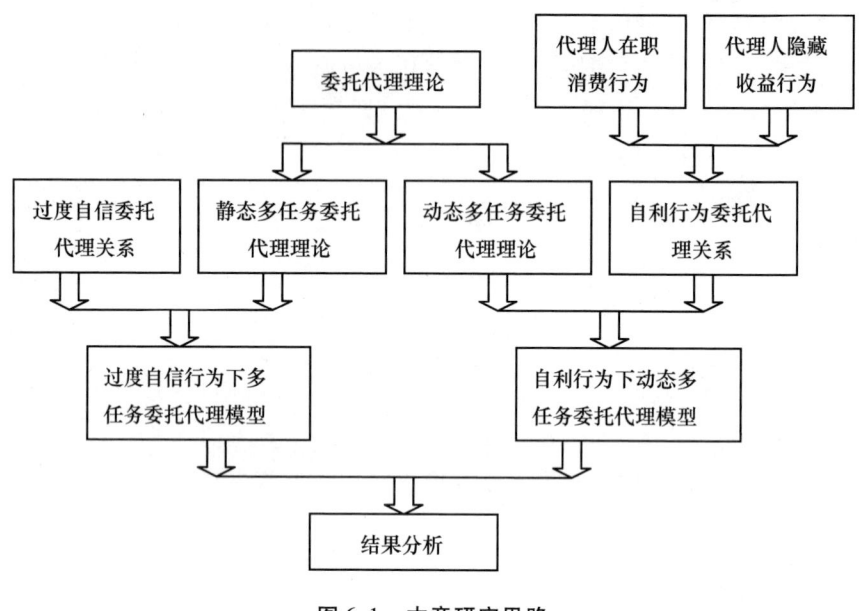

图 6.1　本章研究思路

## 二　过度自信条件下的委托—代理模型

关于过度自信的文章已经在前几章中进行了相关的总结，许多心理学家和经济学家也已经指出了过度自信是普遍存在的，另外学者们认识到经济人的经济行为受其过度自信行为的影响。在经济活动中，人们经常对自己所获得的知识、技能水平和掌握的信息的可靠性存在过度自信。因此，对于委托—代理模型的修正，使其更符合现实是非常有必要的，并且，企业招聘也可以充分借鉴经济人过度自信对激励契约的设计。

### （一）契约设计

黄健柏等[1]指出委托人和代理人均存在过度自信心理，根据不同的

---

[1] 黄健柏、杨涛、伍如昕：《非对称过度自信条件下委托代理模型》，《系统工程理论与实践》2009年第4期。

外在环境可能会产生不同的预测。目前有三种主流的方法来测度过度自信:(1)度量代理人自身的努力水平,经济人过度自信是指对努力成本的认识偏差[①]。(2)度量外界因素协方差,经济人过度自信是对风险成本的认识偏差。(3)度量代理人产出,经济人过度自信指是对风险成本的认识偏差。本章选取第二种测度方法。

1. 模型假设

委托人和代理人双方均已认识到:过度自信存在于双方之中。但双方自身的过度自信心理水平并未随着他们的博弈而发生改变。双方均遵从期望值决策准则,并根据自己的预期收益情况判断做出适当的行动。

假定1:为方便起见,在这里我们将简化多任务委托—代理模型,我们假设代理人有2项工作项目,即$n=2$,$e$则表示为一个$2\times1$维的列向量,那么业绩薪酬系数$\beta$也可以用$2\times1$维的列向量表示;

假定2:以$x=e+\varepsilon$表示简化的代理人产出函数,其中,$\varepsilon$表示的是一个$2\times1$维的列向量,但为方便研究,这里$\varepsilon$的均值不被假定为0,我们假定$\varepsilon$服从均值为$\mu=(\mu_1,\mu_2)'$、协方差矩阵为$\sum$的正态分布,其中,$\sum$是一个对称的$2\times2$矩阵,令$\mu\geq0$;

假定3:对于产出分布,委托人和代理人持不同的过度自信水平,即估计$\mu$的值不一致,代理人认为$\varepsilon$服从均值为$k_a\mu$,方差为$\sum$的正态分布,委托人认为$\varepsilon$服从$k_p\mu$,方差为$\sum$的正态分布,$k_a$、$k_p$表示的是$2\times2$的对称矩阵,令$(k_p)_{ij}$、$(k_a)_{ij}$表示矩阵$k_p$、$k_a$第$i$行第$j$列元素($i=1,2;j=1,2$),且$(k_p)_{ii}$、$(k_a)_{ii}>0$,$(k_p)_{ii}$、$(k_a)_{ii}$分别表示委托双方对外界因素对第$i$项任务影响的过度自信水平,$(k_p)_{12}$、$(k_a)_{12}$分别表示双方拥有的外界因素对两项任务作用下的过度自信水平,且$(k_p)_{12}>\max\left\{-\dfrac{(k_p)_{11}\mu_1}{\mu_2},-\dfrac{(k_p)_{22}\mu_2}{\mu_1}\right\}$,$(k_a)_{12}>\max\left\{-\dfrac{(k_a)_{11}\mu_1}{\mu_2},-\dfrac{(k_a)_{22}\mu_2}{\mu_1}\right\}$;

(1)当$(k_p)_{ii}$、$(k_a)_{ii}\subset(0,1)$时,表示委托—代理双方对不利信号的认知,双方对不利信号越过度自信,$(k_p)_{ii}$、$(k_a)_{ii}$值越小;

(2)当$(k_p)_{ii}$、$(k_a)_{ii}>1$时,表示委托—代理双方对有利信号的认知,双方对有利信号越过度自信,$(k_p)_{ii}$、$(k_a)_{ii}$值越大;

---

[①] 黄本笑、黄健:《植入"过度自信"因素的委托—代理合同研究》,《技术经济》2008年第10期。

（3）当 $(k_p)_{ii} \neq (k_a)_{ii}$，表示委托人或者代理人过度自信水平不等；

（4）当 $(k_p)_{12} < 0$、$(k_a)_{12} < 0$ 时，分别表示委托人、代理人认为外部环境作用下两项任务不利信号的认知，$(k_p)_{12}$、$(k_a)_{12}$ 值越小表明对不利信号越过度自信；

（5）当 $(k_p)_{12} > 0$、$(k_a)_{12} > 0$ 时，分别表示委托人、代理人认为外部环境作用下两项任务有利信号的认知，$(k_p)_{12}$、$(k_a)_{12}$ 值越大表明对有利信号越过度自信。

假定4：对代理人而言，外部环境恶劣的情况下付出的努力成本必定会更高，所以这里用 $C(e_t) = \frac{1}{2}(e-\varepsilon)'C(e-\varepsilon)$ 来表示努力成本，其中，$C$ 是一个半正定的对称阵。

$$C = \begin{bmatrix} C_{11} & C_{12} \\ C_{12} & C_{22} \end{bmatrix}$$

（1）如果 $C_{12} < 0$，表明两项工作任务之间具有关联性，执行其中一项工作任务有助于另一项工作任务的完成，称这两项工作任务互补；

（2）如果 $C_{12} = 0$，表明两项工作任务之间不具有关联性，给定某项任务的努力水平增加不能改变另一项工作任务的边际机会成本，那么这两项任务被视为独立的；

（3）如果 $C_{12} > 0$，表明两项工作任务之间具有关联性，提高其中一项工作任务努力水平将提高另一项工作任务边际机会成本，称这两种工作任务存在替代关系。

2. 模型建立

（1）次最优合同

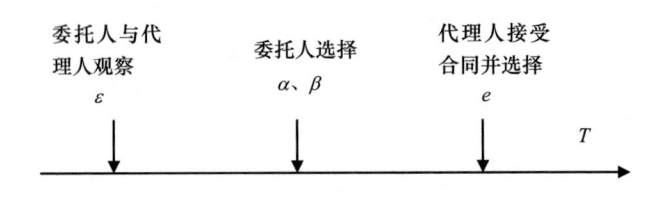

图6.2 次优合同下参与者行动

代理人的最终收入为薪酬减去努力成本：

第六章　有限理性行为假设下的多任务委托—代理模型拓展　/　219

$$\alpha + \beta'(e+\theta) - \frac{1}{2}(e-\varepsilon)'C(e-\varepsilon) \tag{6.5}$$

由式（6.5）得到代理人确定性等价收入：

$$CE_A = \alpha + \beta'(e+k_a\mu) - \frac{1}{2}e'Ce + e'Ck_a\mu - \frac{1}{2}\mu'k_ak_a\mu - \frac{1}{2}\rho\beta'\sum\beta \tag{6.6}$$

其中 $\frac{1}{2}\rho\beta'\sum\beta$ 表示代理人的风险成本。

参与约束为：

$$\alpha + \beta'(e+k_a\mu) - \frac{1}{2}e'Ce + e'Ck_a\mu - \frac{1}{2}\mu'k_ak_a\mu - \frac{1}{2}\rho\beta'\sum\beta \geq \bar{w} \tag{6.7}$$

式（6.7）对 $e$ 求偏导，得到 IC 为：

$$e^* = C^{-1}\beta + k_a\mu \tag{6.8}$$

委托人的期望收益为：

$$I(e+k_p\mu) - \alpha - \beta'(e+k_p\mu) \tag{6.9}$$

其中 $I = (1,1)$。

委托人的期望收益最大化问题：

$$\max_{\beta_2}\ (I-\beta')(e+k_p\mu) - \alpha$$

$$s.t.\begin{cases}(IR) & \alpha + \beta'(e+k_a\mu) - \frac{1}{2}e'Ce + e'Ck_a\mu - \frac{1}{2}\mu'k_ak_a\mu - \frac{1}{2}\rho\beta'\sum\beta \geq \bar{w} \\ (IC) & e^* = C^{-1}\beta + k_a\mu\end{cases}$$

$$\tag{6.10}$$

通过对式（6.10）求最优化一阶条件解得：

$$\beta^* = \frac{(k_a-k_p)\mu + C^{-1}I'}{C^{-1} + \rho\sum} \tag{6.11}$$

（2）最优合同设计

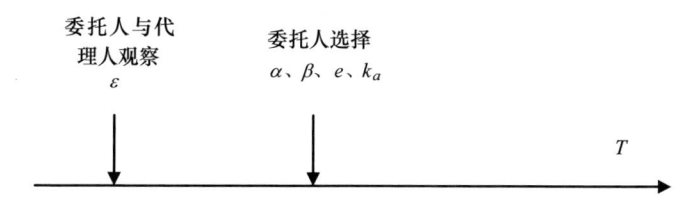

图6.3　最优规则下参与者行动

最优报酬合同避免了道德风险，即代理人的过度自信水平、努力水平等都可以直接可被委托人观测到，没有代理人"道德风险"问题，激励条件不再影响委托人的收益最大化，这时，最优合同设计如下：

$$\max_{\alpha,e,\beta_2} (I-\beta')(e+k_p\mu) - \alpha$$

$$s.t. \quad \alpha + \beta'(e+k_a\mu) - \frac{1}{2}e'Ce + e'Ck_a\mu - \frac{1}{2}\mu'k_ak_a\mu - \frac{1}{2}\rho\beta'\sum\beta = \bar{w} \tag{6.12}$$

通过约束条件可以得到：

$$\max_{\alpha,e,\beta_2} (I-\beta')(e+k_p\mu) + \beta'(e+k_a\mu) - \frac{1}{2}e'Ce + e'Ck_a\mu - \frac{1}{2}\mu'k_ak_a\mu - \frac{1}{2}\rho\beta'\sum\beta - \bar{w} \tag{6.13}$$

分别对 $e$、$\beta$ 求偏导，得到：

$$\frac{\partial\left[(I-\beta)(e+k_p\mu)+\beta(e+k_a\mu)-\frac{1}{2}e'Ce+e'Ck_a\mu-\frac{1}{2}\mu'k_ak_a\mu-\frac{1}{2}\rho\beta\sum\beta'-\bar{w}\right]}{\partial e}$$

$$= I' - Ce + Ck_a\mu = 0$$

$$\frac{\partial\left[(I-\beta)(e+k_p\mu)+\beta(e+k_a\mu)-\frac{1}{2}e'Ce+e'Ck_a\mu-\frac{1}{2}\mu'k_ak_a\mu-\frac{1}{2}\rho\beta\sum\beta'-\bar{w}\right]}{\partial\beta}$$

$$= \mu'(k_a - k_p) - \rho\beta'\sum = 0$$

解得：

$$e^* = C^{-1}I' + k_a\mu \quad \beta^* = (\rho\sum)^{-1}(k_a-k_p)\mu \tag{6.14}$$

**（二）模型分析**

1. 过度自信对次优合同设计的影响

（1）过度自信对次优合同下业绩薪酬系数的影响

根据式（6.11）我们能够得到关系式 $\frac{\partial\beta}{\partial k_a} > 0$，$\frac{\partial\beta}{\partial k_p} < 0$。从而可以得出以下结论：

对代理人而言：当 $(k_a)_{ii} \geq 1$、$(k_a)_{12} \geq 0$ 时，其对有利自然状态的过度自信水平越高，那么他愿意接受的业绩薪酬系数就越高；当 $0 <$

$(k_a)_{ii} < 1$、$(k_a)_{12} < 0$ 时,其对不利的自然状态过度自信水平越高,那么他愿意接受的业绩薪酬系数就越低。

对委托人而言:当 $(k_p)_{ii} \geq 1$、$(k_p)_{12} \geq 0$ 时,其对有利的自然状态的过度自信水平越高,他就越愿意提供小的业绩薪酬系数;当 $0 < (k_p)_{ii} < 1$、$(k_p)_{12} < 0$ 时,其对不利自然状态的过度自信水平越高,那么他愿意提供的较高业绩薪酬系数。

(2) 过度自信对次优合同下努力水平的影响

由式 (6.8) 可以得出关系式 $\frac{\partial e}{\partial \beta} > 0$,结合上述分析,可得出 $\frac{\partial e}{\partial k_a} > 0$,$\frac{\partial e}{\partial k_p} < 0$。从而易得到以下结论。

对代理人而言:当 $(k_a)_{ii} \geq 1$、$(k_a)_{12} \geq 0$ 时,其对有利的自然状态的过度自信水平越高,他所愿意付出的努力水平就越高;当 $0 < (k_a)_{ii} < 1$、$(k_a)_{12} < 0$ 时,其对不利自然状态的过度自信水平越高,则其愿意付出较少的努力。

对委托人而言:当 $(k_p)_{ii} \geq 1$、$(k_p)_{12} \geq 0$ 时,其对有利的自然状态的过度自信水平越高,他所希望代理人付出的努力越少;当 $0 < (k_p)_{ii} < 1$、$(k_p)_{12} < 0$ 时,他对不利的自然状态过度自信水平越低,他所希望代理人付出的努力就越多。

2. 过度自信对最优合同设计的影响

(1) 过度自信对最优合同下业绩薪酬系数的影响

由 $\beta^* = (\rho \sum)^{-1}(k_a - k_p)\mu$ 可知,当委托—代理双方的过度自信水平相等 ($k_p = k_a$) 时,即 $(k_a)_{ij} = (k_p)_{ij}$,此时业绩薪酬系数等于零。由式 (6.14) 我们还可以得到如下关系 $\frac{\partial \beta}{\partial k_a} > 0$,$\frac{\partial \beta}{\partial k_p} < 0$。从而容易得出以下结论。

对代理人而言:当 $(k_a)_{ii} \geq 1$、$(k_a)_{12} \geq 0$ 时,他对有利的自然状态的过度自信水平越高,则其愿意付出的努力就越多;当 $0 < (k_a)_{ii} < 1$、$(k_a)_{12} < 0$ 时,他对不利自然状态的过度自信水平越高,则其愿意付出的努力就越少。

对委托人而言:当 $(k_p)_{ii} \geq 1$、$(k_p)_{12} \geq 0$ 时,他对有利自然状态的

过度自信水平越高,其越希望代理人付出更少努力;当 $0 < (k_p)_{ii} < 1$、$(k_p)_{12} < 0$ 时,他对有利自然状态的过度自信水平越高,其越希望代理人付出更多努力。

(2) 过度自信对最优合同下努力水平的影响

由式(6.14)可以得到如下关系 $\frac{\partial e}{\partial k_a} > 0$、$\frac{\partial e}{\partial k_p} = 0$。得出以下结论。

对代理人而言:当 $(k_a)_{ii} \geq 1$、$(k_a)_{12} \geq 0$ 时,其对有利自然状态的过度自信水平越高,则其更愿意付出较多的努力;当 $0 < (k_a)_{ii} < 1$、$(k_a)_{12} < 0$ 时,其对不利自然状态过度自信水平越高,则其更愿意较少的付出努力。

对委托人而言:无论其对有利或不利自然状态的过度自信水平高低如何,都不会影响代理人所付出努力的多少。

### (三) 数值模拟

通过分析次最优模型可以得出,委托—代理双方的过度自信水平 $k_p$、$k_a$ 对代理人所愿意付出和接受的努力程度,以及委托人希望提供的业绩薪酬系数和努力水平具有一定的影响,为检验模型效果,本小节采用数值模拟的方法来检验模型,相关数值取值如下:我们假设绝对风险规避系数 $\rho = 0.5$、外部随机变量均值实际为 $\mu = (1,2)'$、努力成本矩阵 $C = \begin{bmatrix} 2 & 1 \\ 1 & 2 \end{bmatrix}$、$\Sigma = \begin{bmatrix} 20 & 10 \\ 10 & 20 \end{bmatrix}$。

正常情况下,也就是委托—代理双方都没有过度自信的时候,由表 6.2 可得出模型最优解为 $e^* = (1.1111, 2.1111)'$,$\beta^* = (0.3333, 0.3333)'$。表 6.2 和表 6.3 表示的是 $(k_p)_{ij}$、$(k_a)_{ij}$ 的不同取值所得到的模拟检验结果数值情况,和正常情况所得到的最优化解相比较不难发现,数值模拟结论与模型分析结论相同。

当 $k_p = \begin{bmatrix} 1 & 0 \\ 0 & 1 \end{bmatrix}$,表示委托人不存在过度自信行为,根据 $k_a$ 的不同取值,模拟检验结果如表 6.2 所示。

表6.2　　　　　　　　　　　当 $k_a$ 变化模拟结果

| $k_p$ | $k_a$ | $e^*$ | $\beta^*$ |
|---|---|---|---|
| $\begin{bmatrix} 1 & 0 \\ 0 & 1 \end{bmatrix}$ | $\begin{bmatrix} 1 & 0 \\ 0 & 1 \end{bmatrix}$ | (1.11, 2.11)' | (0.33, 0.33)' |
| $\begin{bmatrix} 1 & 0 \\ 0 & 1 \end{bmatrix}$ | $\begin{bmatrix} 1.1 & 0 \\ 0 & 1.2 \end{bmatrix}$ | (1.14, 2.74)' | (0.43, 0.73)' |
| $\begin{bmatrix} 1 & 0 \\ 0 & 1 \end{bmatrix}$ | $\begin{bmatrix} 1 & 0.1 \\ 0.1 & 1 \end{bmatrix}$ | (1.41, 2.41)' | (0.53, 0.43)' |
| $\begin{bmatrix} 1 & 0 \\ 0 & 1 \end{bmatrix}$ | $\begin{bmatrix} 1.1 & 0.1 \\ 0.1 & 1.2 \end{bmatrix}$ | (1.44, 2.84)' | (0.63, 0.83)' |
| $\begin{bmatrix} 1 & 0 \\ 0 & 1 \end{bmatrix}$ | $\begin{bmatrix} 0.9 & 0 \\ 0 & 0.9 \end{bmatrix}$ | (1.01, 1.81)' | (0.23, 0.13)' |
| $\begin{bmatrix} 1 & 0 \\ 0 & 1 \end{bmatrix}$ | $\begin{bmatrix} 1 & -0.1 \\ -0.1 & 1 \end{bmatrix}$ | (0.81, 2.01)' | (0.13, 0.23)' |
| $\begin{bmatrix} 1 & 0 \\ 0 & 1 \end{bmatrix}$ | $\begin{bmatrix} 0.9 & -0.1 \\ -0.1 & 0.9 \end{bmatrix}$ | (0.71, 1.71)' | (0.03, 0.03)' |

当 $k_a = \begin{bmatrix} 1 & 0 \\ 0 & 1 \end{bmatrix}$，代表委托人不存在过度自信行为，根据 $k_p$ 的不同取值，模拟检验结果如表6.3所示。

表6.3　　　　　　　　　　　当 $k_p$ 变化模拟结果

| $k_p$ | $k_a$ | $e^*$ | $\beta^*$ |
|---|---|---|---|
| $\begin{bmatrix} 1.1 & 0 \\ 0 & 1.1 \end{bmatrix}$ | $\begin{bmatrix} 1 & 0 \\ 0 & 1 \end{bmatrix}$ | (1.11, 2.01)' | (0.23, 0.13)' |
| $\begin{bmatrix} 1 & 0.1 \\ 0.1 & 1 \end{bmatrix}$ | $\begin{bmatrix} 1 & 0 \\ 0 & 1 \end{bmatrix}$ | (1.01, 2.11)' | (0.13, 0.23)' |
| $\begin{bmatrix} 1.1 & 0.1 \\ 0.1 & 1.2 \end{bmatrix}$ | $\begin{bmatrix} 1 & 0 \\ 0 & 1 \end{bmatrix}$ | (1.07, 1.87)' | (0.03, 0.00)' |
| $\begin{bmatrix} 0.5 & 0 \\ 0 & 0.6 \end{bmatrix}$ | $\begin{bmatrix} 1 & 0 \\ 0 & 1 \end{bmatrix}$ | (1.17, 2.43)' | (0.83, 1.13)' |
| $\begin{bmatrix} 1 & -0.1 \\ -0.1 & 1 \end{bmatrix}$ | $\begin{bmatrix} 1 & 0 \\ 0 & 1 \end{bmatrix}$ | (1.21, 2.11)' | (0.53, 0.43)' |
| $\begin{bmatrix} 0.5 & -0.1 \\ -0.1 & 0.6 \end{bmatrix}$ | $\begin{bmatrix} 1 & 0 \\ 0 & 1 \end{bmatrix}$ | (1.27, 2.47)' | (1.03, 1.23)' |

### （四）小结

本章基于委托人和代理人双方面对自然状态均值所表现的认知差异视角，进而给出测度委托—代理双方过度自信水平的方法，并分析了委托—代理双方在面临不同自然状态下的过度自信水平对希望付出的努力以及期望的业绩薪酬系数的影响，设计搭建了多任务委托—代理模型下的次优合同模型和最优合同模型，并进行了数值模拟检验证明模型所得出的结论。研究分析：代理人的努力水平和过度自信水平如果能够直接被委托人观测得到，并且委托—代理双方的过度自信水平存有差异时，委托人应该对代理人采用激励措施来实现自身的效应最大化，企业招聘参考这一结论有重大的现实意义，保证其他条件相同，委托人选择雇佣代理人时可通过参考代理人的过度自信水平进行决策。当委托—代理双方的过度自信水平不相等的时候，委托人可基于彼此双方的过度自信水平对薪酬契约进行适当的调整，从而使委托人和代理人在存有过度自信水平的情况下全部达到最优的效应水平。在次最优合同下，对委托人而言：有利的自然状态使其过度自信水平越高，则其越愿意提供较小的业绩薪酬系数，希望代理人付出更少的努力；当不利的自然状态使其过度自信水平越高，则其愿意提供更高的业绩薪酬系数，并且他期望代理人付出更多的努力。对代理人而言：当有利的外界自然状态使他的过度自信水平越高，那么他越愿意接受更高的业绩薪酬系数；当不利的外界自然状态使其过度自信水平越高，那么他越愿意接受更低的业绩薪酬系数，并且他所愿意付出的努力越少。

## 三　代理人自利行为下的委托—代理模型

公司所有权与经营权分离是现代企业制度的一个典型的特点，由于信息不对称存在于委托人与代理人之间，委托人的效应价值最大化并不总是那些具有自利倾向的代理人的目标，所以委托人需要采取使自身利益最大的行为方式，设计激励契约的方式使代理人付出更多努力。

## （一）动态多任务基本模型

1999 年 Indjejikian 和 Nanda 提出的动态多任务契约委托—代理框架[①]是我们基本模型假定的主要依据。

1. 模型假设

假设1：有一个委托—代理模型是两阶段多任务的，并且在第一阶段完成后，委托人会根据代理人在第一阶段的业绩做出相应的决策，对激励契约的设计将做出重新修正。

假设2：委托人是风险中性的，而代理人是风险规避型，其效用函数用 $u(y_t) = -e^{-ry_t}$ 来表示，也就是不变绝对风险规避的效用函数，其中以 $r$ 来表示为绝对风险规避系数；$y_t$ 表示为第 $t$ 阶段代理人的业绩函数；$C(e_t) = \frac{1}{2} e'_t e_t$ 来表示代理人在每阶段付出的努力成本；

假设3：$e_t \subset R_+$ 表示为一个 $n \times 1$ 的列向量，并且代表代理人每一阶段所付出的努力水平，而且其数值无法直接观测到。$x_t = b'_t e_t + \varepsilon_t$ 用来表示每一阶段的企业最终总现金收入，其中以 $b'_t e_t$ 表示代理人努力工作带来的总现金收入部分，以 $\varepsilon_t$ 表示与代理人努力水平无关元素对总现金收入的影响，其均值为 0；

假设4：$y_t$ 表示为一个 $m \times 1$ 的列向量，我们令 $y_t = a_t e_t + u_t$，其中 $a_t$ 表示为一个 $m \times n$ 的绩效指标系数组成的矩阵，$u_t$ 表示为一个 $m \times 1$ 的列向量，而且 $u_1$、$u_2$ 均值都为零，协方差为 $m \times m$ 阶的矩阵变量 $\sum_{tt}$，绩效指标彼此之间存在有内部的联系，且它们之间的协方差是 $2m \times 2m$ 的矩阵 $\sum = \begin{pmatrix} \sum_{11} & \sum_{12} \\ \sum_{12} & \sum_{22} \end{pmatrix}$，$\sum_{11} > \sum_{12}$，$\sum_{22} > \sum_{12}$，且 $\sum_{12} > 0$；

假设5：用 $y_t$ 来表示代理人在每一阶段的薪酬是一个线性函数，$w_t(y_t) = \alpha_t + \beta'_t y_t$，其中以 $\alpha_t$ 表示代理人在每阶段的固定薪酬，$\beta_t$ 表示为一个 $m \times 1$ 的列向量，用来表示代理人在每阶段的业绩薪酬

---

[①] Indjejikian, R. and Nanda, D., "Dynamic Incentives and Responsibility Accounting", Journal of Accounting and Economics, 1999, 27 (2): 177–201.

系数。

2. 契约设计

（1）第二阶段契约分析

首先考虑第 2 阶段委托—代理问题。参考文献①，我们得到代理人确定性等价收入为：

$$CE_{A2} = E[\alpha_2 + \beta'_2 y_2 \mid y_1] - \frac{1}{2}e'_2 e_2 - \frac{1}{2}rVar[\alpha_2 + \beta'_2 y_2 \mid y_1]$$

(6.15)

由式（6.15）得 IC 条件为：

$$e_2^* = a'_2 \beta_2 \tag{6.16}$$

委托人在第 2 阶段的期望收益为：

$$CE_{P2} = E[x_2 \mid y_1] - E[w_2 \mid y_1] = E[b'_2 e_2 + \varepsilon_2 \mid y_1] - E[\alpha_2 + \beta'_2 y_2 \mid y_1] \tag{6.17}$$

委托人在第 2 阶段的期望收益最大化问题为：

$$\max_{\beta_2} E[b'_2 e_2 + \varepsilon_2 \mid y_1] - E[\alpha_2 + \beta'_2 y_2 \mid y_1]$$

$$s.t. \begin{cases} (IR) & E[\alpha_2 + \beta'_2 y_2 \mid y_1] - \frac{1}{2}e'_2 e_2 - \frac{1}{2}rVar[\alpha_2 + \beta'_2 y_2 \mid y_1] \geq \bar{w}_2 \\ (IC) & e_2 = a'_2 \beta_2 \end{cases}$$

(6.18)

其中 $\bar{w}_2$ 是第 2 阶段内代理人的保留收入，通过对式（6.18）求最优化一阶条件得：

$$\beta_2^* = [a_2 a'_2 + r(\sum\nolimits_{22} - \sum\nolimits_{21} \sum\nolimits_{11}^{-1} \sum\nolimits'_{21})]^{-1} a_2 b_2 \tag{6.19}$$

且由式（6.19）可以得到：

$$\alpha_2^* = \bar{w}_2 + \frac{1}{2}e'_2 e_2 + \frac{1}{2}rVar[\alpha_2 + \beta'_2 y_2 \mid y_1] - E(\beta'_2 y_2 \mid y_1)$$

(6.20)

将 $e_2^*$，$\beta_2^*$ 代入委托人的期望收益公式可得：

$$CE_{A1} = E[w_1(y_1)] - \frac{1}{2}e'_1 e_1 - \frac{1}{2}rVar[w_1(y_1)] + E[\alpha_2 + \beta'_2 y_2 \mid y_1]$$

---

① 刘新民、吴士健、王垒：《企业高层管理人员更替：机理与实证研究》，经济科学出版社 2014 年版。

$$-\frac{1}{2}e'_2e_2 - \frac{1}{2}rVar[\alpha_2 + \beta'_2y_2 \mid y_1] \tag{6.21}$$

(2) 第一阶段契约分析

代理人在第1阶段的确定性等价收入为：

$$CE_{A1} = E[w_1(y_1)] - \frac{1}{2}e'_1e_1 - \frac{1}{2}rVar[w_1(y_1)] + E[\alpha_2 + \beta'_2y_2 \mid y_1]$$

$$-\frac{1}{2}e'_2e_2 - \frac{1}{2}rVar[\alpha_2 + \beta'_2y_2 \mid y_1] \tag{6.22}$$

参考文献[①]，最大化后：

$$\max_{e_1} E[w_1(y_1)] - \frac{1}{2}e'_1e_1 - \frac{1}{2}rVar[w_1(y_1)] + E[\alpha_2 + \beta'_2y_2 \mid y_1]$$

$$-\frac{1}{2}e'_2e_2 - \frac{1}{2}rVar[\alpha_2 + \beta'_2y_2 \mid y_1]$$

$$= \max_{e_1} E[w_1(y_1)] - \frac{1}{2}e'_1e_1 - \frac{1}{2}rVar[w_1(y_1)] + \beta'_2E[y_2 - E(y_2 \mid y_1)] \tag{6.23}$$

由式（6.23）最大化一阶条件可得：

$$e_1^* = a'_1(\beta_1 - \sum\nolimits_{11}^{-1}\sum\nolimits'_{21}\beta_2) \tag{6.24}$$

委托人在第1阶段的最优问题为：

$$\max_{\beta_1} E[x_1(e_1)] - \frac{1}{2}e'_1e_1 - \frac{1}{2}rVar[\alpha_1 + \beta'_1y_1(e_1)] + \pi_2 \tag{6.25}$$

将 $\pi_2$ 代入式（6.25），最大化一阶条件可得：

$$y_t = a_t(I + \theta_t k'_t)e_t + u_t \tag{6.26}$$

### （二）代理人具有在职消费行为的模型

内部人控制严重、监督力度薄弱是我国国有企业典型的特征背景，国有企业的高管凭靠权力谋取个人利益更为简单。我国对上市公司的信息披露要求越来越严格，相关制度逐渐地完善起来，代理人在职消费问题引起人们的注意，逐渐成为社会舆论的热点，引起了国内外广大学者的兴趣，研究在职消费行为与工作绩效两者的联系成为企业管理研究领域的重点话题之一。目前大多数的相关研究都是通过上市公司的数据进

---

[①] Indjejikian, R. and Nanda, D., "Dynamic Incentives and Responsibility Accounting", *Journal of Accounting and Economics*, 1999, 27 (2): 177–201.

行实证分析，但实际上由于代理人的自利行为具有隐蔽性，所以根据获取的数据进行研究不能很好满足真实性。根据传统的企业理论，委托人倾向支付代理人更高的薪资报酬以减少委托—代理双方间的冲突。基于此种背景，我们依据最优契约理论，倘若我们能够设计出基于动态多任务模型的薪酬契约机制，那么将会有利于缓解代理人在职消费所滋生带来的代理问题。

1. 模型假设

代理人在职消费行为导致任务执行成本增加。考虑在职消费行为在执行任务的两个阶段中均存在，参考 Marino 和 Zabojinik[①] 的假定，在此做出相关模型假设：

假设1：我们用 $y_t = a_t(I + \theta_t k'_t)e_t + u_t$ 来表示代理人的绩效函数，其中 $I$ 表示的是一个单位矩阵，$k_t$、$\theta_t$ 均表示的是 $n \times 1$ 的列向量，其中以 $k_t$ 表示第 $t$ 阶段各项任务中的消费次数，以 $\theta_t$ 来表示第 $t$ 阶段各项任务中在职消费对绩效的影响系数。

并且当 $(k_t)_i \neq 0$ 时，有 $(\theta'_t)_i \neq 0$，也就是代理人的在职消费问题存在于第 $t$ 阶段第 $i(i = 1,2,\cdots,n)$ 项任务中，此时在职消费行为对工作绩效一定存在影响。当 $\theta'_t > 0(t = 1,2)$，表示代理人在任一阶段内的在职消费行为均会正面影响各项任务的绩效，这种情况下，我们认为代理人在职消费行为产生了例如业务招待费、培训费、办公费等有助于提升工作业绩的费用支出花销，委托人对此应当给予适当的许可认同。若令 $M_t = I + \theta_t k'_t$，则有 $y_t = a_t M_t e_t + u_t$。

假设2：代理人在职消费行为对企业资源的产生消耗，其成本函数为 $c_t(k) = \lambda k'_t e_t$，其中 $\lambda$ 为在职消费成本系数，那么企业每一阶段的现金收入变为 $x_t = b'_t e_t + \varepsilon_t - \lambda k'_t e_t$。

假设2：代理人的在职消费行为会消耗企业的资源，令其成本函数为 $c_t(k) = \lambda k'_t e_t$，其中以 $\lambda$ 表示在职消费成本系数，那么企业在任务执行的每一阶段的现金收入则表示为 $x_t = b'_t e_t + \varepsilon_t - \lambda k'_t e_t$。

假设3：我们用函数 $w_t(y_t) = \alpha_t + \beta'_t y_t + \varphi k'_t e_t$ 来表示代理人的薪酬，其中 $\varphi k'_t e_t > 0$，并且表示代理人在职消费行为所带来的货币等价

---

[①] Marino, A. M. and Zabojnik, J., "Work-related Perks, Agency Problems, and Optimal Incentive Contracts", *The RAND Journal of Economics*, 2008, 39（2）：565–585.

效用①。

其余假设与上一节动态多任务委托—代理模型假设条件保持一致,具体过程如图 6.4 所示。

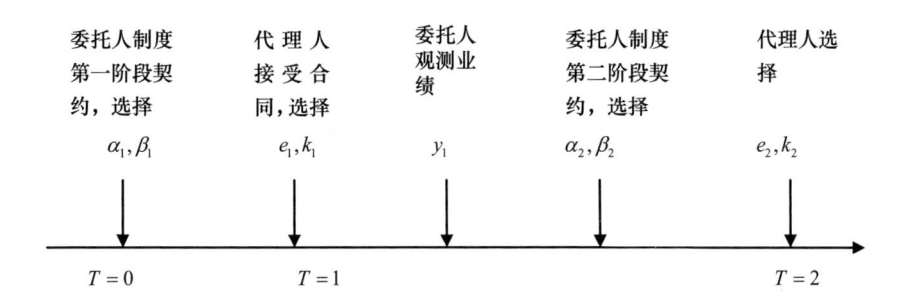

图 6.4 在职消费下参与者行动

**2. 代理人在职消费行为下的动态多任务激励契约设计**

（1）第二阶段契约分析

代理人在第 2 阶段的确定性等价收入：

$$CE'_{A2} = E[\alpha_2 + \beta'_2 y_2 + \varphi k'_2 e_2 \mid y_1] - \frac{1}{2}e'_2 e_2 - \frac{1}{2}rVar$$
$$[\alpha_2 + \beta'_2 y_2 + \varphi k'_2 e_2 \mid y_1] \quad (6.27)$$

由式（6.27）得到 IC 条件为：

$$e_2^{**} = \varphi k_2 + (I + k_2 \theta'_2) a'_2 \beta_2 = \varphi k_2 + M'_2 a'_2 \beta_2 \quad (6.28)$$

委托人在第 2 阶段的期望收益为：

$$CE'_{P2} = E[x_2 \mid y_1] - E[w_2 \mid y_1] = E[b'_2 e_2 + \varepsilon_2 \mid y_1]$$
$$- E[\alpha_2 + \beta'_2 y_2 + \varphi k'_2 e_2 \mid y_1] \quad (6.29)$$

委托人在第 2 阶段的期望收益最大化问题如下：

$$\max_{\beta_2} E[x_2 \mid y_1] - E[\alpha_2 + \beta'_2 y_2 + \varphi k'_2 e_2 \mid y_1]$$
$$s.t. \begin{cases} (IR) & E[\alpha_2 + \beta'_2 y_2 + \varphi k'_2 e_2 \mid y_1] - \frac{1}{2}e'_2 e_2 - \frac{1}{2}rVar[\alpha_2 + \beta'_2 y_2 + \varphi k'_2 e_2 \mid y_1] \geq \bar{w}_2 \\ (IC) & e_2 = \varphi k_2 + (I + k_2 \theta'_2) a'_2 \beta_2 \end{cases}$$
$$(6.30)$$

---

① 刘新民、孙红华、李芳：《代理人在职消费对动态多任务激励契约的影响》,《经济数学》2015 年第 4 期。

通过对式（6.30）求最优化一阶条件可得：

$$\beta_2^{**} = [a_2 M_2 M'_2 a'_2 + r(\sum\nolimits_{22} - \sum\nolimits_{21} \sum\nolimits_{11}^{-1} \sum\nolimits_{21}')]^{-1} a_2 M_2 (b_2 - \lambda k_2 - \varphi k_2) \tag{6.31}$$

且由式（6.31），可以得到：

$$\alpha_2^{**} = \bar{w}_2 + \frac{1}{2} e'_2 e_2 + \frac{1}{2} r Var[\alpha_2 + \beta'_2 y_2 \mid y_1] - E(\beta'_2 y_2 + \varphi k'_2 e_2 \mid y_1) \tag{6.32}$$

将 $e_2^{**}$, $\beta_2^{**}$ 代入委托人的期望收益公式解：

$$\begin{aligned}
& \max_{e_1} \quad E[\alpha_1 + \beta'_1 y_1 + \varphi k'_1 e_1] - \frac{1}{2} e'_1 e_1 - \frac{1}{2} r Var[\alpha_1 + \beta'_1 y_1 + \varphi k'_1 e_1] \\
& \qquad + E[w_2 \mid y_1] - \frac{1}{2} e'_2 e_2 - \frac{1}{2} r Var[w_2 \mid y_1] \\
& = \max_{e_1} \quad E[w_1(y_1)] - \frac{1}{2} e'_1 e_1 - \frac{1}{2} r Var[w_1(y_1)] \\
& \qquad + \beta'_2 E[y_2 - E(y_2 \mid y_1)]
\end{aligned} \tag{6.33}$$

（2）第一阶段契约分析

代理人在第1阶段的确定性等价收入为：

$$\begin{aligned}
& \max_{e_1} \quad E[\alpha_1 + \beta'_1 y_1 + \varphi k'_1 e_1] - \frac{1}{2} e'_1 e_1 - \frac{1}{2} r Var[\alpha_1 + \beta'_1 y_1 + \varphi k'_1 e_1] \\
& \qquad + E[w_2 \mid y_1] - \frac{1}{2} e'_2 e_2 - \frac{1}{2} r Var[w_2 \mid y_1] \\
& = \max_{e_1} \quad E[w_1(y_1)] - \frac{1}{2} e'_1 e_1 - \frac{1}{2} r Var[w_1(y_1)] \\
& \qquad + \beta'_2 E[y_2 - E(y_2 \mid y_1)]
\end{aligned} \tag{6.34}$$

参考文献[①]，最大化式（6.34），我们得到：

$$\begin{aligned}
& \max_{e_1} \quad E[\alpha_1 + \beta'_1 y_1 + \varphi k'_1 e_1] - \frac{1}{2} e'_1 e_1 - \frac{1}{2} r Var[\alpha_1 + \beta'_1 y_1 + \varphi k'_1 e_1] \\
& \qquad + E[w_2 \mid y_1] - \frac{1}{2} e'_2 e_2 - \frac{1}{2} r Var[w_2 \mid y_1] \\
& = \max_{e_1} \quad E[w_1(y_1)] - \frac{1}{2} e'_1 e_1 - \frac{1}{2} r Var[w_1(y_1)]
\end{aligned}$$

---

① Indjejikian, R. and Nanda, D., "Dynamic Incentives and Responsibility Accounting", *Journal of Accounting and Economics*, 1999, 27 (2): 177–201.

$$+ \beta'_2 E[y_2 - E(y_2 \mid y_1)] \tag{6.35}$$

由式 (6.35) 最大化一阶条件可得：

$$e_1^{**} = (I + k_1\theta'_1)a'_1\beta_1 + \varphi k_1 - a'_1 \sum\nolimits_{11}^{-1} \sum\nolimits'_{21}\beta_2 \tag{6.36}$$

委托人在第 1 阶段的最优问题为：

$$\max_{\beta_1} \ E[x_1(e_1)] - \frac{1}{2}e'_1 e_1 - \frac{1}{2}r Var[w_1] + \pi_2$$

$$= \max_{\beta_1} \ E[b'_1 e_1 - \lambda k'_1 e_1 + \varepsilon_t] - \frac{1}{2}e'_1 e_1 - \frac{1}{2}r Var[\alpha_1 + \beta'_1 y_1(e_1) + \varphi k'_1 e_1] + \pi_2$$

$$\tag{6.37}$$

将 $\pi_2$ 代入式 (6.37)，并最大化一阶条件解得：

$$\beta_1^{**} = \left[{}^a_1(I + \theta_1)(I + k_1) + r\sum\nolimits_{11}\right] - 1\left[a_1(I + \theta_1 k'_1)(b_1 - \lambda k_1 - \varphi k_1 + a'_1 \sum\nolimits_{11}^{-1} \sum\nolimits'_{21}\beta_2^{**})\right]$$

$$= \left[a_1 M_1 M'_1 a'_1 + r\sum\nolimits_{11}\right]^{-1}\left[a_1 M_1(b_1 - \lambda k_1 - \varphi k_1 + a'_1 \sum\nolimits_{11}^{-1} \sum\nolimits'_{21}\beta_2)\right]$$

$$\tag{6.38}$$

3. 模型分析

(1) 时间的影响

时间价值在很大程度上影响了决策人，并且相关的影响研究已经广泛存在其他各领域。所以，我们需要理清在委托—代理模型中，时间价值对于委托人付出努力的影响。在动态多任务委托—代理模型机制的设计中，时间价值表现为多阶段性的。我们根据基础模型得到的求解结果，得出动态多任务模型下两阶段的最优努力程度：

$$\begin{cases} e_1^* = a'_1(\beta_1 - \sum\nolimits_{11}^{-1} \sum\nolimits'_{21}\beta_2) \\ e_2^* = a'_2\beta_2 \end{cases} \tag{6.39}$$

当代理人存在在职消费行为时，代理人在两阶段的最优努力程度为：

$$\begin{cases} e_1^{**} = \varphi k_1 + (I + k_1\theta'_1)a'_1\beta_1 - a'_1 \sum\nolimits_{11}^{-1} \sum\nolimits'_{21}\beta_2 \\ e_2^{**} = \varphi k_2 + (I + k_2\theta'_2)a'_2\beta_2 = \varphi k_2 + M'_2 a'_2\beta_2 \end{cases} \tag{6.40}$$

观察式 (6.39)、式 (6.40)，容易得出，在不考虑代理人具有在职消费行为的时候，如果 $a'_1\beta_1 = a'_2\beta_2$，即 $a'_i\beta_i$ 保持一致，那么代理人在第一阶段的最优努力水平要小于在第二阶段的最优努力水平。如果代理人具有在职消费行为，若 $\varphi k_1 + M'_1 a'_1 \beta_1 = \varphi k_2 + M'_2 a'_2 \beta_2$，即 $\varphi k_t + M'_t a'_t \beta_t$ 保持一致，存在有相同的结论。这表明：由于代理人在任务执行的第二阶段的薪酬系数依赖于其在上一阶段的工作绩效，所以代理人在第一阶段会选择加倍付出努力。在任务第一阶段结束后，委托人对业绩薪酬系数进行更新，因为代理人的薪酬有一部分来自 $\beta'_t y_t$，所以代理人在任务执行的第二阶段选择付出更多的努力，以尽可能使自己的工作绩效提升。

（2）在职消费行为对最优努力程度的影响

由式（6.39）、式（6.40）我们可以得到：

$$\begin{cases} e_1^{**} - e_1^* = k_1 \theta'_1 a'_1 \beta_1 + \varphi k_1 \\ e_2^{**} - e_2^* = k_2 \theta'_2 a'_2 \beta_2 + \varphi k_2 \end{cases} \quad (6.41)$$

通过对以上式子的分析能够得出，当 $k_t = 0$ 时，委托人的期望收益达到最大，此时代理人不存在在职消费行为，且有 $e_1^* = e_1^{**}$，$e_2^* = e_2^{**}$，模型结果与正常状态下相同。

式（6.41）还可写成：

$$e_t^{**} - e_t^* = k_t \theta'_t a'_t \beta_t + \varphi k_t \quad (6.42)$$

对代理人而言，显然，当 $(\theta'_t)_i > 0$，有 $\varphi(k_t)_i + (k_t)_i (\theta'_t)_i a'_t \beta_t > 0$，说明代理人在职消费行为会导致其在该任务执行阶段第 $i$ 项任务中增加努力的付出，这也就表明当代理人在执行第 $i$ 项任务时，当其在职消费行为对其工作业绩有正向的影响时，代理人的在职消费行为将会使得该项任务执行所付出的努力水平提高；若 $(\theta'_t)_i < 0$，即代理人执行第 $i$ 项任务的时候，其在职消费行为对其工作业绩具有负向影响，由于 $\varphi(k_t)_i > 0$，则需要比较 $|(k_t)_i (\theta'_t)_i a'_t \beta_t|$ 与 $|\varphi(k_t)_i|$ 的大小，从而进一步确定代理人的在职消费行为是否会提高代理人在第 $i$ 项任务中的付出的最优努力程度。显然，当 $\left| \dfrac{\varphi(k_t)_i}{(k_t)_i (\theta'_t)_i a'_t \beta_t} \right| > 1$ 时，说明代理人存在在职消费行为会提高代理人在第 $i$ 项任务执行中付出的努力程度；反之，说明代理人具有在职消费行为会减少其在第 $i$ 项任务执行中所付出的努力。

（3）在职消费对业绩薪酬系数的影响

两阶段最优业绩薪酬系数如下：

$$\begin{cases} \beta_1^{**} = [a_1 M_1 M'_1 a'_1 + r \sum\nolimits_{11}]^{-1} [a_1 M_1 (b_1 - \lambda k_1 - \varphi k_1 + a'_1 \sum\nolimits_{11}^{-1} \sum\nolimits'_{21} \beta_2)] \\ \beta_2^{**} = [a_2 M_2 M'_2 a'_2 + r(\sum\nolimits_{22} - \sum\nolimits_{21} \sum\nolimits_{11}^{-1} \sum\nolimits'_{21})]^{-1} a_2 M_2 (b_2 - \lambda k_2 - \varphi k_2) \end{cases}$$
(6.43)

从式（6.43）可以进一步发现，$\frac{\partial \beta_t^{**}}{\partial \lambda} < 0$、$\frac{\partial \beta_t^{**}}{\partial \varphi} < 0$，所以最优业绩薪酬系数（$\beta_t^{**}$）与在职消费成本系数（$\lambda$）、在职消费行为所带来的货币等价效用系数（$\varphi$）均呈负相关，此外，$\beta_1^{**}$（$\beta_1^*$）随着 $\beta_2$ 的增大而增大，也就是说，如果委托人预计在第二阶段提供代理人较高的业绩薪酬系数时，就需要在第一阶段加大激励程度来促使代理人提高自身努力水平。

4. 数值模拟

通过对上述模型的分析，我们可以得出，代理人具有在职消费行为的时候，动态多任务激励契约模型的设计的 $\beta_t^{**}$ 与 $r$、$\lambda$、$\theta_t$、$\varphi$、$a_t$ 和 $k_t$ 相关，努力程度 $e_t^{**}$ 与 $\theta_t$、$\varphi$、$a_t$ 和 $k_t$ 相关。

本节对动态多任务激励契约模型设计的分析结果进行数值模拟检验。首先假设任务数为2，即 $n = 2$，且 $m = 2$，$a_t$ 则成为 $2 \times 2$ 的绩效指标系数矩阵，$a_t = \begin{pmatrix} 100 & 0.1 \\ 0.1 & 100 \end{pmatrix}$。代理人绝对风险规避系数 $r$ 取决于代理人自身，令 $r = 2.5$。而 $\sum$、$b_t$ 由企业内外部影响因素决定。$\sum = \begin{pmatrix} \sum_{11} & \sum_{12} \\ \sum_{12} & \sum_{22} \end{pmatrix}$ 假设 $\sum_{11} = \begin{pmatrix} 180 & 120 \\ 120 & 220 \end{pmatrix}$，$\sum_{12} = \sum_{21} = \begin{pmatrix} 80 & 56 \\ 56 & 80 \end{pmatrix}$，$\sum_{22} = \begin{pmatrix} 1300 & 56 \\ 56 & 1500 \end{pmatrix}$，$b'_t = (200, 180)$。参考相关研究结果[①]，令 $\lambda = 0.0002$，$\varphi = 0.00005$。

当在任一阶段的任务执行过程中代理人的在职消费行为对各项任务的绩效水平均存在正向影响时，则 $\theta_t > 0$，取 $\theta'_t = (0.001, 0.001)'$。为了方便模拟检验，检验过程中 $a_t$、$\theta_t$ 在两阶段内保持相同。代理人在两阶段任务执行过程中在职消费次数 $k_t$ 的取值范围由 0 到 600。在此我

---

[①] Zhang, H., Song, Y., and Ding, Y., "What Drives Managerial Perks? An Empirical Test of Competing Theoretical Perspectives", *Journal of Business Ethics*, 2015, 132 (2): 259–275.

们采用 MATLAB 进行数值模拟检验。

表 6.4 报告了 $k_t$ 与 $e_1^{**}$、$e_2^{**}$、$\beta_1^{**}$ 和 $\beta_2^{**}$ 之间的数值模拟检验结果。表 6.4 列出的是在满足以上假设条件下，正常情况，即代理人没有在职消费行为时，$e_1^* = (182.2, 161.0)'$、$e_2^* = (151.3, 130.9)'$、$\beta_1^* = (2.6, 2.0)'$、$\beta_2^* = (1.5, 1.3)'$。当 $e_t^{**} - e_t^* > 0$，表明代理人具有在职消费行为的时候，会对工作业绩产生正向的影响，代理人会选择付出更多努力水平执行工作，$e_t^{**}$ 随 $k_t$ 增大而增大，$\beta_t^{**}$ 随 $k_t$ 增大而减小。说明在这种条件下，代理人的在职消费行为会对其工作业绩产生正向影响，所以代理人会选择加倍努力工作，以获取更高的薪资报酬，而此时委托人会选择通过降低业绩薪酬系数来减少代理人的收入水平。

表 6.4　　　　　　　　　　正向影响时的模拟结果

| $k_t$ | $e_1^{**}$ | $e_2^{**}$ | $\beta_1^{**}$ | $\beta_2^{**}$ |
| --- | --- | --- | --- | --- |
| $(0, 0)'$ | $(182.2, 161.0)'$ | $(151.3, 130.9)'$ | $(2.6, 2.0)'$ | $(1.5, 1.3)'$ |
| $(100, 100)'$ | $(187.6, 166.8)'$ | $(163.1, 143.2)'$ | $(2.2, 1.7)'$ | $(1.3, 1.2)'$ |
| $(200, 200)'$ | $(191.0, 170.3)'$ | $(171.3, 151.7)'$ | $(1.9, 1.4)'$ | $(1.2, 1.0)'$ |
| $(300, 300)'$ | $(193.1, 172.7)'$ | $(176.8, 157.8)'$ | $(1.7, 1.2)'$ | $(1.1, 0.9)'$ |
| $(400, 400)'$ | $(194.6, 174.3)'$ | $(180.9, 162.3)'$ | $(1.5, 1.0)'$ | $(1.0, 0.9)'$ |
| $(500, 500)'$ | $(195.6, 175.4)'$ | $(184.0, 165.6)'$ | $(1.3, 0.9)'$ | $(0.9, 0.8)'$ |
| $(600, 600)'$ | $(196.4, 176.2)'$ | $(186.3, 168.2)'$ | $(1.2, 0.8)'$ | $(0.9, 0.7)'$ |

当代理人在执行任务过程中，任一阶段内代理人的在职消费行为会对于项任务执行的绩效均产生负向影响的时候，取 $\theta_t' = (-0.001, -0.001)'$，为了方便模拟检验，保证其他模拟检验的假设条件均与存在正向影响时的模拟检验条件相一致。

表 6.5 表示的是在满足以上假设条件的情况下，正常情况，代理人不具有在职消费行为时，$e_1^* = (182.2, 161.0)'$、$e_2^* = (151.3, 130.9)'$、$\beta_1^* = (2.6, 2.0)'$、$\beta_2^* = (1.5, 1.3)'$。当 $e_t^{**} - e_t^* < 0$，表明当代理人在职消费行为对工作业绩产生负向影响的时候，代理人执行任务将不会付出努力。$e_t^{**}$ 逐渐减小，当 $(e_t^{**})_i = 0$ 时，说明代理人"热衷"于在职消费，这时会出现代理人消极怠工的现象。并且在满足以上假设条件

前提下，$\beta_t^{**}$ 先随着 $k_t$ 增大，而后减小，表明委托人希望通过提高业绩薪酬系数来诱使代理人减少在职消费行为的发生，使其提高努力工作程度，当代理人在一项任务执行的过程中多次出现在职消费行为，委托人就会通过降低业绩薪酬系数，来抑制代理人的在职消费行为。

表6.5　　　　　　　　　负向影响时的模拟结果

| $k_t$ | $e_1^{**}$ | $e_2^{**}$ | $\beta_1^{**}$ | $\beta_2^{**}$ |
| --- | --- | --- | --- | --- |
| (0, 0)' | (182.2, 161.0)' | (151.3, 130.9)' | (2.6, 2.0)' | (1.5, 1.3)' |
| (100, 100)' | (172.5, 150.9)' | (133.7, 112.7)' | (3.1, 2.5)' | (1.6, 1.4)' |
| (200, 200)' | (154.2, 131.9)' | (107.3, 86.2)' | (3.8, 3.2)' | (1.7, 1.5)' |
| (300, 300)' | (116.9, 93.9)' | (70.3, 49.6)' | (4.6, 4.0)' | (1.6, 1.4)' |
| (400, 400)' | (46.7, 23.8)' | (29.1, 10.3)' | (4.1, 3.6)' | (1.1, 0.9)' |
| (500, 500)' | (9.4, 0)' | (7.5, 0)' | (0.1, 0)' | (0.1, 0)' |
| (600, 600)' | (100.1, 82.6)' | (25.1, 13.8)' | (0, 0)' | (0, 0)' |

### （三）代理人具有隐藏收益行为的模型

在中央巡视组对央企的巡视工作报告中，我们不难发现国有企业普遍存在着"以权谋私""利益输送"等不当行为。在当今监管制度不完善、不健全的情况下，代理人采用较为冒险、激进的方式来获取私人利益可能性更大。直接通过其控制权来转移相应企业资源，或者通过操控企业的盈余资金来增加其个人的薪资报酬。

1. 模型假设

由于代理人存在获取私人利益的动机，其通过职务之便可转移或隐藏企业的部分收入，但是代理人的行为受到企业内外部监督的约束，如果其自利行为暴露将会受到惩罚。

假设1：代理人在各任务的执行过程中转移实际产出的比例为一个 $n \times 1$ 的列向量，即 $H_t = (h_1^t, h_2^t, \cdots, h_i^t, \cdots, h_n^t)'$，其中以 $h_i^t$ 表示代理人在第 $i$ 项任务执行过程中所转移的实际产出比例。

假设2：代理人因存有自利行为会选择隐藏企业收益中所带来的部分或全部成本，我们用 $d_t = \frac{1}{2} g_t H_t' H_t$ 来表示，其中，以 $g_t$ 来表示内外部监督力度系数，我们令 $I$ 为一个单位矩阵，此时代理人的收入中增加了其隐藏企业收益，代理人的总现金收入为 $w_t(y_t) = \alpha_t + \beta'_t y_t - \frac{1}{2} g_t H'_t H_t x_t + b'_t diag(h_i^t) e_t$。

**假设3**：相应的每一任务执行阶段的企业现金收入变为 $x_t = b'_t diag(1 - h_i^t) e_t + \varepsilon_t$。

**假设4**：我们用 $y_t = a_t(I + f_t H'_t) e_t + u_t$ 表示代理人新的工作绩效函数，其中，$I$ 是一个单位矩阵，$f_t$ 是一个 $n \times 1$ 的单位列向量，用来表示代理人转移单位实际产出的比例对工作绩效所产生的影响程度。若令 $L_t = I + f_t H'_t$，代理人的绩效函数则简化为 $y_t = a_t L_t e_t + u_t$。

其余假设均与前述小结中动态多任务委托—代理模型假设条件保持一致。

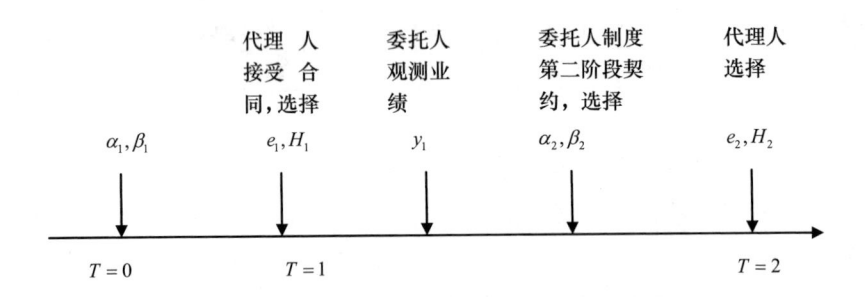

**图6.5 隐藏收入行为下的参与者行动**

**2. 代理人隐藏收益行为下的动态多任务激励契约设计**

**（1）第二阶段契约分析**

首先考虑任务执行过程中第2阶段的委托—代理问题。代理人确定性等价收入为：

$$CE_{A2}'' = E[\alpha_2 + \beta'_2 y_2 - \frac{1}{2} g_2 H'_2 H_2 x_2 + b'_2 diag(h_i^2) e_2 \mid y_1] - \frac{1}{2} e'_2 e_2$$
$$- \frac{1}{2} r Var[\alpha_2 + \beta'_2 y_2 - \frac{1}{2} g_2 H'_2 H_2 x_2 + b'_2 diag(h_i^2) e_2 \mid y_1]$$

(6.44)

由式（6.44）得到 IC 条件为：

$$e_2^{**} = (I + H_2 f'_2) a'_2 \beta_2 - \frac{1}{2} g_2 diag(1 - h_i^2) H'_2 H_2 b_2 + diag(h_i^2) b_2$$

(6.45)

委托人在第2阶段的期望收益为：

$$CE'_{P2} = E[x_2 \mid y_1] - E[w_2 \mid y_1] \tag{6.46}$$

委托人在第二阶段的期望收益最大化问题：

$$\max_{\beta_2} E[b'_2 diag(1-h_i^2)e_2 + \varepsilon_2 \mid y_1] - E[\alpha_2 + \beta'_2 y_2 - \frac{1}{2}g_2 H'_2 H_2 x_2 + b'_2 diag(h_i^2)e_2 \mid y_1]$$

$$s.t. \begin{cases} (IR) & E[\alpha_2 + \beta'_2 y_2 - \frac{1}{2}g_2 H'_2 H_2 x_2 + b'_2 diag(h_i^2)e_2 \mid y_1] - \frac{1}{2}e'_2 e_2 - \frac{1}{2}rVar \\ & [w_2 \mid y_1] \geq \bar{w}_2 \\ (IC) & e_2 = (I + H_2 f'_2)a'_2 \beta_2 - \frac{1}{2}g_2 diag(1-h_i^2)H'_2 H_2 b_2 + diag(h_i^2)b_2 \end{cases}$$

$$\tag{6.47}$$

通过对式（6.47）最优化一阶条件可得：

$$\beta_2^{**} = [\frac{a}{2}(I+f_2)(I+H_2) + r(\sum\nolimits_{22} - \sum\nolimits_{12})]^{-1}[a_2(I+f_2 H'_2)diag(1-h_i^2)$$

$$+ \frac{1}{2}g_2 a_2(I+f_2 H'_2)diag(1-h_i^2)H'_2 H_2]b_2 - a_2(I+f_2 H'_2)diag(h_i^2)b_2$$

$$= [a_2 L_2 L'_2 a'_2 + r(\sum\nolimits_{22} - \sum\nolimits_{21}\sum\nolimits_{11}^{-1}\sum\nolimits'_{21})]^{-1} a_2 L_2[diag(1-h_i^2) +$$

$$\frac{1}{2}g_2 diag(1-h_i^2)H'_2 H_2 - diag(h_i^2)]b_2 \tag{6.48}$$

（2）第一阶段契约分析

代理人在任务执行过程中第一阶段的确定性等价收入为：

$$CE''_{A1} = E[\alpha_1 + \beta'_1 y_1 - \frac{1}{2}g_1 H'_1 H_1 x_1 + b'_1 diag(h_i^1)e_1] - \frac{1}{2}e'_1 e_1$$

$$- \frac{1}{2}rVar[\alpha_1 + \beta'_1 y_1 - \frac{1}{2}g_1 H'_1 H_1 x_1 + b'_1 diag(h_i^1)e_1]$$

$$+ E[w_2 \mid y_1] - \frac{1}{2}e'_2 e_2 - \frac{1}{2}rVar[w_2 \mid y_1] \tag{6.49}$$

最大化式（6.49），且参考文献①，我们得到：

$$\max_{e_1} E[w_1] - \frac{1}{2}e'_1 e_1 - \frac{1}{2}rVar[w_1] + E[w_2 \mid y_1] - \frac{1}{2}e'_2 e_2 - \frac{1}{2}rVar[w_2 \mid y_1]$$

$$= \max_{e_1} E[\alpha_1 + \beta'_1 y_1 - \frac{1}{2}g_1 H'_1 H_1 x_1 + b'_1 diag(h_i^1)e_1] - \frac{1}{2}e'_1 e_1$$

$$- \frac{1}{2}rVar[\alpha_1 + \beta'_1 y_1 - \frac{1}{2}g_1 H'_1 H_1 x_1 + b'_1 diag(h_i^1)e_1] + \beta'_2 E[y_2 - E(y_2 \mid y_1)]$$

$$\tag{6.50}$$

---

① Indjejikian, R. and Nanda, D., "Dynamic Incentives and Responsibility Accounting", *Journal of Accounting and Economics*, 1999, 27 (2): 177-201.

最大化一阶条件可得：

$$e_1^{**} = (I + H_1 f'_1) a'_1 \beta_1 - \frac{1}{2} g_1 diag(1 - h_i^1) H'_1 H_1 b_1 + diag(h_i^1) b_1$$

$$- a'_1 \sum\nolimits_{11}^{-1} \sum\nolimits'_{21} \beta_2 \tag{6.51}$$

委托人在第一期的最优问题为：

$$\max_{\beta_1} E[x_1(e_1)] - E[w_1] + \pi_2$$

$$= \max_{\beta_1} E[b'_1 diag(1-h_i^1)e_1 + \varepsilon_1] - \frac{1}{2} e'_1 e_1 - \frac{1}{2} r Var[\alpha_1 + \beta'_1 y_1(e_1)]$$

$$- \frac{1}{2} g_1 H'_1 H_1 x_1 + b'_1 diag(h_i^1) e_1] + \pi_2 \tag{6.52}$$

由式（6.52）最大化一阶条件可得：

$$\beta_1^{**} = [a_1(I+f_1)(I+H_1) + r \sum\nolimits_{11}] - 1 \{a_1(I+f_1 H'_1)[diag(1-h_i^1)b_1$$

$$+ \frac{1}{2} g_1 diag(1-h_i^1) H'_1 H_1 b_1 + a'_1 \sum\nolimits_{11}^{-1} \sum\nolimits'_{21} \beta_2] - diag(h_i^1) b_1 \}$$

$$= [a_1 L_1 L'_1 a'_1 + r \sum\nolimits_{11}]^{-1} a_1 L_1 [diag(1-h_i^1) + \frac{1}{2} g_1 diag(1-h_i^1)$$

$$H'_1 H_1 + a'_1 \sum\nolimits_{11}^{-1} \sum\nolimits'_{21} \beta_2 - diag(h_i^1)] b_1 \tag{6.53}$$

3. 模型分析

（1）时间的影响

当代理人存在有隐藏收益的行为时，代理人在两阶段任务执行过程中的最优努力水平为：

$$\begin{cases} e_1^{**} = (I + H_1 f'_1) a'_1 \beta_1 - \frac{1}{2} g_1 diag(1-h_i^1) H'_1 H_1 b_1 + diag(h_i^1) b_1 - a'_1 \sum\nolimits_{11}^{-1} \sum\nolimits'_{21} \beta_2 \\ e_2^{**} = (I + H_2 f'_2) a'_2 \beta_2 - \frac{1}{2} g_2 diag(1-h_i^2) H'_2 H_2 b_2 + diag(h_i^2) b_2 \end{cases}$$

$$\tag{6.54}$$

由式（6.54）我们可以得出，如果任务执行过程中的第一、第二阶段中的转移比例（$h_i^t$）、转移单位实际产出比例对绩效的影响程度（$f_t$）、内外部监督力度系数（$g_t$）等保持一致，代理人在执行任务的第二阶段比第一阶段付出的努力更多，也就是第二阶段的最优努力程度大于上一阶段的最有努力程度。我们得出的这一结论与前述所得结论相一致，由于代理人在任务执行的第二阶段的业绩薪资报酬依赖于其在第一阶段的工作绩效水平，所以代理人在任务执行的第一阶段会选择加倍努力工作。当任务执行的第一阶段完成后,委托人会重新设计更新薪酬激励系数,由于代理人的工资一部分源自 $\beta'_t y_t$ ,而业绩薪酬 $y_t = a_t(I + f_t H'_t)e_t + u_t$ ,代理人选择在任务执行的第二阶段付出更多努力,进而提高提高工作绩效水平,使自己获取更大的薪资报酬。

(2)隐藏(转移)收益行为对最优努力程度的影响

由以上分析,可以得到:

$$\begin{cases} e_1^{**} - e_1^* = H_1 f'_1 a'_1 \beta_1 - \frac{1}{2} g_1 diag(1 - h_i^1) H'_1 H_1 b_1 + diag(h_i^1) b_1 \\ e_2^{**} - e_2^* = H_2 f'_2 a'_2 \beta_2 - \frac{1}{2} g_2 diag(1 - h_i^2) H'_2 H_2 b_2 + diag(h_i^2) b_2 \end{cases} \quad (6.55)$$

分析式(6.55)可以发现,对委托人来说,当 $h_i^t = 0$ 时,期望收益最大,此时,代理人无隐藏收益行为,且有 $e_1^* = e_1^{**}$ ,$e_2^* = e_2^{**}$ ,模型结果与正常状态下相同。

式(6.55)还可写成:

$$e_t^{**} - e_t^* = H_t f'_t a'_t \beta_t - \frac{1}{2} g_t diag(1 - h_i^t) H'_t H_t b_t + diag(h_i^t) b_t$$

(6.56)

对代理人而言,需要比较 $H_t f'_t a'_t \beta_t + diag(h_i^t) b_t$ 与 $\frac{1}{2} g_t diag(1 - h_i^t) H'_t H_t b_t$ 的大小,进而确定代理人隐藏收益的行为是否会增大其在任务执行的该阶段内第 $i$ 项任务中的最优努力程度。显然地,当

$$\left| \frac{H_t f'_t a'_t \beta_t + diag(h_i^t) b_t}{\frac{1}{2} g_t diag(1 - h_i^t) H'_t H_t b_t} \right| > 1$$ 时,说明代理人隐藏收益行为会提高代理人在第 $i$ 项任务中付出的努力程度;反之,说明其隐藏收益的行为不会提高其在第 $i$ 项任务中付出的努力。

(3)隐藏(转移)收益对业绩薪酬系数的影响

两阶段最优业绩薪酬系数如下:

$$\begin{cases} \beta_1^{**} = [a_1 L_1 L'_1 a'_1 + r \sum_{11}]^{-1} a_1 L_1 [diag(1 - h_i^1) + \frac{1}{2} g_1 diag(1 - h_i^1) \\ \qquad H'_1 H_1 + a'_1 \sum_{11}^{-1} \sum'_{21} \beta_2 - diag(h_i^1)] b_1 \\ \beta_2^{**} = [a_2 L_2 L'_2 a'_2 + r(\sum_{22} - \sum_{21} \sum_{11}^{-1} \sum'_{21})]^{-1} a_2 L_2 [diag(1 - h_i^2) \\ \qquad + \frac{1}{2} g_2 diag(1 - h_i^2) H'_2 H_2 - diag(h_i^2)] b_2 \end{cases}$$

(6.57)

从式（6.57）可以进一步发现，$\frac{\partial \beta_t^{**}}{\partial g_t} > 0$，所以最优业绩薪酬系数（$\beta_t^{**}$）与内外部监督力度系数（$g_t$）呈正相关关系。从而我们可得到启示，监督管理部门或人员对于代理人监管力度越大，对此代理人越会克制自己隐藏收入的行为，此时，委托人应该提高对代理人的奖励刺激力度，鼓励代理人付出更多的努力。此外，$\beta_1^{**}$（$\beta_1^*$）仍随着$\beta_2$的增大而增大。

4. 数值模拟

上述契约模型的设计分析说明，代理人存在隐藏收益行为下的动态多任务激励契约的$\beta_t^{**}$与$r$、$f_t$、$a_t$和$H_t$有关。努力程度$e_t^{**}$与$f_t$、$a_t$和$H_t$相关。本节将继续对模型分析结果进行数值模拟检验。假设$g_t = 10$，其他假设条件与前述保持一致。

当任务执行的任一阶段内代理人的隐藏收益行为均对各项任务的绩效产生正向影响时，我们取$f_t' = (0.1, 0.1)'$。为了方便模拟，$f_t$在两阶段内保持相同。任务执行的两阶段内代理人的隐藏收益比例$H_t$的取值范围是0—0.5。运用MATLAB进行数值模拟检验。

表6.6报告了$H_t$与$e_1^{**}$、$e_2^{**}$、$\beta_1^{**}$和$\beta_2^{**}$之间的数值模拟检验的结果。表6.6显示在以上假设条件下，代理人无隐藏收益行为时，$e_1^* = (182.2, 161.0)'$、$e_2^* = (151.3, 130.9)'$、$\beta_1^* = (2.6, 2.0)'$、$\beta_2^* = (1.5, 1.3)'$。表明代理人隐藏收益的行为对工作业绩有正向影响时，隐藏收益行为会降低代理人执行该项任务时付出努力的水平。$e_t^{**}$随着$k_t$增大而减小，$\beta_t^{**}$随着$k_t$增大而减少。表明在此条件下，代理人的隐藏收益行为对于工作业绩的提升产生了正向影响，代理人会通过隐藏转移企业收益的方法使自己获取更大的利益收入，所以委托人面对此种情况时应该降低业绩薪酬系数，以减少代理人所能获取的收入。

表6.6　　　　　　　　　　正向影响时模拟结果

| $H_t$ | $e_1^{**}$ | $e_2^{**}$ | $\beta_1^{**}$ | $\beta_2^{**}$ |
| --- | --- | --- | --- | --- |
| (0, 0)' | (182.2, 161.0)' | (151.3, 130.9)' | (2.61, 2.03)' | (1.51, 1.30)' |
| (0.001, 0.001)' | (162.8, 159.4)' | (131.3, 112.9)' | (2.31, 1.80)' | (1.31, 1.13)' |
| (0.002, 0.002)' | (143.4, 157.7)' | (111.3, 94.9)' | (2.01, 1.56)' | (1.11, 0.94)' |

续表

| $H_t$ | $e_1^{**}$ | $e_2^{**}$ | $\beta_1^{**}$ | $\beta_2^{**}$ |
|---|---|---|---|---|
| (0.003, 0.003)' | (0, 156.0)' | (0, 76.4)' | (0, 1.29)' | (0, 0.76)' |
| (0.004, 0.004)' | (0, 143.2)' | (0, 0)' | (0, 0)' | (0, 0)' |
| (0.005, 0.005)' | (85.1, 122.8)' | (51.4, 41.0)' | (1.10, 0.86)' | (0.50, 0.40)' |
| (0.006, 0.006)' | (65.7, 57.0)' | (31.4, 23.0)' | (0.79, 0.62)' | (0.30, 0.21)' |

当代理人在任务执行的任一阶段内,其隐藏收益的行为对于各项任务的绩效水平均产生了负向的影响,取 $f'_t = (-0.1, -0.1)'$,为了方便模拟检验,其他实验假设条件与我们在模拟检验正向影响时假设的条件保持一致。

表6.7 列示的是在满足以上假设的条件下,正常情况,代理人没有隐藏收益行为时,$e_1^* = (182.2, 161.0)'$、$e_2^* = (151.3, 130.9)'$、$\beta_1^* = (2.6, 2.0)'$、$\beta_2^* = (1.5, 1.3)'$。表明代理人隐藏收益的行为对其工作业绩存在负向的影响时,其隐藏收益行为会使执行该项任务的代理人努力水平显著降低。$e_t^{**}$ 逐渐减小,当 $(e_t^{**})_i = 0$ 时,说明代理人"热衷"于隐藏收益,甚至出现消极怠工的现象。且在以上假设条件下,$\beta_t^{**}$ 先随着 $k_t$ 减小,而后增大,表示委托人希望降低业绩薪酬系数来减少代理人收入水平,当代理人付出的努力程度显著过低的时候,委托人就会采取提高业绩薪酬系数的办法,诱使代理人付出更多的努力投入到工作。

表6.7　　　　　　　　　负向影响时模拟结果

| $H_t$ | $e_1^{**}$ | $e_2^{**}$ | $\beta_1^{**}$ | $\beta_2^{**}$ |
|---|---|---|---|---|
| (0, 0)' | (182.2, 161.0)' | (151.3, 130.9)' | (2.61, 2.03)' | (1.51, 1.30)' |
| (0.001, 0.001)' | (162.3, 143.6)' | (131.3, 113.0)' | (2.31, 1.80)' | (1.31, 1.12)' |
| (0.002, 0.002)' | (143.4, 126.2)' | (111.3, 94.9)' | (2.01, 1.57)' | (1.11, 0.94)' |
| (0.003, 0.003)' | (0, 115.4)' | (0, 76.5)' | (0, 1.29)' | (0, 0.76)' |
| (0.004, 0.004)' | (0, 0)' | (0, 0)' | (0, 0)' | (0, 0)' |
| (0.005, 0.005)' | (85.2, 74.0)' | (51.4, 41.0)' | (1.10, 0.86)' | (0.51, 0.40)' |
| (0.006, 0.006)' | (65.9, 56.6)' | (31.5, 23.1)' | (0.86, 0.63)' | (0.30, 0.22)' |

### (四) 小结

本章基于 Indjejikian 和 Nanda 提出的动态多任务委托—代理模型，考虑了代理人是否存在有在职消费的行为或是否具有隐藏企业收益的行为，在代理人这两种自利行为存在的情形下分别构造了多阶段多任务模型，并给出了代理人在任务执行的各阶段付出的最优努力水平和委托人希望给出的最优业绩薪酬系数，进一步分析了代理人这两种自利行为对动态多任务激励契约模型所产生的影响，而且经过了数值模拟检验来验证模型的分析结论。我们通过对结果的分析发现，代理人在职消费的行为有利于提高其自身的收入水平，但却不一定可以使其付出的努力程度提高，这需要具体分析代理人在职消费行为对各项任务绩效水平的影响；由于外部监督的存在使代理人可能遭受惩罚，所以代理人做出隐藏企业行为的做法并不一定能够增加其收入水平，而且也不一定可以提高代理人付出的努力，具体分析需要根据代理人转移实际单位产出对工作绩效水平产生的影响，以及企业外部监督管理水平的强度。当执行任务为多阶段的时候，如果在任务执行期间委托人不具有解聘的倾向，无论代理人是否具有自利行为，代理人付出努力的程度均会随着时间的推移而上升，这可能是由于代理人执行任务第二阶段的薪酬函数依赖于第一阶段的工作绩效水平的原因，这就说明，如果客户希望代理人在第一阶段比在下一阶段更勤奋，这就要求客户在任务的第一阶段适当提高代理人的绩效薪酬系数。在任务执行的两个阶段，绩效补偿系数随代理人在职消费成本和货币等效效用系数的增加而减小，最优业绩薪酬系数和企业内外部的监督管理强度系数存在正向的关系，这就表明监督管理部门或人员对代理人的监督力度越大，将会越克制代理人隐藏企业收入的行为，所以委托人应该加强刺激奖励的力度，诱导代理人付出更多的努力到工作上。

# 第七章　研究结论与未来研究展望

## 一　研究结论

基于国有企业改革的现实状况和国有企业多任务、异质授权的理论背景，从股权结构、董事会结构和管理结构三个核心治理结构入手，分析了混合所有制内部治理结构对国有企业双重任务的影响。本书的主要结论如下所示。

第一，基于股东身份的异质性，分析了由国有股东、外国股东、机构股东和个人股东组成的国有企业混合所有权结构对国有企业的影响。结果表明，国有股东政府代言人的地位基本上可以实现社会责任与经济利益的平衡，外资股东有明确的规范管理理念，这一特点使其企业社会责任得到加强，但其投资不可避免地具有特殊性和利益输出性，这将导致经济绩效的短期损失；机构股东和高级管理股东的"经济人"和"谋利"特征更加突出，即更加重视经济绩效，往往忽视社会责任，逐渐表现为"重经济、轻责任"。针对异质股东角色的差异，提出了促进多元化股东转换、规范股东持股制度、完善政府监管机制等政策建议。本研究的结论不仅分析了国有企业双重任务的结果直接受到四类异质股东的影响，而且还阐明了各类股东在混合所有制结构影响下的变化和偏差，进一步分析了国有企业混合所有制结构对企业经营决策的深层次影响。

第二，根据国有企业董事的具体经历和背景，从资源角度考察了董事社会网络资源对国有企业双重任务的资源影响，从多元化角度考察了董事会不同职能偏好在异质性股东和企业双重任务中的中介作用。结果表明，政府官员董事的社会网络更多地关注企业社会责任的影响，而企业家董事的社会网络只能提高企业的经济绩效，董事会对企业经营等相关决策的偏好比监管职能偏好更能发挥中介作用，即董事会对企业经营决策的职能偏好更能发挥股东的代理作用。针对董事会资源和职能的异质性，提出了合理利用董事社会网络，强化独立董事综合职能，完善董事评价机制的建议。研究结果结合高层次理论、社会分类理论和国有企业的现状，阐明了在国有企业董事会结构的背景下，董事资源和职能特征对企业任务和决策的偏好，为国有企业董事会的选择和设置提供了构想。

第三，分析管理结构的特点，分析不同业务职能的管理团队在国有企业双重任务中的实力，同时，切入两大类：经济激励和非经济激励，综合评价执行动机的影响。结果表明：生产技术管理团队只关心经济效益的实现，而管理服务管理团队更有能力实现双重任务；高管任期和声誉激励偏好的重点是追求经济效益，同时追求企业社会责任；薪酬和在职消费的重点是实现经济效益。针对高层管理体制的影响，提出了建立高层薪酬制度、职业经理人职业市场和职业经理人监督机制的建议，建立一个高层薪酬制度、职业经理人专业市场和建立国有企业高管监测机制，以适应企业需求。这一系列结论不仅从业务功能的角度提供了管理团队的配置安排，而且还根据公司的任务偏好，为企业提供了合理的高管激励手段的方案。

第四，面对国有企业分类改革的现实迫切需求并保证结论的稳健性，本书将样本分为商业竞争类和特殊功能类两类子样本进行再次检验，结论基本一致，同时，研究发现：相比而言，特殊功能类的国有企业因其经营性质特殊性导致面临政府控制力更强，企业任务需求更纯粹。因此企业内部治理结构的作用发挥更倾向于提升企业社会责任，结论进一步佐证了国有企业分类改革的必然性和必要性，相应的政策建议同样是坚持分类改革与混合所有制改革同步进行。

第五，依据多任务委托—代理模型并以此为基础，验证经济人不同程度的过度自信、代理人的自利行为如何影响多任务契约设计。研究结果表明：如果代理人能够直接观察代理人的努力程度和过度自信程度，如果委托双方之间的过渡自信程度不同，委托人若要达到利益最大化的经营目标则应考虑通过设计最佳合同来激励代理人充分发挥其优势。而代理人的努力程度不一定会因代理人的自利行为而提升，需要具体问题具体分析，分析依据为职消费不同类型即对绩效的影响不同方向，由于内部和外部监督可能受到制裁，所以隐瞒其收益的行为不一定会增加自身收入，代理人未必能提高自身的努力程度，需要依据转移单位实际产出比例对绩效的影响程度和内外部监督力度分析。在任务处于多个阶段并存的情况下，如果委托人不倾向于解雇，不论代理人是否存在自利行为，代理人的努力程度会随着时间的推移而增加。

## 二 研究展望

基于国有企业多任务异质授权框架，深入分析了企业内部治理结构特征如混合所有制结构、董事会结构、管理层结构等对企业双重任务的影响，研究思路与研究结果不仅具有理论意义而且具有实践意义。本书的不足之处在于受到研究水平限制，未对国有企业内部治理结构深入剖析。这也是未来研究的开拓点。

第一，本书将混合所有制改革作为研究背景，选取受到混改直接影响的治理结构因素，即切入异质股东视角，综合分析股权结构、董事会结构和管理层结构如何影响国有企业双重任务。但是，作为国有企业治理结构重要组成部分的党委会和监事会，虽然受到混改的直接影响较小，但是一定程度上同样影响国有企业双重任务。因此，在未来的研究中，应当再深入分析党委会和监事会治理结构的作用。

第二，本书仅根据国有企业的职能特征分类进行稳健性验证，缺乏对不同行业、不同行业的国有企业的进一步分析验证，因此，当前的研究成果是否因行业和行业特征具有不同的影响还需要进一步的研究验证。

# 参考文献

陈德萍、陈永圣：《股权集中度、股权制衡度与公司绩效关系研究——2007—2009年中小企业板块的实证检验》，《会计研究》2011年第1期。

陈冬华、陈信元、万华林：《国有企业中的薪酬管制与在职消费》，《经济研究》2005年第2期。

陈其安、刘星：《基于过度自信和外部监督的团队合作均衡研究》，《管理科学学报》2005年第6期。

陈其安、杨秀苔：《基于代理人过度自信的委托代理关系模型研究》，《管理工程学报》2007年第1期。

丁肇启、萧鸣政：《年度业绩、任期业绩与国企高管晋升——基于央企控股公司样本的研究》，《南开管理评论》2018年第3期。

窦鑫丰：《企业社会责任对财务绩效影响的滞后效应——基于沪深上市公司面板数据的实证分析》，《产业经济研究》2015年第3期。

杜兴强、郭剑花、雷宇：《政治联系方式与民营上市公司业绩："政府干预"抑或"关系"？》，《金融研究》2009年第11期。

段云、王福胜、王正位：《多个大股东存在下的董事会结构模型及其实证检验》，《南开管理评论》2011年第1期。

冯根福：《双重委托代理理论：上市公司治理的另一种分析框架——兼论进一步完善中国上市公司治理的新思路》，《经济研究》2004年第12期。

郭心毅、蒲勇健、陈斌：《代理人存在非理性心理的委托—代理模型》，《山西财经大学学报》2008年第12期。

郝阳、龚六堂：《国有、民营混合参股与公司绩效改进》，《经济研究》2017年第3期。

郝云宏、汪茜：《混合所有制企业股权制衡机制研究——基于"鄂武商控制权之争"的案例解析》，《中国工业经济》2015 年第 3 期。

何山、徐光伟、陈泽明：《代理人自利行为下的最优激励契约》，《管理工程学报》2013 年第 3 期。

黄本笑、黄健：《植入"过度自信"因素的委托—代理合同研究》，《技术经济》2008 年第 10 期。

黄健柏、杨涛、伍如昕：《非对称过度自信条件下委托代理模型》，《系统工程理论与实践》2009 年第 4 期。

黄速建、余菁：《企业员工持股的制度性质及其中国实践》，《经济管理》2015 年第 4 期。

黄祥芳、周伟、张立中：《高管团队特征对企业社会责任的影响——基于农业上市公司的实证研究》，《内蒙古财经大学学报》2015 年第 2 期。

康开托、向小东：《基于过度自信的多代理人委托代理模型研究》，《科技和产业》2013 年第 1 期。

孔峰、刘鸿雁：《经理人声誉考虑、任务关联性和长期薪酬激励的效果研究》，《南开管理评论》2009 年第 1 期。

李娟、郝忠原、陈彩华：《过度自信委托代理人间的薪酬合同研究》，《系统工程理论与实践》2014 年第 1 期。

李莉、顾春霞、于嘉懿：《国企高管政治晋升、背景特征与过度投资》，《预测》2018 年第 1 期。

李莉、于嘉懿、赵梅、顾春霞：《管理防御视角下的国企创新——基于国企高管"作为""不作为"的探讨》，《科学学与科学技术管理》2018 年第 3 期。

李涛：《混合所有制公司中的国有股权——论国有股减持的理论基础》，《经济研究》2002 年第 8 期。

李维安、姜广省、卢建词：《捐赠者会在意慈善组织的公益项目吗——基于理性选择理论的实证研究》，《南开管理评论》2017 年第 4 期。

李维安、李晓琳、张耀伟：《董事会社会独立性与 CEO 变更——基于违规上市公司的研究》，《管理科学》2017 年第 2 期。

李维安、齐鲁骏、丁振松：《兼听则明，偏信则暗——基金网络对公司投资效率的信息效应》，《经济管理》2017 年第 10 期。

李维安、齐鲁骏：《公司治理中的社会网络研究——基于科学计量学的中外文献比较》，《外国经济与管理》2017年第1期。

李维安、徐建、姜广省：《绿色治理准则：实现人与自然的包容性发展》，《南开管理评论》2017年第5期。

李艳、杨汝岱：《地方国企依赖、资源配置效率改善与供给侧改革》，《经济研究》2018年第2期。

李焰、秦义虎、黄继承：《在职消费、员工工资与企业绩效》，《财贸经济》2010年第7期。

林明、戚海峰、鞠芳辉：《国企高管团队任务断裂带、混合股权结构与创新绩效》，《科研管理》2018年第8期。

林毅夫、李志赟：《政策性负担、道德风险与预算软约束》，《经济研究》2004年第2期。

刘惠萍、张世英：《基于声誉理论的我国经理人动态激励模型研究》，《中国管理科学》2005年第4期。

刘青松、肖星：《国有企业高管的晋升激励和薪酬激励——基于高管双重身份的视角》，《技术经济》2015年第2期。

刘新民、孙红华、李芳：《代理人在职消费对动态多任务激励契约的影响》，《经济数学》2015年第4期。

刘新民、王垒、李垣：《企业家类型、控制机制与创新方式选择研究》，《科学学与科学技术管理》2013年第8期。

刘新民、王垒：《上市公司高管更替模式对企业绩效的影响》，《南开管理评论》2012年第2期。

刘新民、王垒、吴士健：《CEO继任类型对战略变革的影响研究：高管团队重组的中介作用》，《管理评论》2013年第8期。

刘新民、吴士健、王垒：《企业高层管理人员更替：机理与实证研究》，经济科学出版社2014年版。

刘新民、于文成、王垒：《企业家集群、产业集群与经济增长的关系研究》，《山东科技大学学报》（社会科学版）2016年第3期。

鲁倩、贾良定：《高管团队人口统计学特征、权力与企业多元化战略》，《科学学与科学技术管理》2009年第5期。

陆正飞、胡诗阳：《股东—经理代理冲突与非执行董事的治理作用——来自中国A股市场的经验证据》，《管理世界》2015年第1期。

逯东、林高、黄莉：《"官员型"高管、公司业绩和非生产性支出——基于国有上市公司的经验证据》，《金融研究》2012年第6期。

吕鹏、陈小悦：《多任务委托—代理理论的发展与应用》，《经济学动态》2004年第8期。

罗宏、黄文华：《国企分红、在职消费与公司业绩》，《管理世界》2008年第9期。

马连福、刘丽颖：《高管声誉激励对企业绩效的影响机制》，《系统工程》2013年第5期。

马连福、王丽丽、张琦：《混合所有制的优序选择：市场的逻辑》，《中国工业经济》2015年第7期。

马连福、张燕、高塬：《董事会断裂带与公司创新战略决策——基于技术密集型上市公司的经验数据》，《预测》2018年第2期。

孟晓华、曾赛星、张振波：《高管团队特征与企业环境责任——基于制造业上市公司的实证研究》，《系统管理学报》2012年第6期。

缪悦：《高管团队社会责任战略选择与企业绩效过程机制实证研究》，《系统工程》2012年第9期。

皮建才：《关系、道德风险与经理人有效激励》，《南开经济研究》2011年第1期。

曲亮、章静、郝云宏：《独立董事如何提升企业绩效——立足四层委托—代理嵌入模型的机理解读》，《中国工业经济》2014年第7期。

上海社会科学院世界经济研究所宏观分析组、薛安伟：《复苏向好的世界经济：新格局、新风险、新动力——2018年世界经济分析报告》，《世界经济研究》2018年第1期。

孙光国、刘爽、赵健宇：《大股东控制、机构投资者持股与盈余管理》，《南开管理评论》2015年第5期。

孙俊华、贾良定：《高层管理团队与企业战略关系研究述评》，《科技进步与对策》2009年第9期。

唐睿明、邱文峰：《股权结构与公司绩效关系的实证研究——基于创业板上市公司的数据》，《南京审计学院学报》2014年第3期。

唐跃军、左晶晶：《终极控制权、大股东治理战略与独立董事》，《审计研究》2010年第6期。

田盈、蒲勇健：《多任务委托—代理关系中的激励机制优化设计》，《管理工程学报》2006年第1期。

王昶、周登、Shawn P. D.：《国外企业社会责任研究进展及启示》，《华东经济管理》2012年第3期。

王海妹、吕晓静、林晚发：《外资参股和高管、机构持股对企业社会责任的影响——基于中国A股上市公司的实证研究》，《会计研究》2014年第8期。

王垒、刘新民、丁黎黎：《委托代理理论在国有企业的拓展：从单边道德风险到三边道德风险》，《商业研究》2015年第12期。

王晓巍、陈逢博：《创业板上市公司股权结构与企业价值》，《管理科学》2014年第6期。

王雪莉、马琳、王艳：《高管团队职能背景对企业绩效的影响：以中国信息技术行业上市公司为例》，《南开管理评论》2013年第4期。

王营、曹廷求：《董事网络增进企业债务融资的作用机理研究》，《金融研究》2014年第7期。

温新刚、刘新民、丁黎黎、秦岚：《动态多任务双边道德风险契约研究》，《运筹与管理》2012年第3期。

温忠麟、张雷、侯杰泰、刘红云：《中介效应检验程序及其应用》，《心理学报》2004年第5期。

武常岐、吕振艳：《民营化、外资股东和人性：来自中国的证据》，《经济管理》2011年第3期。

徐莉萍、辛宇、陈工孟：《控股股东的性质与公司经营绩效》，《世界经济》2006年第10期。

徐细雄、涂未宇：《基于多任务代理模型的管理者动态薪酬契约设计》，《中国管理科学》2008年第1期。

杨瑞龙、周业安：《企业的利益相关者理论及其应用》，经济科学出版社2000年版。

叶勇、蓝辉旋、李明：《多个大股东股权结构与公司业绩研究》，《预测》2013年第2期。

衣凤鹏、徐二明：《高管政治关联与企业社会责任——基于中国上市公司的实证分析》，《经济与管理研究》2014年第5期。

袁江天、张维：《多任务委托代理模型下国企经理激励问题研究》，《管理科学学报》2006年第3期。

张晨、傅丽菡、郑宝红：《上市公司慈善捐赠动机：利他还是利己——基于中国上市公司盈余管理的经验证据》，《审计与经济研究》2018年第2期。

张光荣、曾勇：《股权制衡可以改善公司治理吗——基于公平与效率视角的实证检验》，《系统工程》2008年第8期。

张良、王平、毛道维：《股权集中度、股权制衡度对企业绩效的影响》，《统计与决策》2010年第7期。

张万宽、焦燕：《地方政府绩效考核研究——多任务委托代理视角》，《东岳论丛》2010年第31期。

张维迎：《博弈论与信息经济学》，上海人民出版社1997年版。

张文魁：《国资监管体制改革策略选择：由混合所有制的介入观察》，《改革》2017年第1期。

张兆国、靳小翠、李庚秦：《企业社会责任与财务绩效之间交互跨期影响实证研究》，《会计研究》2013年第8期。

张兆国、梁志钢、尹开国：《利益相关者视角下企业社会责任问题研究》，《中国软科学》2012年第2期。

张征争、黄登仕、谢静：《考虑过度自信的薪酬合同实验分析》，《上海交通大学学报》2008年第9期。

张正勇、吉利：《企业家人口背景特征与社会责任信息披露——来自中国上市公司社会责任报告的经验证据》，《中国人口·资源与环境》2013年第4期。

赵景文、于增彪：《股权制衡与公司经营业绩》，《会计研究》2005年第12期。

赵蒲、孙爱英：《产业竞争、非理性行为、公司致力于最优资本结构——现代资本结构理论发展趋势及理论前沿综述》，《经济研究》2003年第6期。

郑冠群、宋林、郝渊晓：《高管层特征、策略性行为与企业社会责任信息披露质量》，《经济经纬》2015年第2期。

周建、李小青：《董事会认知异质性对企业创新战略影响的实证研究》，《管理科学》2012年第6期。

周志强、徐新宇、成鹏飞：《民资嵌入国有混企权威配置与经营绩效关系》，《系统工程》2018年第3期。

朱旌:《中国经济稳步前行为全球复苏增添动力》,《经济日报》2018年1月20日第3版。

Adams, R., Hermalin, B. E. and Weisbach, M. S., "The Role of Boards of Directors in Corporate Governance: A Conceptual Framework and Survey", *Journal of Economic Literature*, 2010, 48 (1): 58 – 107.

Alexander, D., Natalya, V., and Luigi, Z., "The Corporate Governance Role of the Media: Evidence from Russia", *The Journal of Finance*, 2008, 63 (3): 1093 – 1135.

Ali, F., Iraj, F., and Hassan, T., "Valuation Effects of Corporate Social Responsibility", *Journal of Banking & Finance*, 2015, (59): 182 – 192.

Arouri, H., Hossain, M., and Muttakin, M. B., "Effects of Board and Ownership Structure on Corporate Performance: Evidence from GCC Countries", *Journal of Accounting in Emerging Economies*, 2014, 4 (1): 117 – 130.

Barnett, M. L. and Salomon, R. M., "Does It Pay to be Really Good? Addressing the Shape of the Relationship between Social and Financial Performance", *Strategic Management Journal*, 2012, 33 (11): 1304 – 1320.

Bebchuk, L. A. and Fried, J. M., "Executive Compensation as an Agency Problem", *Journal of Economic Perspectives*, 2003, 17 (3): 71 – 92.

Becchetti, L., Ciciretti, R., and Hasan, I., "Corporate Social Responsibility and Shareholder's Value", *Journal of Business Research*, 2012, 65 (11): 1628 – 1635.

Bergh, D. D., "Executive Retention and Acquisition Outcomes: A Test of Opposing Views on the Influence of Organizational Tenure", *Journal of Management*, 2001, 27 (5): 603 – 622.

Berkman, H., Cole, R. A., and Fu, L. J., "Expropriation Through Loan Guarantees to Related Parties: Evidence from China", *Journal of Banking & Finance*, 2009, 33 (1): 141 – 156.

Berle, A. and Means, G., *The Modem Corporation and Private Property*, Macmillan: New York. 1933.

Bernardo, A. E. and Weleh, I., "On the Evolution of Over Confidence and Entrepreneurs", *Journal of Economics and Management Strategy*, 2001

(10): 301 – 330.

Bo, B. N. and Nielsen, S. , "Top Management Team Nationality Diversity and Firm Performance: A Multilevel Study", *Strategic Management Journal*, 2013, 34 (3): 373 – 382.

Borghesi, R. , Houston, J. F. , and Naranjo, A, . "Corporate Socially Responsible Investments: CEO Altruism, Reputation, and Shareholder Interests", *Journal of Corporate Finance*, 2014, 26 (2): 164 – 181.

Bravo, F. and Reguera-Alvarado, N. , "The Effect of Board of Directors on R&D Intensity: BoardTenure and Multiple Directorships", *R & D Management*, 2017, 47 (5): 701 – 714.

Brown, J. A. , Anderson, A. , and Salas, J. M. , "Do Investors Care About Director Tenure? Insights from Executive Cognition and Social Capital Theories", *Organization Science*, 2017, 28 (3): 471 – 494.

Buyl, T. , Boone, C. , Hendriks, W. , Matthyssens, P. , "Top Management Team Functional Diversity and Firm Performance: The Moderating Role of CEO Characteristics", *Journal of Management Studies*, 2011, 48 (1): 151 – 177.

Cai, H. B. , Fang, H. M. , and Xu, C. , "Eat, Drink, Firms, Government: An Investigation ofCorruption from the Entertainment and Travel Costs of Chinese Firms", *Journal of Law and Economics*, 2011, 54 (1): 55 – 78.

Callan, S. J. and Thomas, J. M. , "Executive Compensation, Corporate Social Responsibility, and Corporate Financial Performance: A Multi-equation Framework", *Corporate Social Responsibility & Environmental Management*, 2011, 18 (6): 332 – 351.

Chalevas, C. G. , "The Effect of the Mandatory Adoption of Corporate Governance Mechanisms on Executive Compensation", *International Journal of Accounting*, 2011, 46 (2): 138 – 174.

Charas, S. , "Improving Corporate Performance by Enhancing Team Dynamics at the Board Level", *International Journal of Disclosure and Governance*, 2015, 12 (2): 107 – 131.

Chen, D. , Jian, M. , and Xu, M. , "Dividends for Tunneling in a Regulated Economy: The Case of China", *Pacific-Basin Finance Journal*, 2009, 17

(2): 209 –223.

Cheng, M., Lin, B., and Wei, M., "How Does the Relationship Between Multiple Large Shareholders Affect Corporate Valuations? Evidence from China", *Journal of Economics & Business*, 2013, 70 (C): 43 –70.

Chen, Y., Wang, Y., and Lin, L., "Independent Directors' Board Networks and Controlling Shareholders' Tunneling Behavior", *China Journal of Accounting Research*, 2014, 7 (2): 101 –118.

Cheung, Y. L., Jing, L., Lu, T., Rau, P. R., Stouraitis, A., "Tunneling and Propping Up: An Analysis of Related Party Transactions by Chinese Listed Companies", *Pacific-Basin Finance Journal*, 2009, 17 (3): 372 –393.

Choi, H. M., "Foreign Board Membership and Firm Value in Korea", *Management Decision*, 2012, 50 (2): 207 –233.

Cho, T. S. and Hambrick, D. C., "Attention as the Mediator Between Top Management Team Characeristics and Strategic Change: the Case of Airline Deregulation", *Organization Science*, 2006, 17 (4): 453 –469.

Claessens, S., Djankov, S., Fan, J. P. H., Lang, L. H. P., "Disentangling the Incentive and Entrenchment Effects of Large Shareholdings", *The Journal of Finance*, 2002, 57 (6): 2741 –2771.

David, Y., "Flights of Fancy: Corporate Jets, CEO Perquisites, and Inferior Shareholder Returns", *Journal of Financial Economics*, 2005, 80 (1): 211 –242.

Deng, X., Kang, J. K., and Low, B. S., "Corporate Social Responsibility and Stakeholder Value Maximization: Evidence from Mergers", *Journal of Financial Economics*, 2013, 110 (1): 87 –109.

Dewatripont, M., Jewitt, I., and Tirole, J., "The Economic of Career Concerns, Part: Application to Missions and Accountability of Government Agencies", *Review of Economic Studies*, 1999, 66: 199 –217.

Dikolli, S. and Kulp, S., "Interrelated Performance Measure, Interactive Effort and Optimal Incentive", *Journal of Management Accounting Research*, 2002 (21): 125 –275.

Ding, S., Jia, C., and Qu, B., "Corporate Risk-taking: Exploring the Effects of Government Affiliation and Executives' Incentives", *Journal of*

Business Research, 2015, 68 (6): 1196 – 1204.

Faccio, M. and Lang, L. H. P., "The Ultimate Ownership of Western European Corporations", Journal of Financial Economics, 2002, 65 (3): 365 – 395.

Fama, E. F., "Agency Problem and the Theory of the Firm", Journal of Political Economics, 1980, 88 (4): 288 – 307.

Fan, J. P. H., Wong, T. J., and Zhang, T., "Politically Connected CEOs, Corporate Governance, and the Post-IPO Performance of China's Partially Privatized Firms", Journal of Applied Corporate Finance, 2004, 26 (3): 85 – 95.

Fernández-Gago, R., Cabeza-García, L., and Nieto, M., "Corporate Social Responsibility, Board of Directors, and Firm Performance: An Analysis of Their Relationships", Review of Managerial Science, 2016, 10 (1): 85 – 104.

Fischhoff, B., Slovic, P., and Lichtenstein, S., "Knowing with Certainty: The Appropriateness of Extreme Confidence", Journal of Experimental psychology: Human Perception and performance, 1977 (3): 552 – 564.

Freund, S., Latif, S., and Phan, H. V., "Executive Compensation and Corporate Financing Policies: Evidence from CEO Inside Debt", Journal of Biological Chemistry, 2017, 277 (18): 15992 – 16001.

García, D., "Optimal Contracts with Privately Informed Agents and Active Principals", Journal of Corporate Finance, 2014, 29: 695 – 709.

Gaur, S. S., Bathula, H., and Singh, D., "Ownership Concentration, Board Characteristics and Firm Performance: A Contingency Framework", Management Decision, 2015, 53 (5): 911 – 931.

Gopalan, R. and Jayaraman, S., "Private Control Benefits and Earnings Management: Evidence from Insider Controlled Firms", Journal of Accounting Research, 2012, 50 (1): 117 – 157.

Grove, H., Patelli, L., and Victoravich, L. M., "Corporate Governance and Performance in the Wake of the Financial Crisis: Evidence from US Commercial Banks", Corporate Governance: An International Review, 2011, 19 (5): 418 – 436.

Hambrick, D. C. and D'Aveni, R. A., "Top Team Deterioration as Part of the Downward Spiral of Large Corporate Bankruptcies", Management Science,

1992, 38 (10): 1445 – 1466.

Haniffa, R. M. and Cooke, T. E., "The Impact of Culture and Governance on Corporate Social Reporting", *Journal of Accounting and Public Policy*, 2005, 24 (5): 391 – 430.

Hao, S. and Song, M., "Technology-driven Strategy and Firm Performance: Are Strategic Capabilities Missing Links?", *Journal of Business Research*, 2016, 69 (2): 751 – 759.

Harjoto, M., Laksmana, I., and Lee, R., "Board Diversity and Corporate Social Responsibility", *Journal of Business Ethics*, 2015, 132 (4): 641 – 660.

Hart, O. D., "Financial Contracting", *Journal of Economic Literatrue*, 2001, 39 (4): 1079 – 1100.

Holmstrom, B. and Milgrom, P., "Aggregation and Linearity in the Provision of Intertemporal Incentives", *Econometrica*, 1987, 55 (2): 303 – 328.

Holmstrom, B. and Milgrom, P., "Multi-task Principal-agent Analyses: Incentive Contracts, Asset Ownership and Job Design", *Journal of Law, Economics and Organization*, 1991, 7: 24 – 52.

Hong, B., Li, Z., and Minor, D., "Corporate Governance and Executive Compensation for Corporate Social Responsibility", *Journal of Business Ethics*, 2016, 136 (1): 199 – 213.

Hong, B., Li, Z., and Minor, D., "Corporate Governance and Executive Compensation for Corporate Social Responsibility", *Journal of Business Ethics*, 2016, 136 (1): 199 – 213.

Indjejikian, R. and Nanda, D., "Dynamic Incentives and Responsibility Accounting", *Journal of Accounting and Economics*, 1999, 27 (2): 177 – 201.

Isidro, H. and Sobral, M., "The Effects of Women on Corporate Boards on Firm Value, Financial Performance, and Ethical and Social Compliance", *Journal of Business Ethics*, 2015, 132 (1): 1 – 19.

Jameson, M., Prevost, A., and Puthenpurackal, J., "Controlling Shareholders, Board Structure, and Firm Performance: Evidence from India", *Journal of Corporate Finance*, 2014, 27 (341): 1 – 20.

Jennings, W. and Green, J., "Party Reputations and Policy Priorities: How Issue Ownership Shapes Executive and Legislative Agendas", *British Jour-*

nal of Political Science, 2017, 3: 1 – 24.

Jensen, M. C. and Meckling, W. H., "Theory of the Firm: Managerial Behavior, Agency Costs and Ownership Structure", *Journal of Financial Economics*, 1976, 3: 305 – 360.

Jiang, G., Lee, C., and Yue, H., "Tunneling Through Intercorporate Loans: The China Experience", *Journal of Financial Economics*, 2010, 98 (1): 1 – 20.

Jiang, G., Rao, P., and Yue, H., "Tunneling Through Non-Operational Fund Occupancy: An Investigation Based on Officially Identified Activities", *Journal of Corporate Finance*, 2015, 32 (0): 295 – 311.

Johnson, S., La Porta, R., Lopez-de-Silanes, F., Shleifer, A., "Tunneling", *American Economic Review*, 2000, 90 (2): 22 – 27.

Jr, A. A. C. and Lee, H. U., "Top Management Team Functional Background Diversity and Firm Performance: Examining The Roles of Team Member Co-location and Environmental Uncertainty", *Academy of Management Journal*, 2008, 51 (4): 768 – 784.

Karaye, Y. I., Ishak, Z., and Che-Adam, N., "The Mediating Effect of Stakeholder Influence Capacity on the Relationship between Corporate Social Responsibility and Corporate Financial Performance", *Procedia - Social and Behavioral Sciences*, 2014, 164: 528 – 534.

Khan, A., Muttakin, M. B., and Siddiqui, J., "Corporate Governance and Corporate Social Responsibility Disclosures: Evidence from an Emerging Economy", *Journal of Business Ethics*, 2013, 114 (2): 207 – 223.

Kim, K. H. and Rasheed, A. A., "Board Heterogeneity, Corporate Diversification and Firm Performance", *Journal of Management Research*, 2014, 14 (2): 121 – 139.

Klein, A., "Firm Performance and Board Committee Structure", *Journal of Law and Economic*, 1998, 41 (1): 275 – 303.

Kolev, K., Wiseman, R. M., and Gomez-Mejia, L. R., "Do CEOs Ever Lose? Fairness Perspective on the Allocation of Residuals Between CEOs and Shareholders", *Journal of Management*, 2017, 43 (2): 610 – 637.

Kong, D., "Does Corporate Social Responsibility Affect the Participation of

Minority Shareholders in Corporate Governance?", *Journal of Business Economics and Management*, 2013, 14 (1): 168 – 187.

Krause, R., Priem, R., and Love, L., "Who's in Charge Here? Co-CEOs, Power Gaps, and Girm Performance", *Strategic Management Journal*, 2015, 36 (13): 2099 – 2110.

La Porta, R., Lopez-De-Silanes, F., Shleifer, A., Vishny, R., "Investor Protection and Corporate Valuation", *The Journal of Finance*, 2002, 57 (3): 1147 – 1170.

Lau, C. M., Lu, Y., and Liang, Q., "Corporate Social Responsibility in China: A Corporate Governance Approach", Journal of Business Ethics, 2016, 136 (1): 73 – 87.

Lee, J. H., Choi, C., and Kim, J. M., "Outside Directors' Social Capital and Firm Performance: A Complex Network Approach", *Social Behavior & Personality: An International Journal*, 2012, 40 (8): 1319 – 1331.

Lee, J. H., Jang, M., and Choi, C., "Social Capital of Corporate Boards: Effects on Firm Growth", *Social Behavior & Personality: An International Journal*, 2016, 44 (3), 453 – 462.

Liu, Q. and Tian, G., "Controlling Shareholder, Expropriations and Firm's Leverage Decision: Evidence from Chinese Non-tradable Share Reform", *Journal of Corporate Finance*, 2012, 18 (4): 782 – 803.

Liu, Y., Miletkov, M. K., and Wei, Z., "Board Independence and Firm Performance in China", *Journal of Corporate Finance*, 2015, 30: 223 – 244.

Lv, H., Li, W., and Gao, S., "Dividend Tunneling and Joint Expropriation: Empirical Evidence from China's Capital Market", *European Journal of Finance*, 2012, 18 (3 – 4): 369 – 392.

Marino, A. M. and Zabojnik, J., "Work-related Perks, Agency Problems, and Optimal Incentive Contracts", *The RAND Journal of Economics*, 2008, 39 (2): 565 – 585.

Martin, J. and Conyon, L. H., "Executive Compensation and Corporate Fraud in China", *Journal of Business Ethics*, 2016, 134 (4): 669 – 691.

Martínez-Ferrero, J., Banerjee, S., and García-Sánchez, I. M., "Corporate Social Responsibility as a Strategic Shield Against Costs of Earnings Management Practices", *Journal of Business Ethics*, 2016, 133 (2): 305 – 324.

Miller, D. and Shamsie, J., "Learning Across the Life Cycle: Experimentation and Performance Among the Hollywood Studio Heads", *Strategic Management Journal*, 2001, 22 (8): 725 – 745.

Miller, G. S., "The Press as a Watchdog for Accounting Fraud", *Journal of Accounting Research*, 2006, 44 (5): 1001 – 1033.

Muttakin, M. B. and Subramaniam, N., "Firm Ownership and Board Characteristics: Do they Matter for Corporate Social Responsibility Disclosure of Indian Companies", *Sustainability Accounting, Management and Policy Journal*, 2015, 6 (2): 138 – 165.

Nadkarni, S. and Herrmann, P., "CEO Personality, Strategic Flexibility, and Firm Performance: The Case of the Indian Business Process Outsourcing Industry", *Academy of Management Journal*, 2010, 53 (5): 1050 – 1073.

Nakamura, E., "The Impact of Shareholders' Types on Corporate Social Responsibility: Evidence from Japanese Firms", *Journal of Global Responsibility*, 2013, 4 (1): 113 – 130.

Nolleta, J., Filisb, G., and Mitrokostasc, E., "Corporate Social Responsibility and Financial Performance: A Non-linear and Disaggregated Approach", *Economic Modelling*, 2016, 52: 400 – 407.

Oh, W. Y., Chang, Y. K., and Cheng, Z., "When CEO Career Horizon Problems Matter for Corporate Social Responsibility: The Moderating Roles of Industry-Level Discretion and Blockholder Ownership", *Journal of Business Ethics*, 2016, 133 (2): 279 – 291.

Oh, W. Y., Chang, Y. K., and Martynov, A., "The Effect of Ownership Structure on Corporate Social Responsibility: Empirical Evidence from Korea", *Journal of Business Ethics*, 2011, 104 (2): 283 – 297.

Park, B. J., "Client Importance and Earnings Quality: An Analysis of the Moderating Effect of Managerial Incentives for Target Beating Versus Auditors' Incentives to Avoid Reputational Losses and Litigation", *Spanish Journal of Finance & Accounting*, 2015, 44 (4): 427 – 457.

Park, H. and Vrettos, D., "The Moderating Effect of Relative Performance Evaluation on the Risk Incentive Properties of Executives' Equity Portfolios",

*Journal of Accounting Research*, 2015, 53 (5): 11 – 18.

Peng, M. W. and Heath, P. S. , "The Growth of the Firm in Planned Economies in Transition: Institutions, Organizations, and Strategic Choice", *Academy of Management Review*, 1996, 21 (2): 492 – 528.

Peng, M. W. , Mutlu, C. C. , Sauerwald, S. , Au, K. Y. , Wang, D. Y. L. , "Board Interlocks and Corporate Performance Among Firms Listed Abroad", *Journal of Management History*, 2015, 21 (2): 257 – 282.

Peng, W. Q. , Wei, K. C. , and Yang, Z. , "Tunneling or Propping: Evidence from Connected Transactions in China", *Journal of Corporate Finance*, 2011, 17 (2): 306 – 325.

Perryman, A. A. , Fernando, G. D. , and Tripathy, A. , "Do Gender Differences Persist? An Examination of Gender Diversity on Firm Performance, Risk, and Executive Compensation", *Journal of Business Research*, 2016, 69 (2): 579 – 586.

Petrenko, O. V. , Aime, F. , and Ridge, J. , "Corporate Social Responsibility or CEO Narcissism? CSR Motivations and Organizational Performance", *Strategic Management Journal*, 2016, 37 (2): 262 – 279.

Porter, M. and Kramer, M. R. , "Creating Shared Value: How to Reinvent Capitalism and Unleash a Wave of Innovation and Growth", *Harvard Business Review*, 2011, 89 (1 – 2): 62 – 77.

Post, C. and Byron, K. , "Women on Boards and Firm Financial Performance: A Meta-analysis", *Academy of Management Journal*, 2014, 58 (5): 1546 – 1571.

Raghuram, G. R. and Julie, W. , "The Flattening Firm: Evidence from Panel Data on the Changing Nature of Corporate Hierarchies", *The Review of Economics and Statistics*, 2006, 88 (4): 759 – 773.

Rajan, R. G. and Wulf, J. , "Are Perks Purely Managerial Excess?", *Journal of Financial Economics*, 2004, 79 (1): 1 – 33.

Romano, G. and Guerrini, A. , "The Effects of Ownership, Board Size and Board Composition on the Performance of Italian Water Utilities", *Utilities Policy*, 2014, 31 (31): 18 – 28.

Saeidiab, S. P. , Sofianab, S. , Saeidiab, P. , Saeidia, S. P. , Saaeidic,

S. A. , "How does Corporate Social Responsibility Contribute to Firm Financial Performance? The Mediating Role of Competitive Advantage, Reputation, and Customer Satisfaction", *Journal of Business Research*, 2015, 68 (2): 341 – 350.

Sahaym, A. , Cho, S. Y. , and Sang, K. K. , "Mixed Blessings: How Top Management Team Heterogeneity and Governance Structure Influence the Use of Corporate Venture Capital by Post-IPO Firms", *Journal of Business Research*, 2016, 69 (3): 1208 – 1218.

Servaes, H. and Tamayo, A. , "The Impact of Corporate Social Responsibility on Firm Value: The Role of Customer Awareness", *Management Science*, 2013, 59 (5): 1045 – 1061.

Shaukat, A. , Qiu, Y. , and Trojanowski, G. , "Board Attributes, Corporate Social Responsibility Strategy, and Corporate Environmental and Social Performance", *Journal of Business Ethics*, 2016, 135 (3): 569 – 585.

Shaw, T. S. , Cordeiro, J. J. , and Saravanan, P. , "Director Network Resources and FirmPerformance: Evidence from Indian Corporate Governance Reforms", *Asian Business & Management*, 2016, 15 (3): 1 – 36.

Shefrin, H. , "Behavioral Corporate Finance", *Journal of Applied Corporate Finance*, 2001, 14 (3): 113 – 124.

Shleifer, A. and Vishny, R. W. , "Politicians and Firms", *Quarterly Journal of Economics*, 1994, 109 (4): 995 – 1025.

Sinclair, D. B. , "How to Restore Higher Powered Incentives in Multitask Agencies", *Journal of Law, Economics & Organization*, 1999, 15 (2): 418 – 433.

Stigler, G. J. , "The Economics of Information", *The Journal of Political Economy*, 1961, 69 (3): 213 – 225.

Sul, W. , Choi, H. M. , and Quan, R. S. , "Shareholder Conflict as a Determinant of Corporate Social Responsibility Commitment for Shared Growth", *Emerging Markets Finance and Trade*, 2014, 50 (5): 97 – 110.

The World Bank, East Asia Pacific Economic Update, 2017, http://www.worldbank.org/en/region/eap/publication/east-asia-pacific-economic-update.

Ueng, C. J. , "The Analysis of Corporate Governance Policy and Corporate Financial Performance", *Journal of Economics and Finance*, 2016, 40 (3): 514 – 523.

Vikrey, W. , "Computer Speculation, Auctions, and Competitive Sealed Tenders", *Journal of Finance*, 1961, 16: 8 – 37.

Wang, A. G. and Xiang-Zhen, X. U. , "Executive Compensation, On-the-job Consumption, Salary Gap and Enterprise Performance—Evidence from Central SOEs Listed in Shanghai and Shenzhen Stock Exchanges form 2010 to 2012", *Finance Research*, 2015 (2): 48 – 56.

Wang, C. , Xie, F. , and Zhu, M. , "Industry Expertise of Independent Directors and Board Monitoring", *Journal of Financial and Quantitative Analysis*, 2015, 50 (5): 929 – 962.

Wang, K. and Xiao, X. , "Controlling Shareholders' Tunneling and Executive Compensation: Evidence from China", *Journal of Accounting and Public Policy*, 2011, 30 (1): 89 – 100.

Wang, M. S. and Lu, S. T. , "Can Organisation Capital Improve Corporate Performance through Direct Path or Mediating Effect Surveillance of Board Function: Evidence from Taiwan?", *Technological & Economic Development of Economy*, 2015, 11: 1 – 36.

Weinstein, N. D. , "Unrealistic Optimism About Future Life Events", *Journal of Personality and Social Psychology*, 1980 (37): 806 – 820.

Wincent, J. , Thorgren, S. , and Anokhin, S. , "Entrepreneurial Orientation and Network Board Diversity in Network Organizations", *Journal of Business Venturing*, 2014, 29 (2): 327 – 344.

Xia, F. and Walker, G. , "How Much does Owner Type Matter for Firm Performance? Manufacturing Firms in China 1998 – 2007", *Strategic Management Journal*, 2015, 36 (4): 576 – 585.

Yermack, D. , "Remuneration, Retention, and Reputation Incentives for outside Directors", *The Journal of Finance*, 2004, 59 (5): 2281 – 2308.

Young, M. N. , Peng, M. W. , Ahlstrom, D. , Bruton, G. D. , Jiang, Y. , "Corporate Governance in Emerging Economies: A Review of the Principal-Principal Perspective", *Journal of Management Studies*, 2008, 45 (1):

196 – 220.

Zaheer, A. and Bell, G. G., "Benefiting From Network Position: Firm Capabilities, Structural Holes, and Performance", *Strategic Management Journal*, 2005, 26 (9): 809 – 825.

Zhang, H., Song, Y., and Ding, Y., "What Drives Managerial Perks? An Empirical Test of Competing Theoretical Perspectives", *Journal of Business Ethics*, 2015, 132 (2): 259 – 275.

Zhang, Y. and Rajagopalan, N., "Once an Outsider, Always an Outsider? CEO Origin, Strategic Change, and Firm Performance", *Strategic Management Journal*, 2010, 31 (3): 334 – 346.

Zheng, L., Balsara, N., and Huang, H., "Regulatory Pressure, Blockholders and Corporate Social Responsibility (CSR) Disclosures in China", *Social Responsibility Journal*, 2014, 10 (2): 226 – 245.